ARKANA
GOLDMANN

Buch

Menschen, die sich der Führung Gottes anvertrauten, berichten von Wundern im Alltag, der Erhörung eines Gebets oder der unerwarteten Erfüllung eines Wunsches. Die Geschichten dieses Buches künden auf anrührende und heitere Weise von Gottes Liebe. Sie zeugen von Trost und Vergebung, Glaube und Hoffnung, Dankbarkeit und Vertrauen. Vor allem aber geben sie die Gewissheit, dass Gott immer über uns wacht und seine schützende Hand jeden unserer Schritte lenkt.

Autoren

Jack Canfield ist einer der führenden Persönlichkeitstrainer Amerikas. Er entwickelt Programme zum Aufbau von Selbstvertrauen sowie zur Leistungssteigerung, berät Firmen und bildet Persönlichkeitstrainer aus.
Mark Victor Hansen ist Karriereberater. Er lehrt Verkaufsstrategien und Persönlichkeitsentwicklung. Seine Seminare befähigen die Teilnehmer, ihre Talente im Berufs- und Privatleben optimal einzusetzen.
Patty Aubery arbeitet zu Beginn der Buchreihe »Hühnersuppe für die Seele« mit Jack Canfield zusammen. Sie ist Vizepräsidentin der Canfield Training Group und der Self-Esteem Seminars, Inc.
Nancy Mitchell, die Schwester von Patty Aubery, ist ausgebildete Krankenschwester und Direktorin der Publikationsabteilung der Canfield Group.

Bei Goldmann sind von Jack Canfield und Mark Victor Hansen bereits erschienen:
Hühnersuppe für die Seele (13209)
Mehr Hühnersuppe für die Seele (21588)
Noch mehr Hühnersuppe für die Seele (13239)
Hühnersuppe für die Seele – Weitere Geschichten, die zu Herzen gehen (21638)
Hühnersuppe für die Seele – Für Frauen (21546)
Hühnersuppe für die Seele – Für Mütter (21564)
Hühnersuppe für die Seele – Für Partner (21565)
Hühnersuppe für die Seele – Für Tierfreunde (21563)
Hühnersuppe für die Seele – Für Kinder (21589)
Hühnersuppe für die Seele – Für Jugendliche (21590)
Hühnersuppe für die Seele – In Arbeit und Beruf (21639)

JACK CANFIELD
MARK VICTOR HANSEN
PATTY AUBERY
NANCY MITCHELL

Hühnersuppe
für die Seele

FÜR CHRISTEN

Aus dem Amerikanischen
von Ulla Rahn-Huber

ARKANA
GOLDMANN

Die amerikanische Originalausgabe erschien 1997 unter dem Titel
»Chicken Soup for the Christian Soul« bei Health Communications Inc.,
Deerfield Beach, Florida, USA

Umwelthinweis:
Alle bedruckten Materialien dieses Taschenbuches
sind chlorfrei und umweltschonend.

Deutsche Erstausgabe August 2003
© 2003 der deutschsprachigen Ausgabe
Wilhelm Goldmann Verlag, München
in der Verlagsgruppe Random House GmbH
© 1997 der Originalausgabe Jack Canfield, Mark Victor Hansen,
Patty Aubery und Nancy Mitchell
Published by arrangement with
Health Communications Inc., Deerfield Beach, Florida, USA
Umschlaggestaltung: Design Team München
Umschlagabbildung: Design Team, München
Satz: Uhl + Massopust, Aalen
Druck: Elsnerdruck, Berlin
Verlagsnummer: 21649
Redaktion: Daniela Weise
WL · Herstellung: WM
Made in Germany
ISBN 3-442-21649-4
www.goldmann-verlag.de

2. Auflage

Dieses Buch ist den Millionen Menschen gewidmet, die die bisherigen Bände dieser Serie gelesen haben, und den 7000, die mit ihren Geschichten-, Gedicht- und Zitatvorschlägen zur Entstehung von *Hühnersuppe für die Seele – Für Christen* beigetragen haben. Wir konnten zwar nicht alle Texte verwenden, waren aber tief berührt von Ihrer Bereitschaft, uns und unsere Leser so großzügig an Ihrem Leben und Ihrem Geschichtenschatz teilhaben zu lassen. In Liebe.

Schließlich, Brüder: Was immer wahrhaft, edel, recht, was lauter, liebenswert, ansprechend ist, was Tugend heißt und lobenswert ist, darauf seid bedacht. Phil 4, 8

Inhalt

Einleitung

1. ÜBER DIE LIEBE

2. ÜBER DAS GEBEN

3. ÜBER DIE ELTERNSCHAFT

4. ÜBER DEN GLAUBEN

5. ÜBER DIE LEICHTIGKEIT

6. ÜBER DEN TOD UND DAS STERBEN

7. EINE FRAGE DER BETRACHTUNGSWEISE

8. HINDERNISSE ÜBERWINDEN

Einleitung

Wir freuen uns von ganzem Herzen, Ihnen dieses Buch vorlegen zu können. Es steckt ein gutes Stück Arbeit darin, doch wie bei allen göttlich inspirierten Werken hat uns auch dieses hier viel mehr gegeben, als wir hineingesteckt haben. Vom ersten Moment an durchströmte uns ein Gefühl der Liebe und wir hatten den Eindruck, dass jeder unserer Schritte von Gottes Hand geführt sei. Immer wieder geschahen Wunder, so zum Beispiel wenn wir die Bibel just an der Stelle aufschlugen, die den passenden Spruch für uns bereithielt; oder auch, als wir wie durch Zufall auf den Neffen eines Autors trafen, nach dem wir im Internet vergeblich gesucht hatten. Unsere größte Hoffnung ist, dass Ihnen das Lesen dieses Buches ebenso viel gibt, wie uns das Zusammenstellen, Redigieren und Schreiben gegeben hat.

Schon beim Erscheinen des ersten Bandes der Serie im Jahr 1993 haben wir begonnen, Geschichten für *Hühnersuppe für die Seele – Für Christen* zu sammeln und zu redigieren. Leser wie Sie haben über 7000 Texte bei uns eingereicht, die wir alle gelesen und ins Herz geschlossen haben. Die Auswahl an Geschichten, die Sie jetzt in Händen halten, ist das Resultat endlosen Lesens und noch mal Lesens, um genau die Texte auszuwählen, die Sie am ehesten erreichen und am tiefsten berühren könnten. Nachdem eine Vorauswahl der besten 200 getroffen war, baten wir eine Gruppe von 40 befreundeten Christen, daraus ihre Lieblingsgeschichten zu wählen. Das Ergebnis spricht, wie wir meinen, ein breites Publikum an und wird seine Wirkung kaum verfehlen.

Wir sind überzeugt, dass diese Geschichten auch Sie in Ihrem Glauben bestärken und dass Sie nach der Lektüre noch mehr darauf achten werden, christliche Werte in Ihren Alltag einfließen zu lassen – zu Hause ebenso wie am Arbeitsplatz oder in der Gemeinde. Es sind Geschichten, die uns das Herz öffnen, sodass wir in unserem Leben mehr Liebe erfahren und zum Ausdruck bringen können. Sie bestärken uns in unserer Mitmenschlichkeit, unserer Bereitschaft zum Dienst am Nächsten und unseren philanthropischen Neigungen. Sie lassen uns anderen ihre Verfehlungen und uns selbst unsere Unzulänglichkeiten vergeben. Sie ermutigen uns, uns für das stark zu machen, woran wir glauben und an das zu glauben, was unsere Stärke ausmacht. Und – was vielleicht am wichtigsten ist – sie führen uns vor Augen, dass wir niemals allein und ohne Hoffnung sind, wie schwierig oder schmerzlich auch immer unsere persönliche Lage sein mag.

Lesen Sie, was einige Menschen über ihre Reaktionen auf Geschichten berichten, die sie in Büchern der *Hühnersuppe*-Serie gelesen haben:

Ich habe Ihr drittes Buch gelesen, als ich mit Lupus im Krankenhaus lag. Seither habe ich eine bessere, positivere Lebenseinstellung… Jede der Geschichten hat mich auf ihre Weise etwas gelehrt. Hong-Chau Tran, 21 Jahre

Ich habe Aids im letzten Stadium und bin am Leben. Der Gefängnispfarrer hat mir Ihr Buch Hühnersuppe für die Seele *geliehen, und ich muss zugeben, dass ich noch nie etwas so Erbauliches, Erfreuliches gelesen habe. Die Geschichten sind so real. Sie waren mir eine echte Inspiration.* Anonym

Eines Morgens wachte ich mit einer halbseitigen Fazialislähmung auf. Die normale Genesungszeit beträgt zwischen drei Wochen und

drei Monaten. Als ich Hühnersuppe für die Seele *zur Hälfte durchgelesen hatte, kehrte das Gefühl langsam in mein Gesicht zurück. Als mir bei einem Schulwettbewerb dann auch noch der Titel »Schülerin mit dem freundlichsten Lächeln« verliehen wurde, stand für mich fest, welchen Einfluss dieses Buch auf mein Leben hat.* Kyle Brown

Neulich hat uns mein Vater nach dem Abendessen Geschichten aus Hühnersuppe für die Seele *vorgelesen. Wir haben dabei gelacht und vor Rührung geweint. An jenem Abend waren wir uns so nah wie nie zuvor.* Vanessa Sim, 7. Klasse

Mit vierzehn wollte ich meinem Leben zum ersten Mal ein Ende bereiten. Zehn Jahre lang ließ mich dieser Wunsch nicht mehr los. Jetzt aber – nachdem ich Ihre Bücher gelesen habe – habe ich mir gelobt, nie wieder an so etwas zu denken! Anonym

Ich sitze gerade eine vierjährige Haftstrafe ab. Mein völlig zerlesenes Exemplar von Hühnersuppe für die Seele *macht die Runde durch den Schlafsaal, der mit 121 Männern belegt ist. Bis jetzt ist noch jeder dieser obercoolen, hartgesottenen, taffen Typen auf die eine oder andere Geschichte gestoßen, die ihn gerührt hat – manchmal sogar zu Tränen.* Anonym

Wir bieten Ihnen also aus ganzem Herzen dieses neue Buch *Hühnersuppe für Christen* an. Mögen Sie beim Lesen dieser Geschichten ebenso viel Liebe, Inspiration, Ermutigung und Trost finden, wie wir selbst aus ihnen bezogen haben. Möge sich Ihr Herz öffnen, mögen Ihre spirituellen und emotionalen Wunden heilen und Ihre Seele von grenzenloser Freude überfließen. Seien Sie sich unserer Liebe gewiss. Möge Gott Sie segnen. *Jack Canfield, Mark Victor Hansen, Patty Aubery und Nancy Mitchell*

1

Über die Liebe

Die Liebe ist langmütig, die Liebe ist gütig.
Sie ereifert sich nicht, sie prahlt nicht,
sie bläht sich nicht auf.
Sie handelt nicht ungehörig,
sucht nicht ihren Vorteil,
lässt sich nicht zum Zorn reizen,
trägt das Böse nicht nach.
Sie freut sich nicht über das Unrecht,
sondern freut sich an der Wahrheit.
Sie erträgt alles, glaubt alles,
hofft alles, hält allem stand.

1 Kor 13, 4-7

Wo ist das Jesuskind?

*Ich feiere Weihnachten mit dem
Herzen und versuche,
es mir das ganze Jahr über
zu bewahren.* CHARLES DICKENS

Eine Weihnachtskrippe ohne Jesuskind?

Ja, bei mir zu Hause habe ich so eine, und jedes Jahr zu Weihnachten baue ich sie auf. Und wenn ich es tue, dann fällt mir wieder ein, wie ich mich damals fühlte, als ich sie – unvollkommen, wie sie war – erwarb.

Es war in den Tagen kurz vor dem Fest. Ich war verbittert und mutlos, weil sich meine Eltern nach 36 Ehejahren scheiden ließen. Ich konnte mich nicht damit abfinden, dass sie sich trennen wollten, und war so deprimiert, dass ich gar nicht merkte, wie dringend sie gerade jetzt meine Liebe und mein Verständnis gebraucht hätten.

Ständig gingen mir Kindheitserinnerungen durch den Kopf – der riesige Weihnachtsbaum, der funkelnde Schmuck, die sorgfältig ausgesuchten Geschenke und die liebevolle Art, mit der wir im engsten Familienkreis miteinander umgegangen waren. Allein der Gedanke an diese Momente trieb mir die Tränen in die Augen, denn ich wusste, dass ich nie wieder ein solches Weihnachten erleben würde. Wären meine Kinder nicht gewesen, ich hätte das Fest wohl ganz ausfallen lassen. So aber beschloss ich in letzter Minute, mich doch noch in den weihnachtlichen Einkaufstrubel zu stürzen.

Es herrschte fürchterliches Gedränge und Geschubse. Schimpfend und schreiend machten sich die Menschen über die letzten Warenbestände her. Baumschmuck und elektrische Lichterketten quollen aus aufgerissenen Schachteln hervor, und die wenigen Puppen und Stofftiere, die auf den leer gefegten Regalen herumlagen, erinnerten mich an verlassene Waisenkinder. Eine kleine Krippe rutschte zu Boden und landete unmittelbar vor meinem Einkaufswagen. Ich hob sie auf und stellte sie an ihren Platz zurück.

Als ich die endlosen Schlangen vor den Kassen sah, war ich schon drauf und dran, den Laden unverrichteter Dinge wieder zu verlassen. Da riss mich eine schrille Frauenstimme aus meinen Gedanken: »Sarah! Nimm das sofort aus dem Mund oder du fängst dir eine!«

»Aber Mama!«, protestierte das Kind. »Ich habe es gar nicht in den Mund genommen! Ich habe es doch nur geküsst! Guck! Es ist das Jesuskind, Mama!«

»Ist mir egal, was es ist! Leg es wieder hin! Sofort! Hast du gehört?«

»Aber schau doch, Mama«, beharrte die Kleine. »Es ist ganz kaputt! Es ist von der Krippe abgebrochen!«

Schmunzelnd hörte ich vom Nebengang aus zu. Neugierig geworden, schaute ich um die Ecke. Nur zu gern wollte ich das Mädchen sehen, das das Jesuskind trösten wollte.

Es muss etwa vier oder fünf Jahre alt gewesen sein, und für die Jahreszeit war es viel zu dünn angezogen. Dass es trotz seiner ärmlichen Kleidung irgendwie pfiffig aussah, lag wohl an den leuchtend bunten Wollfäden, mit denen die Zöpfe zusammengebunden waren.

Zögernd wandte ich meinen Blick der Mutter zu. Ohne die Kleine weiter zu beachten, inspizierte sie eifrig die reduzierten Wintermäntel, die an einem Schnäppchenständer hingen. Auch sie war schäbig gekleidet, und ihre zerrissenen, schmutzigen Leinenturnschuhe waren vom Schnee-matsch völlig durchnässt. In ihrem Einkaufswagen lag ein-gekuschelt in eine verwaschene gelbe Decke ein schlafendes Baby.

»Mama?«, rief das Mädchen. »Können wir das kleine Jesuskind nicht kaufen? Wir könnten es auf den Tisch neben dem Sofa legen, und dann könnten wir…«

»Ich hab dir doch gesagt, dass du das Ding zurücklegen sollst!«, fuhr ihr die Mutter über den Mund. »Du kommst jetzt sofort hierher, oder ich leg dich übers Knie. Hast du ver-standen?«

Mit ein paar schnellen Schritten war sie bei dem Kind. Ich wandte mich ab, denn ich wollte nicht mit ansehen müssen, wie sie ihre Drohung wahr machte. Ein paar Sekunden ver-gingen.

Stille, nichts rührte sich. Die erwarteten Schimpftiraden blieben aus. Ich warf einen verstohlenen Blick zu den beiden hin. Und da sah ich, wie die Mutter auf dem nassen, schmut-zigen Boden kniete und das Kind fest an sich drückte. Es schüttelte sie am ganzen Leib. Sie wollte etwas sagen, brachte aber nur einen verzweifelten Seufzer hervor.

»Hör auf zu weinen, Mama!«, bat das Mädchen und schlang ihr liebevoll die Arme um den Hals. »Es tut mir Leid, dass ich nicht brav war«, entschuldigte es sich. »Ich verspreche dir, dass ich nicht noch mal um irgendwas bet-teln werde. Ich will das kleine Jesuskind gar nicht haben. Ehrlich. Ich tu es schon wieder zurück in die Krippe. Hör bitte auf zu weinen, Mama.«

»Es tut mir auch Leid, mein Schatz!«, brachte die Mutter schließlich hervor. »Ich hab im Moment einfach kein Geld für irgendwelche Extras übrig. Und gerade heute macht mich das besonders traurig, wo doch Weihnachten ist. Aber wart's nur ab. Wenn du mir versprichst, ganz brav zu sein, dann kriegst du vielleicht doch das Puppengeschirr, das du dir so gewünscht hast. Und vielleicht können wir uns im nächsten Jahr sogar einen richtigen Weihnachtsbaum leisten. Wäre das nicht toll?!«

»Weißt du was, Mama?«, fragte das Mädchen aufgeregt. »Ich brauche das Jesuskind hier sowieso nicht! Unser Lehrer in der Sonntagsschule hat nämlich gesagt, dass Jesus in Wirklichkeit in unserem Herzen lebt. Ich bin wirklich froh, dass er da drin ist. Du nicht auch, Mama?«

Ich sah zu, wie das Kind seine Mutter bei der Hand nahm und die beiden Richtung Ausgang gingen. Ihre schlichten Worte klangen in mir nach: »Er lebt in unserem Herzen.«

Mein Blick fiel auf die Krippe und ich erkannte, dass ein kleines Kind, das vor gut 2000 Jahren in einem Stall geboren wurde, auch heute noch leibhaftig unter uns ist. Dass es zu uns spricht und uns in schwierigen Zeiten zur Seite steht, wenn wir es nur zulassen können.

»Ich danke dir, Gott«, fing ich an zu beten. »Ich danke dir für eine wunderbare Kindheit voller kostbarer Erinnerungen. Für Eltern, die mir ein Zuhause boten und mir in den wichtigsten Jahren meines Lebens die Zuwendung gaben, die ich brauchte. Vor allem aber danke ich dir dafür, dass du deinen Sohn zu uns Menschen geschickt hast.«

Rasch sammelte ich die Einzelteile der Krippe zusammen und eilte in Richtung Kasse. Die beiden waren gerade dabei, den Laden zu verlassen. Ich kannte eine der Angestellten und bat sie, dem kleinen Mädchen das Jesuskind zu bringen; ich würde es gleich bezahlen. Und ich sah zu, wie es das Geschenk entgegennahm, wie es beim Hinausgehen das Figürchen noch einmal küsste.

Jahr für Jahr erinnert mich die kleine Krippe mit dem fehlenden Jesuskind an ein kleines Mädchen, das mich mit seinen einfachen Worten im Herzen berührt und mir inmit-

DER FAMILIENZIRKUS

von Bil Keane

Abdruck mit Genehmigung von Bil Keane

ten meiner Verzweiflung Freude und neuen Mut geschenkt hat.

Mag sein, dass das Jesuskind fehlt. Aber so kann ich mir beim Betrachten der Krippe jedes Mal die Frage stellen: »Wo ist das Jesuskind?«

Es ist in meinem Herzen! *Jeannie S. Williams*

Zehn Cent

Ich bin nur einer,
Aber immerhin bin ich einer.
Ich kann nicht alles,
aber das eine oder andere kann ich schon.
Und nur weil ich nicht alles kann,
werde ich mich nicht davor drücken,
das eine oder andere zu tun,
das ich kann.

EDWARD EVERETT HALES MOTTO VON »LEND-A-HAND«,
EINEM US-AMERIKANISCHEN LEISTUNGSTAUSCHRING

»Fräulein, bitte!«

»Hallo! Kellnerin! Könnten Sie bitte mal nachfragen, wo meine Bestellung bleibt?«

»Könnten Sie mir noch etwas Milch für das Baby bringen?«

Ich seufzte und strich mir das Haar aus den Augen. Es war ein grauer Februartag, und in dem Restaurant, in dem ich arbeitete, herrschte Hochbetrieb. Es war gerade Mittagszeit, und die Leute drängten herein, um dem Schneeregen zu entgehen. In der Hoffnung, doch noch einen Tisch zu ergattern, blockierten sie sogar die Gänge. Ich war schon völlig erledigt, hatte fürchterliche Kopfschmerzen, und das, obwohl es gerade mal 12.30 Uhr war. Wie sollte ich bloß den Tag überstehen?

Als ich den Job gefunden hatte, war ich absolut dankbar gewesen. Nach einer Trennung stand ich plötzlich als allein erziehende Mutter mit zwei kleinen Kindern da. Mit erzieherischen Fähigkeiten war ich auch nicht gerade gesegnet. Und so kam es mir wie ein Geschenk Gottes vor, in das Team eines überdurchschnittlich guten Restaurants unweit einer renommierten Klinik aufgenommen zu werden.

Dass man mir als der »Neuen« den Service an der ungünstigsten Stelle im Haus übertrug, erschien mir normal. Ich war für einen kleinen Raum im rückwärtigen Teil des Lokals zuständig, der nicht nur weit vom Haupteingang, sondern auch von der Küche entfernt lag. Bis die Leute ihr Essen bekamen, dauerte es hier zwangsläufig länger als im vorderen Restaurantbereich. Ich hatte zwei große Tische und mehrere kleine entlang der Fensterfront zu bedienen. Bei den Gästen, die hierher verbannt wurden, handelte es sich in der Regel um allein stehende Frauen oder große Familien mit Kindern, die man als laut und fordernd eingestuft hatte.

Seit fast zwei Jahren arbeitete ich in dem Lokal, und nach mir waren mehrere neue Bedienungen eingestellt worden. Ich aber war immer noch nicht aus dem Hinterzimmer herausgekommen. Meistens machte mir das nichts aus. Von »meinen Fenstern« aus schaute man auf eine Schlucht, die zu beiden Seiten von dichtem Wald umsäumt war und durch deren Mitte sich ein Bach schlängelte. Ein überraschend schöner Blick, den man angesichts unserer Lage inmitten der Stadt kaum erwartet hätte. Wenn nichts zu tun war und ich einen Moment lang Frieden hatte, genoss ich das Panorama.

An jenem Tag aber hätte ich mir gewünscht, in einem der vorderen Räume zu arbeiten. Obwohl ich mich bemühte, mit den Bestellungen Schritt zu halten, spürte ich, wie ich immer mehr an Boden verlor. Angesichts des Gedränges, das zwischen meinen Tischen und der Küche herrschte, war der Weg wie ein Hürdenlauf. Erschwert wurde die Sache noch dadurch, dass an den beiden großen Tischen unendlich viele zusätzliche Stühle standen. Und zu allem Übel blockierte mir auch noch der eine oder andere Kinderstuhl den Weg.

Ich blieb einen Moment stehen, um mir einen Überblick zu verschaffen und zu sehen, was momentan das Dringendste von all den vielen anstehenden Dingen war, die es zu tun gab.

In dem Augenblick sah ich sie. Sie saß am hintersten Tisch, ganz in die Ecke gequetscht, und ihr Blickfeld war durch die unappetitlichen Essensreste getrübt, die der Gast vor ihr zurückgelassen hatte. Sie muss etwa 70 Jahre alt gewesen sein, hatte weißes Haar, ein runzeliges Gesicht und Hände, die darauf schließen ließen, dass sie ein Leben lang hart gearbeitet hatte. Auf dem Kopf trug sie einen altmodischen blauen Strohhut, und unter dem schäbigen braunen Mantel schaute ein baumwollenes Hauskleid hervor, das angesichts der Jahreszeit völlig unpassend erschien. Wie sie so dasaß, ganz still in ihrer Ecke, wirkte sie unendlich niedergeschlagen und traurig.

Ich eilte an ihren Tisch und während ich das Geschirr abservierte, schimpfte ich auf die Empfangsdame, weil sie mir den neuen Gast nicht gemeldet hatte, und auf den Hilfskellner, weil er nicht abgeräumt hatte. »Er kriegt heute Abend keinen Nachtisch, weil er nicht ordentlich gearbeitet hat!«, schloss ich meinen Monolog.

Sie verzog freundlich den Mund, um mir zu signalisieren, dass ihr die Ironie in meinen Worten nicht entgangen war, aber das Lächeln erreichte ihre Augen nicht.

»Ist schon in Ordnung«, erwiderte sie. »Ich lebe auf einer Farm, und wenn ich hier zum Fenster hinausschaue, habe ich fast das Gefühl, zu Hause zu sein.«

»Ich würde auch gern irgendwo wohnen, wo es so schön ist«, sinnierte ich, aber sie war offenbar nicht an einer weiteren Konversation interessiert.

Sie bestellte nichts als eine Tasse Tee. Ich achtete darauf, dass er auch heiß war, und sagte ihr, ich würde mich freuen, wenn sie ein andermal wiederkäme, wenn nicht so viel los sei. Dann holten mich die Stimmen der anderen Gäste wieder ein.

»Bedienung! Wo bleibt mein Kaffee!«

»Hören Sie! Wir haben schon vor 20 Minuten bestellt!«

Und schon lief ich wieder im Hamsterrad; nur hinkte ich jetzt noch ein Stück weiter hinter meinem Zeitplan her. Als ich das nächste Mal zu dem Tisch hinüberschaute, war die alte Frau gegangen. Der Gedanke ließ mich nicht los, was sie wohl so furchtbar traurig gemacht haben könnte.

Nur ein paar Augenblicke später hörte ich, wie jemand meinen Namen rief. Ich schaute auf und sah, wie sie sich durch die Menge zu mir durchkämpfte.

»Ich habe da noch etwas für Sie.« Sie streckte mir die Hand entgegen. Ich stellte die Teller auf einen Tisch, und nachdem ich mir die Finger abgewischt hatte, drückte sie mir ein Zehncentstück in die Hand. Sie hatte keine Ahnung, dass sich meine Kolleginnen immer über die Leute lustig machten, die ihnen ein paar lumpige Münzen als Trinkgeld auf dem Tisch zurückließen. Aber allein bei dem Gedanken, dass sie ungeachtet des Gedränges extra noch einmal zurückgekommen war, um mir Geld zu geben, das sie wahrscheinlich gar nicht erübrigen konnte, musste ich lächeln.

»Das wäre aber nicht nötig gewesen.«

Sie aber schüttelte den Kopf. »Ich weiß, es ist nicht viel. Aber Sie waren so nett zu mir. Sie sollen einfach wissen, dass ich das zu schätzen weiß.«

Irgendwie schien mein einfaches »Danke« nicht genug zu sein, und so fügte ich hinzu: »Gott segne Sie.«

Ihre Reaktion kam völlig unerwartet. Sie griff nach meiner Hand und fing an zu weinen. »Dank sei Gott im Himmel«, schluchzte sie. »Er wusste, wie dringend ich gerade jetzt eine andere christliche Seele in meiner Nähe brauche.«

Ich ließ das Geschirr stehen, wo ich es hingestellt hatte, führte sie zu einem Stuhl und sagte: »Erzählen Sie mir, was los ist. Kann ich Ihnen irgendwie helfen?«

Sie schüttelte den Kopf, und in aller Eile berichtete sie mir: »Es gibt nichts, was man tun könnte. Ich bin mit meinem Mann in die Stadt gekommen, weil er operiert werden sollte. Zuerst hieß es, er habe sich einen Bruch gehoben. Jetzt aber hat sich herausgestellt, dass es Krebs ist. Ich weiß nicht, ob er den Eingriff überleben wird. Er ist 72, und wir sind seit über 50 Jahren verheiratet. Ich kenne keine Menschenseele hier, und die Stadt wirkt so kalt und unfreundlich auf mich. Ich habe versucht zu beten, aber irgendwie hatte ich das Gefühl, Gott nicht wirklich erreichen zu können.«

Sie hörte auf zu weinen. »Ich wäre fast nicht hier hereingekommen, weil es so teuer aussah. Aber ich musste einfach für eine Weile aus dem Krankenhaus heraus. Wie ich so dasaß und aus dem Fenster schaute, habe ich noch einmal versucht zu beten. Ich bat Jesus, mir eine christliche Seele zu schicken, die mir zeigt, dass ich nicht ganz allein bin, und er hat mich erhört.«

Ich hielt immer noch ihre Hand. »Sagen Sie mir, wie Ihr Mann heißt. Dann werde ich Sie beide eine Woche lang jeden Tag in meine Gebete einschließen.«

Sie nickte lächelnd: »Ja, wenn Sie das tun würden… Er heißt Henry.«

Mit diesen Worten stand sie auf und verließ das Lokal. Ich ging mit gestärkten Kräften wieder an meine Arbeit zurück.

Irgendwie war ich überhaupt nicht mehr müde. Und aus unerfindlichen Gründen beschwerte sich kein einziger Gast über die Verzögerung. Ich wusste, dass Gott uns zusammengeführt hatte, um uns gegenseitig Kraft zu geben. Nur zu gern war ich bereit, für sie zu beten. Hoffentlich wusste sie, dass sie mir sehr viel mehr als das Zehncentstück gegeben hatte.

Auf einmal wurde mir bewusst, was für ein schöner Tag es war! *Jeanne Morris*

Die Nacht, in der die Glocken erklangen

Weisheit erwerben ist besser als Gold,
Einsicht erwerben vortrefflicher als Silber.

SPR 16, 16

Vor langer, langer Zeit thronte einmal eine herrliche Kirche hoch oben auf einem Hügel über einer großen Stadt. Wenn sie an speziellen Festtagen hell erleuchtet war, war sie kilometerweit zu sehen. Und doch gab es noch etwas Bemerkenswerteres an dieser Kirche als ihre ästhetische Pracht allein: Eine eigenartige, höchst wundersame Legende rankte sich um ihre Glocken.

An einer Ecke der Kirche erhob sich ein hoher, grauer Turm, und ganz oben in diesem Turm, so sagten die Leute, befände sich das wohl herrlichste Glockenspiel der Welt. In Wirklichkeit aber hatte seit Jahren niemand auch nur den leisesten Laut zu hören bekommen, noch nicht einmal am Weihnachtsabend, wo die Menschen dem Brauch folgend in die Kirche strömten, um dem Christkind ihre Gaben zu bringen. Zum letzten Mal soll sich ihr bezaubernder Klang vor vielen Jahren erhoben haben, als ein ganz ungewöhnliches Geschenk auf den Altar gelegt wurde. Manche meinten, es sei der Wind gewesen, der damals die Glocken bewegte. Andere glaubten, es seien Engel gewesen. Doch in jüngster Zeit war wohl keine Gabe groß genug gewesen, um ihnen ihre Töne zu entlocken.

Nun lebten einige Kilometer von der Stadt entfernt in einem kleinen Dorf ein Junge namens Pedro und dessen kleiner Bruder. Die beiden wussten nur sehr wenig über die Glocken der Christen, aber sie waren schon einmal bei einem Weihnachtsgottesdienst gewesen, und das Fest hatte ihnen so gut gefallen, dass sie es sich auch in diesem Jahr wieder ansehen wollten.

Es war ein bitterkalter Tag und das Land von einer steinhart gefrorenen Schneekruste überzogen. Pedro und sein kleiner Bruder brachen am frühen Nachmittag auf, und trotz der frostigen Witterung gelangten sie bis zum Einbruch der Dämmerung vor die Tore der großen Stadt. Gerade wollten sie passieren, als Pedro am Wegesrand etwas Dunkles im Schnee entdeckte.

Es war eine arme Frau, die kurz vor Erreichen der Stadt aufgegeben hatte – zu krank und müde, um noch weiterzugehen und sich Schutz und Unterkunft zu suchen. Pedro versuchte, sie aufzurütteln, aber sie war kaum noch bei Bewusstsein. »Es hilft alles nichts, kleiner Bruder. Du wirst alleine weitergehen müssen.«

»Ganz allein ohne dich?«, rief der Junge.

Pedro nickte. »Die Frau wird erfrieren, wenn sich niemand um sie kümmert. Jetzt sind sicher schon alle in der Kirche, aber wenn du zurückkommst, dann musst du Hilfe bringen. Ich bleibe solange hier und versuche, sie warm zu halten. Vielleicht kann ich sie dazu bringen, dass sie das Brot isst, das ich noch in der Tasche habe.«

»Aber ich kann doch nicht ohne dich gehen!«, weinte der kleine Bruder.

»Wir brauchen nicht beide den Gottesdienst zu verpassen!«, beharrte Pedro. »Du musst doppelt so gut zuhören und zuschauen – einmal für dich und einmal für mich. Das Christkind weiß bestimmt, dass ich gerne kommen würde. Und wenn sich eine Gelegenheit ergibt und keiner hinschaut, dann leg ihm diesen Silberling als Gabe von mir hin.«

Tapfer schluckte der kleine Junge die Tränen der Enttäuschung hinunter und eilte in die Stadt, um zu tun, wie ihn sein Bruder geheißen hatte.

Die große Kirche war an jenem Abend hell erleuchtet. Nie hatte sie so schön ausgesehen, und als die Orgel spielte und sich Tausende von Stimmen zum Gesang erhoben, erbebten ihre Wände.

Als sich der Gottesdienst dem Ende entgegen neigte und die Prozession mit den Opfergaben begann, brachten die einen Edelsteine, die anderen Körbe voller Gold daher. Ein berühmter Schriftsteller legte ein Buch auf den Altar, an dem er jahrelang geschrieben hatte. Und als letzter schritt der König des Landes nach vorne, auch er – wie alle anderen vor ihm – in der Hoffnung, dass seine Gabe die Glocken zum Klingen bringen würde.

Ein Raunen ging durch den Saal, als er sich die mit kostbaren Juwelen geschmückte Krone vom Haupt nahm und sie auf den Gabentisch stellte. »Jetzt werden die Glocken bestimmt ertönen«, flüsterten die Leute. Doch zu hören war nur das Pfeifen des eisigen Windes.

Schließlich war die Prozession vorüber, und der Chor stimmte die letzte Hymne an. Auf einmal aber hörte der Organist zu spielen auf. Der Gesang verebbte. Es herrschte absolute Stille in der Kirche. Und wie die Leute so dasaßen und ihre Ohren spitzten, da hörten sie sie auf einmal, leise zwar, aber doch deutlich genug: die Glocken aus dem Turm.

So weit weg und doch so klar – ihr Klang war süßer als alles, was sie je gehört hatten.

Sie standen auf und schauten zum Altar, um zu sehen, welches großartige Geschenk es nun gewesen war, das die Glocken erweckt hatte, die so lange geschwiegen hatten. Aber sie sahen nichts – nichts, außer Pedros kleinem Bruder, der sich, als niemand hinschaute, leise den Gang entlanggeschlichen hatte, um Pedros unscheinbaren Silberling auf den Altar zu legen. *Raymond McDonald Alden*

Susans Geschenk

Wir müssen nicht nur geben, was wir haben.
Wir müssen auch geben, was wir sind.

KARDINAL MERCIA

So weit, so gut, dachte Susan und lächelte, während sie ein Häkchen neben einen weiteren Namen auf ihrer Liste setzte. Seit Wochen war die 51-jährige Apothekenhelferin damit beschäftigt, ehemalige Schulkameraden ausfindig zu machen, um sie zu einem Klassenfest einzuladen.

Der Plan, das 30-Jährige zu feiern, war über das Ideenstadium nicht hinausgekommen. Warum sollten sie sich da nicht zum 33-Jährigen treffen? Sie hatte die Organisation ganz allein in Angriff genommen, und mit jedem Tag freute sie sich mehr darauf, ihre alten Freunde wiederzusehen.

Besonders mit einem wollte sie wieder in Kontakt kommen: Bennett Scott. Sie hatte kurz zuvor von einer alten Klassenkameradin erfahren, dass er schwer krank war. Schon seit Jahren hatte er ein Nierenleiden, und mittlerweile war es so weit, dass er täglich zur Dialyse musste. Er wartete dringend auf eine Spenderniere.

Hoffentlich bekommt er noch eine zweite Chance!, ging es

Der Familienzirkus®　　　　　**von Bil Keane**

Finger mögen Fäustlinge lieber, weil sie darin nicht so einsam sind.

Abdruck mit Genehmigung von Bil Keane

Susan durch den Kopf, während sie seine Nummer wählte. Ihr alter Freund brauchte dringend einen Schutzengel, und obwohl sie es zu dem Zeitpunkt noch nicht wusste: Sie sollte ebendieser Schutzengel für ihn sein.

Als Bennett damals nach South Carolina gezogen und neu in ihre Klasse gekommen war, hatte Susan ihn zunächst kaum beachtet. Sie war ausgesprochen beliebt und stand oft im Mittelpunkt, er aber war schüchtern und verletzlich – der Neue eben.

Aber schon bald kreuzten sich ihre Pfade. Sie sangen beide im Schulchor und hatten denselben Klavierlehrer. In der siebten Klasse wurden sie beide zu den Jahrgangsbesten gekürt und in der Highschool mit dem Begabtenpreis ausgezeichnet.

Berührungspunkte gab es mehr als genug, und so wurden die beiden bald gute Freunde. Sie sangen Duette und steckten im Pausenhof oder der Mensa zusammen. »Ich hoffe, dass du mich nicht vergisst«, hatte Susan in Bennetts Jahrbuch geschrieben. Aber, wie es oft geschieht, verloren sie sich nach der Uni dennoch aus den Augen.

Jahrzehnte waren seither vergangen. Susan hatte eine gescheiterte Ehe hinter sich und lebte in Stevensville, Maryland. Ihr Leben war erfüllt: Sie hatte viele Freunde, reiste durch die Weltgeschichte und liebte ihren Beruf. Bennett wohnte mit seiner Frau Sarah und ihren beiden Kindern in New Jersey und arbeitete als Lehrer am örtlichen College.

Und jetzt war er in Gefahr, alles zu verlieren. Susan holte tief Luft, als sie seine Nummer wählte.

»Wie schön, dass du dich meldest!«, rief Bennett. »Komme, was da wolle – ich werde auf jeden Fall bei dem Treffen mit dabei sein!« Sie plauderten eine Weile über ihre Arbeit, ihre Familien, ihre Zukunftspläne. Seine Krankheit erwähnte Bennett mit keinem Wort, und Susan wollte nicht nachbohren.

Aber nachdem sie aufgehängt hatte, ging er ihr einfach nicht aus dem Kopf – oder besser: aus dem Herzen. Es ist ungerecht, grübelte sie. Er hat doch so vieles, wofür es sich zu leben lohnt. Mit welchem Stolz hatte er ihr von seiner 27-jährigen Tochter Mindy und seinem 23-jährigen Sohn Stephen erzählt, wie begeistert von seinen Träumen berichtet, irgendwann mit Sarah auf große Reise zu gehen.

Sie hatte schon einmal einen Mann gekannt, den sein Nierenleiden das Leben gekostet hatte. Sie war kurz davor gewesen, ihn zu heiraten. Weder sie noch die Ärzte hatten ihn retten können. Allein der Gedanke, wie alles hätte werden können, brach ihr noch jetzt manchmal das Herz.

Bennett hat es wirklich verdient, seine Reise zu machen, begehrte Susan auf. Er soll seine Tochter bei ihrer Hochzeit zum Altar geleiten und seine Enkelkinder auf den Knien schaukeln! Seine Familie soll eine riesige Ruhestandsparty für ihn ausrichten! Und Sarah soll noch auf vielen Jubiläen und Hochzeitstagen den Ehrenwalzer mit ihm tanzen!

Ohne lang zu überlegen, wählte Susan Bennetts Nummer noch einmal. »Hör mal«, sagte sie. »Ich weiß, dass du krank bist. Ich wollte dir nur sagen, dass ich eine Niere übrig habe, die ich dir gerne schenken würde.«

Einen Augenblick lang war Bennett zu perplex, um zu antworten. *Seit Jahren haben wir keinen Kontakt miteinander gehabt*, wunderte er sich. *Und trotzdem will sie mir eine zweite Chance zu leben schenken?*

Doch so gerührt er auch sein mochte, er konnte das Angebot einfach nicht annehmen. »Danke«, sagte er zuletzt. »Aber das kann ich wirklich nicht von dir verlangen.«

»Du verlangst nichts von mir, ich biete dir etwas an«, entgegnete Susan. »Und ich tue es nicht nur für dich allein. Ich mache es auch für deine Familie.«

Doch Bennett konnte auch das nicht akzeptieren. In den

Monaten vor dem Klassentreffen wurde Susan nicht müde, ihr Angebot zu wiederholen. Bennett aber lehnte jedes Mal höflich ab.

Kurz vor dem Treffen verschlechterte sich Bennetts Zustand so dramatisch, dass er in den Rollstuhl musste. Ohne eine Transplantation gaben ihm die Ärzte nur noch ein paar Monate zu leben. Susan war völlig entsetzt und bemühte sich umso mehr, ihren Freund doch noch zu überreden. »Bitte, lass mich dir helfen«, bettelte sie. Schließlich willigte Bennett ein.

Susan setzte sich mit der Klinik in Verbindung. Die Verträglichkeitstests wurden für den Tag nach dem Klassentreffen angesetzt. Es bestand nur eine minimale Chance, dass sie als Spenderin überhaupt in Frage käme. Susan wusste das. Bennetts Frau Sarah hatte sich auch schon untersuchen lassen und sich als ungeeignet erwiesen. Doch als Susan ihren Freund und dessen Frau bei dem Klassentreffen wiedersah – als sie mitbekam, wie herzlich die beiden miteinander umgingen, wie sie sich umarmten und miteinander sangen –, da keimte auf einmal Hoffnung in ihr auf. *Bitte lass mich als Spenderin geeignet sein, damit die beiden noch viele gemeinsame Jahre miteinander verbringen können*, betete sie, als sich die zwei unter Tränen bei ihr bedankten.

Das Herz klopfte ihr bis zum Halse, als der Arzt ihr das Blut abnahm. Und als ihr das Labor am Telefon das Ergebnis mitteilte, blieb ihr schier der Atem stehen: Sie war als Spenderin geeignet!

»Es ist unglaublich«, teilten die Ärzte ihr mit. »Aber eine derart große Übereinstimmung kommt nur äußerst selten vor, selbst unter Geschwistern.«

Susan war völlig aus dem Häuschen vor Aufregung, als sie Bennett anrief, um ihm die Nachricht zu überbringen. *Gott muss seine Hand mit im Spiel haben*, dachte sie. *Darum*

haben sich unsere Wege ausgerechnet in diesem Jahr gekreuzt. Es
sollte so sein.

Ein paar Monate später drückten sie einander noch einmal fest die Hand, bevor sie in den OP geschoben wurden. Als Susan fünf Stunden später aus der Narkose erwachte, waren ihre ersten Worte: »Wie geht es Bennett?« Die Transplantation sei ein voller Erfolg gewesen, beruhigten sie die Ärzte. *Gott sei Dank!* Sie war erleichtert.

Als sie Bennett im Krankenhaus besuchte, war er begeistert: »Es geht mir schon jetzt viel besser als vorher!« Und mit Tränen in den Augen fuhr er fort: »Und wie bedankt man sich bei einem Menschen, der einem das Leben gerettet hat?«

»Pass gut auf meine Niere auf! Das ist alles!«, schluchzte sie gerührt.

Eva Unga
Aus der Zeitschrift »Woman's World«

Das »guteste« Geschenk

Die größten Liebesbeweise erbringen die,
die unablässig kleine Gefälligkeiten erweisen.

VOLKSMUND

Jedes Jahr im Dezember, wenn ich den Weihnachtsschmuck auspacke, erinnere ich mich an ein Fest, das wir vor 20 Jahren im Herzen von Maine gefeiert haben, und ich denke wieder an das Geschenk, das ein kleines Mädchen einem anderen bereitet hat. In einer Welt, in der Weihnachten zu einer immer glitzernderen, kommerzielleren Angelegenheit wird, tritt mir jedes Mal aufs Neue ins Bewusstsein, dass das Schenken und Sich-Schenken-Lassen nur dann dem echten Geist des Festes entspricht, wenn wir ganz mit dem Herzen dabei sind.

Damals schienen die Winter noch kälter zu sein als heute und die Schultage zogen sich zäh in die Länge. In meiner kleinen Schule gab es in jeder Jahrgangsstufe zwei Parallelklassen. Ich war in der mit den besseren Schülern. Die meisten waren gut angezogen, und unsere Eltern waren Mitglieder im Förderverein. Die Kinder in der anderen Klasse hatten die schlechteren Noten, und die meisten von ihnen waren arm. Ich ging damals in die vierte Klasse, und wer wie ich schon ein paar Jahre an der Schule war, konnte allein am Aussehen beurteilen, welcher Schüler wohin gehörte. Es gab nur eine einzige Ausnahme: Marlene Crocker.

Ich erinnere mich noch gut an den Tag, als Marlene in unsere »bessere« Klasse versetzt wurde. An jenem Morgen trug sie einen Wollrock, der ihr bis unter die Knie reichte, und einen geflickten Pullover. Aber wie sie so neben dem Lehrerpult stand, wirkte ihr Gesichtsausdruck offen und hoffnungsvoll.

Von ihren intelligent wirkenden braunen Augen einmal abgesehen, war sie alles andere als hübsch. Ich hatte aber schon gehört, dass Marlene gut in der Schule war, und mich gewundert, warum sie nicht schon von Anfang an in der »besseren« Klasse war. Während sie darauf wartete, dass die Lehrerin ihr einen Platz zuwies, überlegte ich schon, ob ich sie in der Pause ansprechen sollte, um mich mit ihr anzufreunden. Doch da ging das Geflüster los: »Neben mir soll sie aber nicht sitzen«, sagte jemand verächtlich.

»Es reicht!«, fuhr die Lehrerin resolut dazwischen, und es kehrte Stille ein. Keiner sollte über Marlene lachen – zumindest so lange nicht, wie sie im Raum war.

Dass Marlene und ich in der Pause miteinander sprachen, dazu ist es nie gekommen. Der Graben, der zwischen uns lag, war einfach viel zu tief.

Eines Tages dann, es war spät im Herbst, machten meine

Mutter und ich einen Umweg durch den Wald. Wir fuhren nur sehr selten dort entlang, weil meine Mutter meinte, solche Ausflüge seien Benzinverschwendung. Ich plapperte gerade vor mich hin, als mir auf einmal eine mit Dachpappe verkleidete Hütte ins Auge fiel. Sie war so klein, dass sie in unser Badezimmer gepasst hätte, und stand am hinteren Ende eines Grundstücks, auf dem allerhand verrostete Autoteile herumlagen. Quer über den Hof war eine Wäscheleine gespannt, und darunter stand ein kleines Mädchen, das unserem Auto mit den Blicken folgte. Es war Marlene. Bis ich die Hand gehoben hatte, um ihr zuzuwinken, waren wir schon vorbei. »Das arme Mädchen«, meinte meine Mutter. »Muss die Wäsche aufhängen, obwohl es gleich regnen wird.«

Als es in jenem Jahr zu schneien anfing, schien es, als würde es nie wieder aufhören. Und kurz vor Weihnachten war bei mir die Welle der Begeisterung über die täglich wachsenden Geschenkestapel ebenso hoch wie die Schneewehen draußen vor der Tür. Ein paar Tage vor unserer Schulweihnachtsfeier ließen wir in der Klasse einen Hut herumgehen, um auszulosen, wer von uns wem ein Geschenk kaufen würde. Der Reihe nach zog jeder von uns seinen Namenszettel. Schließlich kam Marlene an die Reihe. Einer der Jungen beugte sich vor, kam dichter an sie heran als je einer zuvor, und nachdem er den Namen gelesen hatte, posaunte er: »Marlene hat Jenna gezogen!«

Als ich meinen Namen hörte, lief ich puterrot an. Marlene senkte den Blick, doch das Geläster hörte erst auf, als die Lehrerin eingriff. »Ist mir doch egal«, schnaubte ich hochnäsig. Aber irgendwie fühlte ich mich betrogen.

Am Morgen der Weihnachtsfeier ging ich widerwillig zur Schulbushaltestelle. Ich hatte ein tolles Päckchen mit »*Magic Markers*« für den Klassenkameraden dabei, dessen

Namen ich aus dem Hut gezogen hatte. In der Schule aßen wir die Weihnachtsplätzchen, die uns unsere Mütter mitgegeben hatten, und tranken dazu unseren Traubensaft. Dann wurden die Geschenke ausgeteilt, und bald flogen Geschenkpapierfetzen durch die Klasse, so eifrig wurden die Päckchen aufgerissen.

Der Moment, vor dem mir so gegraut hatte, war gekommen. Mir war, als würden auf einmal alle nur auf mich schauen. Vor mir auf dem Tisch stand ein kleines, säuberlich in eine Serviette gewickeltes Päckchen. Ich sah zu Marlene hinüber. Sie saß ganz alleine da. Auf einmal spürte ich das übermächtige Verlangen, sie vor dem Spott meiner Klassenkameraden in Schutz zu nehmen. Ich nahm ihr Geschenk, wickelte es aus und verbarg es mit den Händen.

»Was war denn drin?«, rief einer der Jungen. Er platzte schier vor Neugier.

»Eine Geldbörse«, gab ich zögernd zurück.

Es klingelte, die Busse kamen und irgendjemand fragte Marlene: »Hat dein Alter die aus der Haut des Hirschen gemacht, den er erschossen hat.«

Marlene nickte: »Ja. Und meine Mutter hat ihm geholfen.«

»Danke, Marlene«, sagte ich.

»Gern geschehen«, antwortete sie. Wir lächelten einander zu. Marlene war zwar keine Freundin von mir, aber ich hatte nie über sie gelästert. Wenn ich einmal größer wäre, dann könnte ich vielleicht mit dem Fahrrad zu ihr fahren, um mit ihr zu reden und zu spielen. Dies waren meine Gedanken, während ich mit dem Bus nach Hause fuhr. Wie wohl Marlenes Weihnachtsfest aussehen würde, daran mochte ich nicht denken.

Die Jahre vergingen. Ich ging erst zur Highschool, dann aufs College. Die meisten meiner alten Klassenkameraden verlor ich aus den Augen. Wann immer ich mit einer Matheaufgabe kämpfte, erinnerte ich mich daran, wie leicht sich Marlene mit dem Lernen getan hatte. Erst munkelte man, sie habe die Schule abgebrochen, um ihrer Mutter beim Großziehen ihrer jüngeren Geschwister zu helfen. Dann erzählte man sich, dass sie jung geheiratet und selbst schon mehrere Kinder bekommen habe.

Viele Jahre waren vergangen, als mir die weiße hirschlederne Börse eines Tages wieder in die Hände fiel, die Marlene mir damals geschenkt hatte. Es war schon merkwürdig, dass ich von all den vielen Geschenken, die ich im Laufe der Zeit bekommen hatte, ausgerechnet dieses aufbewahrt hatte. Ich sah sie mir genau an. Sie war wunderschön gearbeitet. Und wie ich sie so betrachtete, fiel mir auf einmal ein kleiner Schlitz auf, der in die Klappe eingearbeitet war. Darin steckte ein kleines Zettelchen, das ich noch nie bemerkt hatte. »Für meine beste Freundin«, stand darauf. Die Worte waren wie ein Stich ins Herz. Ich wünschte, ich hätte die Zeit zurückdrehen können. Ach hätte ich nur den Mut gehabt, ihr die Freundin zu sein, die ich gern gewesen wäre. Zu spät erkannte ich, wie viel Liebe damals in dem Geschenkpäckchen gesteckt hatte.

Es gibt ein paar Sachen, die ich alljährlich zu Weihnachten auspacke: eine alte Holzkrippe, die glänzenden Christbaumkugeln, eine Nikolausfigur – und die Geldbörse. Letztes Jahr habe ich meinem kleinen Sohn von dem Mädchen erzählt, das sie mir geschenkt hat. Er dachte eine Weile darüber nach. Dann meinte er: »Von allen Geschenken war das das guteste, oder?«

Ich lächelte und war dankbar, dass er weise genug war, um das zu erkennen.

Jenna Day
Eingereicht von Patricia Badford

Warum?

»Ich sah ein kleines Mädchen am Straßenrand stehen.
Es zitterte vor Kälte in seinem dünnen Kleid.
Und Aussicht auf ein warmes Essen hatte es nicht.
Da packte mich eine unbändige Wut,
und ich sagte zu Gott:
›Warum lässt du so etwas zu?
Warum unternimmst du nichts dagegen?‹
Eine Weile sagte Er nichts.
Doch noch am selben Abend
meldete Er sich plötzlich zu Wort:
›Natürlich habe ich etwas dagegen unternommen.
Warum sonst hätte ich dich erschaffen?‹«

Verfasser unbekannt
Eingereicht von Schwester Mary Rose McGeady,
Covenant House

Gottes eingeborener Sohn

Als Maria ihr Kind in den Armen wiegt,
spürt sie Trauer und Freude zugleich.
Sie blickt ihm in sein zartes Gesicht,
sieht darin Hoffnung für das ganze Menschengeschlecht.

In ihrem Herzen regt sich Mütterlichkeit.
Immer möchte sie ihn bei sich behalten,
will ihn rennen und lachen und spielen sehen,
und ihn vor allem Übel bewahren.

Sein Leben wird nicht einfach werden,
hart ist sein Schicksal als Gottes eingeborener Sohn.

Maria sieht die Wunder, die er vollbringen wird.
Leprakranke, an Leib und Seele genesen,
Lahme, die gehen, und Blinde, die sehen.
Sie weiß um die erlösende Kraft seiner Liebe.

Und dann sieht sie ihn ans Kreuz genagelt,
spürt seinen Schmerz, fühlt unsere Verlorenheit.
Sie weiß, dass sein Leben dort enden muss.
Vergießt eine Träne, gibt einen Kuss.

Sein Leben wird nicht einfach werden,
hart ist sein Schicksal als Gottes eingeborener Sohn.

Wenn jetzt die Weihnachtszeit naht,
und wir wieder einmal ach so beschäftigt sind
mit Einkaufen, Backen, Bäume Schmücken,
dann fragen wir uns, was der Sinn dabei ist.

Halten wir inne, nur einen Moment,
und gedenken wir der Gaben, die wir bekommen haben:
die Liebe einer Mutter, ein kleines Kind,
Friede und Trost, Liebe und Freude.

Denn für uns alle ist er zur Welt gekommen,
das ist sein Schicksal als Gottes eingeborener Sohn.

Kathleen Weber

Als ich einmal zu Weihnachten
meinen Sohn verlieh

Geben wir uns nicht damit zufrieden, Geld zu verschenken.
Geld ist nicht genug, Geld kann jeder geben.
Aber was die Menschen eigentlich brauchen, ist, dass ihr sie von Herzen liebt.
Teilt also auf Schritt und Tritt eure Liebe als Gabe aus.
Beginnt damit bei euch zu Hause. Verschenkt Liebe –
an eure Kinder, eure Frau, euren Mann, den Nachbarn nebenan.

MUTTER TERESA

»Kennen Sie vielleicht jemanden, der uns über die Festtage einen Jungen von etwa drei oder vier Jahren leihen würde? Wir haben ein schönes Zuhause, würden uns liebevollst um ihn kümmern und ihn wohlbehalten zurückbringen. Wir hatten selbst einmal einen kleinen Sohn, doch er konnte nicht bei uns bleiben, und zur Weihnachtszeit vermissen wir ihn so.« – N. Muller

Als ich diese Anzeige in der Lokalzeitung las, passierte etwas in mir: Zum ersten Mal seit dem Tod meines Mannes erlebte ich Trauer als etwas, das auch andere Menschen tangiert. Immer und immer wieder las ich den Text durch.

Erst wenige Monate zuvor hatte ich aus Washington die Nachricht erhalten, dass mein Mann bei einem Auslandseinsatz ums Leben gekommen war. Von der Trauer überwältigt, hatte ich Hals über Kopf unsere gemeinsame Wohnung aufgegeben und war mit meinem kleinen Sohn wieder in mein Heimatdorf gezogen.

Um mich und den Jungen finanziell über Wasser zu halten, hatte ich mir eine Stelle gesucht, und die Zeit hatte meine Wunden einigermaßen heilen lassen. Zu bestimmten Gelegenheiten aber holten mich der Schmerz und die Verlassenheitsgefühle wieder ein – an Geburtstagen, an unserem Hochzeitstag, an Feiertagen.

Auch als ich kurz vor Weihnachten die oben zitierte Annonce in der Zeitung las, spürte ich wieder deutlich meine Verletzung. »*Wir hatten selbst einmal einen kleinen Sohn, doch er konnte nicht bei uns bleiben, und zur Weihnachtszeit vermissen wir ihn so…*«

Auch ich vermisste einen Menschen. Aber mir war immerhin noch mein Junge geblieben. Ich wusste, wie fahl das Glitzern eines Weihnachtsbaums wirken kann, wenn sich die Lichter nicht in den Augen eines glücklichen Kindes spiegeln.

Und so meldete ich mich bei dem Inserenten. Es war ein Witwer, der bei seiner Mutter lebte. Er hatte im zurückliegenden Jahr Frau und Kind verloren. Mein Sohn und ich verbrachten ein herrliches Weihnachtsfest mit den beiden. Gemeinsam erlebten wir eine Form der Freude, die wir für immer verloren geglaubt hatten.

Und das Beste daran: Diese Freude sollte für mich von Dauer sein. Über all die Jahre hinweg hat sie gehalten, und ich habe sie an allen Weihnachtsfesten gespürt, die ich seither gefeiert habe. Denn wissen Sie, den Mann, der damals die Zeitungsanzeige aufgegeben hat – diesen Mann habe ich ein paar Monate nach unserer ersten Begegnung geheiratet.

N. H. Muller

Die herrliche Farbe der Liebe

Welche Farbe hat Gott?,
fragte das Kind mit der milchweißen Haut,
ist er so hell wie ich
und hat er blondes Haar?

Ist Gott so dunkel wie ich?,
fragte das Kind mit dem bronzenen Teint
und dem schwarzen Wuschelhaar.
Und seine Augen, sind sie braun oder blau?

Gott ist bestimmt so rot wie ich,
hört man den Indianerjungen sagen.
Er trägt einen Federschmuck im Haar
und bringt uns nach der Nacht den Tag.

Wir alle wissen, dass es Gott
in all diesen Farben gibt.
Doch eines ist gewiss – seine eigentliche Farbe,
das ist die herrliche Farbe der Liebe.

Wenn deine Seele irgendwann in den Himmel kommt
und dein irdisches Leben verlischt,
dann wartet Er auf dich,
und Er reicht dir die Hand.

Im Himmel gibt es keine Farben.
Im Himmel, da sind alle gleich.
Was du auf Erden getan hast, nur darauf kommt es an.
Farben und Namen bedeuten hier nichts.

Wenn deine Zeit gekommen ist
und du Gott im Himmel triffst,
dann siehst du die einzige Farbe, die zählt –
die herrliche Farbe der Liebe.

Arnold (Sparky) Watts

2

Über das Geben

Gib, was du hast.
Ein anderer könnte es besser gebrauchen,
als du zu träumen wagst.

HENRY WADSWORTH LONGFELLOW

Eloge an Hawkins

Als mir mein Mann am Telefon mitteilte, dass er befördert würde, wir darum aber unsere herrliche, von der Witterung begünstigte Oase im Nordosten Iowas aufgeben müssten, reagierte ich zuerst so, wie es sich gehört:

»Herzlichen Glückwunsch! Ich bin ja so stolz auf dich«, flötete ich wie eine wackere, treu sorgende Ehefrau aus einem Dreißigerjahre-Film. Der nächste Satz aber kam mehr aus dem Bauch, denn ich seufzte: »Aber was sollen wir bloß ohne Hawkins machen?«

Jede berufstätige Mutter, die schon einmal umgezogen ist, weiß nämlich, dass es bei einem Wohnortswechsel weit schlimmere Dinge gibt als die Bergung eines leckenden Schmalztiegels, den die Möbelpacker sorgsam in Seidenpapier gehüllt ausgerechnet in den Karton mit den seidenbespannten Lampenschirmen verstaut haben. Auch die Suche nach einem neuen Friseur, der geschickt genug ist, um die Hubbel an ihrem Hinterkopf zu kaschieren, sodass sie nicht wie ein Eisvogel aussieht, gehört eher zu den kleineren Problemen.

Um wie viel schwieriger aber ist es, einen perfekten Babysitter aufzutreiben. In jeder Mutter, die diesen Titel auch nur halbwegs verdient, wird sich bei diesem Unterfangen zwangsläufig eine ungute Mischung aus Angst und Schuldgefühlen rühren.

Als Kate vier war und Nicholas knapp ein Jahr alt, wollte ich die beiden ein paarmal pro Woche bei einer Tagesmutter unterbringen, um wieder in meinen Beruf einsteigen zu können. Ich wusste nicht recht, warum ich mich ausgerechnet an Helen wandte. Ich war der pensionierten Schauspiellehrerin erst eine Woche zuvor begegnet, kannte sie also kaum. Außerdem hatte sie selbst die Kindererziehungsphase seit Jahrzehnten hinter sich. Aber sie wirkte so resolut und patent, dass ich das Gefühl hatte, von ihr einen guten Tipp bekommen zu können.

»Ja, ich glaube, ich hätte da jemanden für Sie...«, sinnierte sie. Der gekonnte Umgang mit Pausen und den Schleiern des Geheimnisvollen deutete auf ihre ehemalige Karriere als Regisseurin hin: »Aber ich kann Ihnen jetzt noch nicht sagen, wer es ist. Ich muss erst selbst mit ihr reden.«

Ein paar Tage danach rief Helen mich zurück. Ihre Schwägerin, Evelyn Hawkins, Farmerswitwe und vor kurzem in eine Stadtwohnung übersiedelt, sei genau die Richtige für mich: Sie habe ganze Scharen von Kindern und Enkelkindern großgezogen, habe das Herz am rechten Fleck und bringe genug Geduld für diese Aufgabe mit.

Evelyn Hawkins war eine adrette Frau mit überaus sanfter Stimme. Gleich bei unserer ersten Begegnung fiel mir ihre ruhige Art auf. Sie wirkte zwar anfangs noch ein wenig zurückhaltend und ernst, doch ich spürte gleich, dass sich hinter der kühlen Fassade ein Mensch mit großer Umsicht und Lebensweisheit verbarg.

Das Holzkreuz in ihrer Küche und ein Stickbild in ihrem Flur verrieten mir, dass sie tief in ihrem Glauben verwurzelt war. Die grünweiße Kreuzsticharbeit zeigte ein Fenster mit einem vom Wind sanft geblähten Vorhang und darunter die Worte: »Wenn Gott eine Tür verschließt, öffnet er ein Fenster.«

Doch Hawkins war so bescheiden und verschwiegen in Privatdingen, dass es Monate dauern sollte, bis ich per Zufall herausfand, dass der tägliche »Spaziergang«, von dem sie – auch wenn das Wetter noch so übel war – bei unserem Eintreffen immer gerade zurückkam, in Wirklichkeit der Weg zur Kirche war.

Obwohl sie den Kindern nie sagte, wie sie sie nennen sollten, bürgerte sich der Name Hawkins bei uns ein. Evelyn klang einfach nicht respektvoll, und Frau Hawkins wäre für meine Kleinen ein allzu schwieriger Zungenbrecher gewesen. Obwohl meine Kinder zu viel Feingefühl besaßen, um es mir zu sagen, so bin ich doch überzeugt, dass sie mit Hawkins' ruhigem und ausgeglichenem Erziehungsstil wesentlich besser zurechtkamen als mit meiner Schaukel-Klaps-Kuschel-Brüll-Kuss-Methode. Und das Schlimmste dabei: Ich halte selbst nichts von Schlägen und Geschrei!

Wenn Hawkins auch nach außen hin einen ausgesprochen konservativen Eindruck machte und sie ihre eigenen Kinder in einer Ära großgezogen hatte, in der es strenger zuging als heute, war sie in Wirklichkeit ein größerer Freigeist als ich selbst. Und manches von dem, was sie meinen Kindern beibrachte, lernte ich gleich mit.

Als Kate ihre Eifersuchtsphase durchlief und auf Baby machte, ließ sie sich von meinem guten Zureden von wegen »großes Mädchen« und so weiter nicht beeindrucken. Später erfuhr ich, dass Hawkins ihr einfach ihre Milch in einem Babyfläschchen hinstellte, bis sie das mühsame Nuckeln durch die winzige Schnulleröffnung so satt hatte, dass sie selbst um ein Glas bat. Und als Nick eines Tages mit der Idee daherkam, er sei jetzt ein Hund, da schüttete sie ihm eine Portion Cornflakes in eine Plastikschüssel und servierte sie ihm auf dem Boden.

Als ich sie zum ersten Mal bat, mir die beiden Kinder über Nacht abzunehmen, warnte ich sie vor, dass Nick regelmäßig von seinen Albträumen wach würde und es sein könne, dass sie sich ein paar Minuten zu ihm legen müsse, bis er wieder eingeschlafen sei. Als wir am nächsten Morgen mit mulmigem Gefühl zum Abholen kamen, liefen uns die Kinder freudestrahlend entgegen und riefen: »Wir haben eine Schlummerparty gemacht! Wir haben alle zusammen in Hawkins' Bett geschlafen!«

Hawkins lächelte milde: »Ich habe gedacht, bevor ich in der Nacht herumwandere, können wir gleich alle in einem Bett schlafen.« Ich konnte mir die Idylle bildhaft vorstellen: Hawkins in ihrem hochgeschlossenen Nachthemd, und auf jeder Seite eines meiner friedlich schlafenden Kinder im Arm.

Noch etwas lernte ich von Hawkins: dass das Leben nun einmal aus lauter kleinen Pflichten besteht; und weil wir sowieso nicht um sie herumkommen, ist es das Beste, uns ihnen mit Freude zu widmen. Ob es darum ging, einen unter tätiger »Mithilfe« meiner Kinder gebackenen Kranzkuchen sorgfältig mit Gummibärchen zu dekorieren oder mit fein säuberlichen Stichen die zerrissenen Hosen ihres Junggesellen-Bruders zu flicken – was Hawkins machte, das machte sie richtig. Sie erledigte die kleinen Aufgaben des Lebens mit solcher Fröhlichkeit und Selbstverständlichkeit, dass sie nicht wie ein notwendiges Übel wirkten. Im Gegenteil: Sie empfand es offenbar als Ehre, sie erledigen zu dürfen. Die Handarbeiten, die sie zur Landwirtschaftsmesse einreichte, wurden von der Jury mit einer Bewertung versehen, die ihre Augen zum Leuchten brachte: »Handwerklich perfekt«.

Im Umgang mit meinen Kindern legte sie dieselbe unaufgeregte Anmut an den Tag. Sie hatte so eine spezielle Art, sich zu ihren kleinen Schützlingen herunterzubeugen und ihnen aufmerksam zuzuhören, wenn diese wieder einmal eine ihrer langatmigen Geschichten erzählten. Ich schämte mich, wenn ich das sah, denn ich selbst bringe in solchen Situationen meist nicht viel mehr als ein zerstreutes »Mmmhhh…« heraus, während meine Gedanken mal hierhin und mal dorthin schweifen. Deutlich war zu spüren, dass das Geld, das sie bei uns verdiente, weniger wichtig für sie war als die Freude, die es ihr bereitete, uns helfen zu können. Es ging sogar so weit, dass es ihr regelrecht peinlich war, ihr Salär entgegenzunehmen.

Nachdem sich Hawkins zwei Jahre lang um meine Kinder gekümmert hatte, war es kein Wunder, dass es mir bei unserem Wegzug aus Decorah am allerschwersten fiel, von ihr Abschied zu nehmen. Ich wusste, dass ich kaum ein zweites Mal so viel Glück haben würde, eine Kinderfrau zu finden, die die besten Eigenschaften von Mary Poppins und Captain Kangaroo in sich vereinigte. Einzig *ihre* Augen blieben trocken, als sie Kate ein getrocknetes vierblättriges Kleeblatt in die Hand drückte. »Denk immer daran«, flüsterte sie meiner schluchzenden Tochter ins Ohr: »Wenn Gott eine Tür verschließt, öffnet er ein Fenster.«   *Rebecca Christian*

Der letzte Strohhalm

*Lasst uns aufeinander achten und uns zur Liebe
und zu guten Taten anspornen.*

HEBR 10, 24

Es war einer dieser langen Winternachmittage, an denen man keinen Schritt vor die Tür setzen konnte. Und die vier Kinder der Familie McDonald waren wieder einmal in Höchstform, wenn es ums Zetern, Sticheln und Streiten ging. An Tagen wie diesen hätte es nicht viel gebraucht, um Mutter zu überzeugen, dass sie kein Fünkchen Liebe füreinander übrig hatten, obwohl ihr doch klar war, dass das nicht wirklich stimmte. Unter Geschwistern gibt es natürlich immer Streit, aber in letzter Zeit vertrugen sich ihre Rangen

besonders schlecht – vor allem Eric und Kelly, die alters-
mäßig nur ein Jahr auseinander waren. Sie schienen es schon
den ganzen Winter über regelrecht darauf angelegt zu haben, sich gegenseitig das Leben zu Hölle zu machen.

»Gib das her! Es gehört mir!«

»Gar nicht, Fettsack! Ich hatte es zuerst!«

Seufzend hörte Mutter den neuerlichen Streit aus dem
Wohnzimmer herüberdringen. Bis Weihnachten war nur
noch ein Monat hin, doch im Hause McDonald herrschte
alles andere als beschaulich besinnliche Festtagsstimmung.
Sollte dies nicht eine Zeit des Miteinanders und der Liebe
sein? Es war mehr gefragt als ein Berg hübsch verpack-
ter Geschenke und ein Baum voll funkelnder Lichter, um
weihnachtliche Atmosphäre im Haus zu verbreiten. Doch
wie die eigenen Kinder überzeugen, dass ein wohlwollen-
der Umgang miteinander der wichtigste Schritt war, um sich
auf das Fest vorzubereiten?

Wie sie so nachdachte, hatte Mutter auf einmal eine Idee.
Sie erinnerte sich daran, wie ihre Großmutter ihr von einem
alten Brauch erzählt hatte, der den Menschen die wahre
Bedeutung von Weihnachten vor Augen führte. Vielleicht
würde er auch in ihrem Fall weiterhelfen. Einen Versuch war
es wert. Und so trommelte sie ihre vier kleinen Rabauken
zusammen. Bald saßen sie wie die Orgelpfeifen aufgereiht
auf der Treppe vor ihr – Mike, Randi, Kelly und Eric.

»Wie wäre es, wenn wir in diesem Jahr zu Weihnachten
etwas ganz Neues machen würden?«, fragte sie. »Es ist
wie ein Spiel, aber es funktioniert nur bei Leuten, die ein
Geheimnis für sich behalten können. Meint ihr, ihr kriegt
das hin?«

Erics Finger schoss in die Höhe. »Ich kann es!«, rief er.

»Ich kann es besser!«, fuhr Kelly dazwischen und fuchtelte noch wilder mit dem Arm. Nur für den Fall, dass es sich

um einen Wettbewerb handeln könnte, wollte sie schon jetzt unmissverständlich klarstellen, dass sie ihrem Bruder überlegen sei.

»Ich kann es auch!«, fiel Randi in den Chor ein, ohne recht zu wissen, worum es eigentlich ging. Schließlich wollte auch sie nicht außen vor bleiben.

»Ich auch, ich auch, ich auch«, quietschte der kleine Mike und hüpfte aufgeregt.

»Also gut«, erklärte Mutter. »Dann sag ich euch, worum es geht: Dieses Jahr werden wir dem Christkind eine Überraschung bereiten, wenn es zu Weihnachten kommt. Wir werden ihm das allerweichste Bett der Welt bereiten. Dazu müssen wir ihm eine Krippe basteln und sie mit Stroh füllen, damit es darin auch bequem liegen kann. Das klingt ziemlich einfach. Aber es gibt einen Haken bei der Sache: Für jeden Strohhalm, den wir hineinlegen, müssen wir erst einem anderen irgendetwas Gutes tun. Je mehr gute Taten wir von jetzt an vollbringen, desto mehr Stroh hat das Christkind zu Weihnachten in seiner Krippe. Und dann müssen wir das Ganze auch noch geheim halten: Keiner darf verraten, wenn er einem etwas Gutes getan hat.«

Die Kinder waren verwirrt. »Und wie will das Christkind wissen, dass es sein Bett ist?«, wollte Kelly wissen.

»Es weiß es einfach«, antwortete Mutter. »Es erkennt es an der Liebe, mit der wir die Krippe gebastelt haben, und daran, wie weich sie ist.«

»Aber für wen sollen wir diese ganzen guten Taten machen?«, erkundigte sich Eric.

»Ganz einfach«, erklärte Mutter. »Wir machen sie für uns gegenseitig. Von jetzt an werden wir bis Weihnachten jede Woche einmal sechs Zettel mit unseren Namen – auch mit meinem und dem von Papa – in diesen Hut werfen. Und dann zieht jeder von uns einen davon und tut dem, dessen

Namen darauf steht, eine ganze Woche lang Gutes. Doch jetzt fängt es erst an, schwierig zu werden: Wir dürfen keinem verraten, wessen Namen wir gezogen haben; und jeder von uns versucht, dem anderen so viele Gefallen wie möglich zu tun, ohne dabei erwischt zu werden. Und immer wenn wir heimlich irgendetwas Gutes gemacht haben, legen wir einen Strohhalm in die Krippe.«

»Und was ist, wenn ich den Namen von jemandem ziehe, den ich nicht leiden kann?« Kelly runzelte die Stirn.

Mutter dachte eine Weile darüber nach. »Vielleicht könntest du in dem Fall ganz besonders dicke Strohhalme in die Krippe legen, denn schließlich ist das noch schwieriger. Aber wenn wir lauter solche dicken Strohhalme in die Krippe legen, wird sie natürlich schneller voll. Und wenn das Christkind dann an Weihnachten zu uns kommt, kann es auf einer Matratze schlafen, die aus lauter Liebe gemacht ist. Da würde es sich bestimmt freuen, meint ihr nicht auch?«

»Und wer kann jetzt eine Krippe für uns basteln?«, fragte sie weiter.

Eric war der Älteste und der einzige von den vieren, der schon mit Werkzeugen hantieren durfte. Also verzog er sich in den Keller, um sein Glück zu versuchen. Während der nächsten Stunden war aus dem Werkraum lautes Hämmern und Sägen zu hören. Dann war es eine ganze Weile still da unten. Schließlich kam Eric mit dem Produkt seiner Mühen die Treppe hinauf. »Da.« Er strahlte von einem Ohr zum anderen, als er es seiner Mutter entgegenhielt: »Die beste Krippe der Welt. Und ich hab sie ganz allein gebaut.«

Und zum ersten Mal in langer Zeit waren sich alle einig: Das kleine Bettchen war wirklich perfekt! Ein Bein war vielleicht ein wenig kürzer als die anderen, sodass das Ganze ein bisschen wackelte. Aber es war mit Liebe gebaut – und ungefähr 100 krumme Nägel hielten es so fest zusammen, dass es bestimmt für lange Zeit halten würde.

»Jetzt fehlt uns nur noch das Stroh«, erklärte Mutter, und schon bald saßen sie alle im Auto. Es war erstaunlich – aber wie sie so übers Land fuhren und nach abgeernteten Feldern Ausschau hielten, stritt keiner darum, wer vorne sitzen durfte. Schließlich entdeckten sie eine kleine brachliegende Wiese, auf der das Gras im Sommer hoch gewachsen war. Jetzt, Mitte Dezember, waren davon nur noch vertrocknete, gelbe Halme übrig, die fast wie echtes Stroh aussahen.

Mutter hielt den Wagen an, und die Kinder kletterten heraus, um ihre »Ernte« einzubringen.

»Es reicht!«, rief Mutter lachend, als sie merkte, dass der Karton im Kofferraum schon bis zum Rand gefüllt war. »Denkt daran, es ist doch bloß eine kleine Krippe.« Und so fuhren sie nach Hause und breiteten das Stroh sorgfältig auf einem Tablett aus, das Mutter auf dem Küchentisch bereitgestellt hatte. Und mitten hinein stellten sie vorsichtig die leere Krippe. Das Stroh lag so hoch, dass man das eine zu kurze Bein kaum sah.

»Und wann können wir die Namen ziehen?«, riefen die Kinder.

»Wenn Papa nach Hause kommt«, antwortete Mutter.

Als sie an jenem Abend am Esstisch saßen, beschrifteten sie sechs Zettel mit je einem Namen, falteten sie und mischten sie in einer alten Baseballmütze gut durch. Dann konnte die Ziehung losgehen.

Kelly war als Erste dran. Kaum hatte sie ihren Zettel entfaltet, fing sie an zu kichern. Randi griff als Nächste in den Hut. Vater schaute verstohlen auf das Stück Papier, das er in der Hand verborgen hielt, und lächelte wissend. Dann zog Mutter ihr Los, doch ihre Miene gab nicht den leisesten Hinweis preis. Nun war der kleine Mike an der Reihe. Er konnte noch nicht lesen, und darum musste Papa ihm ins Ohr flüstern, wessen Name darauf stand. Zuletzt war Eric an der Reihe. Er faltete seinen Zettel auf, und als er den Namen las, runzelte er die Stirn. Wortlos stopfte er sich das Papier in die Tasche. Jetzt konnte es also losgehen.

Die darauf folgende Woche war voller Überraschungen. Es schien, als hätte im Haus der McDonalds plötzlich ein ganzes Geschwader von unsichtbaren Heinzelmännchen Quartier bezogen. Es passierten lauter erfreuliche Dinge. So kam Kelly zur Schlafenszeit in ihr Zimmer und sah, dass ihr Bett aufgeschlagen und ihr kleines blaues Nachthemd ordentlich für sie bereitgelegt worden war. Ein anderes Mal hatte irgendjemand unaufgefordert das Sägemehl unter der Werkbank weggekehrt. Dann verschwanden eines Tages nach dem Mittagessen wie durch Zauberhand die Wackelpuddingflecken von der Küchenanrichte, während Mutter gerade den Briefkasten ausleerte. Und jeden Morgen, während Eric sich die Zähne putzte, schlich sich irgendwer in sein Zimmer und machte sein Bett. Es war nicht perfekt gemacht. Aber es war gemacht.

»Wo sind meine Schuhe?«, fragte Vater eines Morgens. Keiner schien es zu wissen. Aber bis er zur Arbeit musste, standen sie wieder an ihrem Platz. Sie waren blitzblank geputzt.

Im Laufe der Woche merkte Mutter noch andere Veränderungen. Die Kinder ärgerten und stritten sich weniger. Und wenn dann doch einmal ein Streit aufflammte, hörte er ohne erfindlichen Grund urplötzlich wieder auf. Sogar Eric und Kelly schienen sich besser zu vertragen. Ja, gelegentlich kicherten die beiden gar mit wissendem Lächeln vor sich hin.

Am Sonntag waren alle total gespannt darauf, welchen Namen sie diesmal ziehen würden; und während der Ziehung ging es noch lustiger und fröhlicher zu als beim ersten

Mal. Nur Eric lachte nicht. Wieder faltete er seinen Zettel auf, sah ihn sich an und stopfte ihn sich wortlos in die Tasche. Mutter sah es, fragte aber nicht nach.

In der zweiten Woche geschahen noch ungewöhnlichere Dinge. Der Müll wurde hinausgetragen, ohne dass einer darum gebeten worden wäre. Eines Abends löste irgendjemand zwei von Kellys schwierigen Matheaufgaben, als sie die Hefte auf dem Tisch hatte liegen lassen.

Die Strohschicht in der Krippe wurde immer höher und weicher. Bis Weihnachten waren es nur noch zwei Wochen, und die Kinder fragten sich, ob ihr Bett für das Christkind wohl bequem genug sein würde.

»Wen wollen wir denn überhaupt als Christkind nehmen?«, wollte Randi am dritten Sonntagabend wissen, nachdem sie ihre neuen Namen gezogen hatten.

»Vielleicht können wir eine der Puppen nehmen«, meinte Mutter. »Warum suchst du nicht zusammen mit Mike eine aus?«

Die beiden Kleineren stürmten los, um ihre Lieblingspuppen zu suchen. Doch die anderen wollten auch mitbestimmen, wer das Christkind sein sollte. Der kleine Mike schleppte stolz seinen Stoff-Clown Bonzo an und weinte ein paar Tränen, als die anderen schallend lachten. Doch dann fand auch Erics viel geliebter Teddybär Bruffles seinen Weg zu den anderen Puppen auf dem Sofa. Da saßen Barbie und Ken einträchtig mit Kermit, dem Frosch, zusammen – in einer Reihe mit allerhand Stoffhunden und -lämmern. Sogar das kuschelige Äffchen, das Mike einmal von den Großeltern geschenkt bekommen hatte, fehlte nicht. Doch irgendwie schien keine der Figuren zu passen.

Einzig eine alte Babypuppe, die vor lauter Geliebtwerden schon beinahe in ihre Einzelteile zerfallen war, kam in die engere Auswahl. »Plauderlieschen« hatte sie einmal geheißen, bis sie nach zu vielen heißen Wannenbädern irgendwann das Reden ganz eingestellt hatte.

»Sie sieht ziemlich komisch aus«, bemerkte Randi, und sie hatte Recht. Einmal hatte Kelly Schönheitssalon gespielt und sich dabei nicht nur selbst das blonde Haar geschnitten, sondern auch der Puppe einen neuen, ziemlich extravaganten Schnitt verpasst. Kellys Haare waren mit der Zeit nachgewachsen, die Puppe hatte die Frisur behalten. Mit den rings um den Kopf abstehenden, gelblichen Haarsträhnen wirkte sie verloren und vergessen. Ihre Augen aber waren immer noch leuchtend blau, und sie lächelte, obwohl ihr Gesicht hie und da durch die Berührung von unzähligen schmuddeligen Kinderhänden ziemlich verschmiert aussah.

»Also ich finde, sie passt wirklich gut«, befand Mutter. »Das Christkind hatte wahrscheinlich auch nicht viele Haare, als es auf die Welt kam. Ich denke, es hat es bestimmt gern, von einer Puppe dargestellt zu werden, die so viel Liebe abbekommen hat wie die hier!«

So stand der Entschluss fest, und die Kinder machten sich daran, ihr Christkind neu einzukleiden. Es bekam eine Jacke aus Lederresten und Stoffwindeln. Das Beste aber war, dass die Puppe haargenau in die kleine Krippe passte. Aber weil es noch zu früh war, sie hineinzulegen, fand sie fürs Erste Platz auf einem Bord im Garderobenschrank. Dort sollte sie bis zum Weihnachtsabend bleiben.

In der Zwischenzeit wurde das Strohbett immer dicker und dicker. Jeder Tag brachte neue, ganz andere Überraschungen mit sich. Es schien, als würden die Heinzelmännchen im Endspurt noch einen Zahn zulegen. Endlich hatte der Geist von Weihnachten im Hause McDonald Einzug gehalten. Nur Eric war seit der dritten Namensziehung ungewöhnlich schweigsam.

Der letzte Sonntag, an dem gelost werden sollte, fiel zufällig auf den Tag vor Heiligabend. Wie die Familie so um den Tisch saß und darauf wartete, bis ein letztes Mal alle Namenszettel im Hut waren, sagte Mutter: »Ihr habt eure Sache wirklich gut gemacht! In unserer Krippe müssen bestimmt schon Hunderte Strohhalme liegen – vielleicht sogar tausend. Ihr könnt stolz auf das Bett sein, das ihr für das Christkind gerichtet habt. Bis morgen bleibt uns noch ein kleines bisschen Zeit, um es noch weicher zu machen. Mal sehen, ob wir das schaffen.«

Zum letzten Mal wurde der Hut herumgereicht. Der kleine Mike zog einen Zettel und wie in den Wochen zuvor flüsterte ihm Papa ins Ohr, welcher Name darauf stand. Randi entfaltete ihr Papierchen sorgsam unter dem Tisch, warf einen Blick darauf und zuckte dann grinsend die Achseln. Kelly griff hinein und kicherte glücklich, als sie den Namen las. Dann kamen Mutter und Vater an die Reihe. Und schließlich reichten sie den Hut an Eric weiter. Als er seinen Zettel entfaltete und den Namen las, der darauf stand, verzog er das Gesicht und sah aus, als würde er gleich in Tränen ausbrechen. Wortlos stürzte er aus dem Zimmer.

Alle sprangen vom Tisch auf, aber Mutter hielt sie zurück. »Nein. Bleibt hier«, sagte sie. »Lasst mich zuerst allein mit ihm sprechen.«

Als sie den oberen Treppenabsatz erreichte, flog Erics Tür auf. Er versuchte, sich mit einer Hand seine Jacke anzuziehen. In der anderen trug er einen kleinen Koffer.

»Ich muss gehen«, sagte er ruhig, und dabei strömten ihm die Tränen übers Gesicht. »Denn wenn ich bleibe, verderbe ich euch allen das Weihnachtsfest!«

»Aber warum?«, wollte Mutter wissen. »Und wohin willst du gehen?«

»Ich kann ein paar Tage in meinem Schneeiglu schlafen. Gleich nach Weihnachten komme ich zurück. Versprochen.«

Mutter wollte schon anfangen, ihm etwas von Schnee und Kälte, von fehlenden Handschuhen und Winterstiefeln zu sagen. Doch Vater, der leise hinzugetreten war, legte ihr die Hand auf den Arm und schüttelte den Kopf. Die Haustür schloss sich, und die beiden schauten durchs Fenster zu, wie der kleine Junge mit den traurig hängenden Schultern ohne Mütze auf dem Kopf die Straße überquerte und sich an der nächsten Ecke auf einen Schneehaufen setzte. Es war stockfinster draußen und eisig kalt, und ein paar Schneeflocken wirbelten in der Luft und sanken auf das Kind und seinen Koffer nieder.

»Er wird erfrieren!«, sagte Mutter.

»Lass ihm ein paar Minuten Zeit mit sich allein«, antwortete Vater ruhig. »Dann kannst du mit ihm reden.«

Als Mutter zehn Minuten später zu ihm hinausging und sich zu ihm setzte, war das zusammengekauerte Persönchen schon ganz mit Schnee bedeckt.

»Was ist los, Eric? Du warst in den letzten paar Wochen so lieb. Aber ich weiß, dass du irgendetwas auf der Seele hattest, seit wir die Sache mit der Krippe angefangen haben. Willst du mir sagen, was es ist?«

»Begreifst du denn nicht, Mama?«, schniefte er. »Ich habe mich so bemüht, aber jetzt halte ich es einfach nicht mehr aus. Und jetzt verderbe ich euch allen noch das Fest.« Und mit diesen Worten brach er in Tränen aus und warf sich Mutter in die Arme.

»Aber ich verstehe nicht?«, warf Mutter ein und wischte ihm die Tränen aus dem Gesicht. »Was ist es denn, was dir so schwer fällt? Und wie könntest du uns Weihnachten verderben?«

»Mama«, schluchzte er. »Du hast ja keine Ahnung! Ich

habe *in den letzten vier Wochen* jedes Mal Kellys Namen gezogen! Und dabei hasse ich sie doch! Ich kann nicht eine einzige gute Sache mehr für sie tun! Lieber sterbe ich! Ich hab es probiert, Mama. Wirklich. Ich bin jeden Abend in ihr Zimmer geschlichen und habe ihr das Bett aufgedeckt, sogar das schreckliche Nachthemd habe ich ihr hingelegt. Ich habe ihren Papierkorb ausgeleert und an einem Abend die Hausaufgaben für sie gemacht, als sie im Bad war. Einmal habe ich ihr sogar mein Rennauto geliehen, aber sie hat es wie immer voll gegen die Wand fahren lassen.

Ich habe versucht, nett zu ihr zu sein, Mama. Selbst als sie Blödian zu mir gesagt hat, weil ein Bein an der Krippe zu kurz ist, habe ich ihr keine geknallt. Und jede Woche, wenn wir die Namen gezogen haben, habe ich gedacht, jetzt ist es endlich vorbei. Aber als sie dann heute noch mal auf meinem Zettel stand – das war einfach zu viel. Ich kann nicht mehr, Mama. Und morgen ist Heiligabend. Endlich ist es so weit, dass wir das Christkind in die Krippe legen können. Und da verderbe ich euch allen das Weihnachtsfest. Verstehst du jetzt, warum ich gehen musste?«

Ein paar Minuten lang saßen sie schweigend zusammen. Nur ein gelegentliches Schniefen und Seufzen war von den beiden eng aneinander gekuschelten Figuren auf dem Schneehaufen zu hören.

Schließlich fing Mutter leise zu reden an. »Ich bin ja so stolz auf dich, Eric. Jede gute Tat, die du gemacht hast, zählt doppelt, weil es dir so besonders schwer gefallen ist, nett zu Kelly zu sein. Und das auch noch für so lange Zeit. Trotzdem hast du es geschafft, hast Strohhalm für Strohhalm in die Krippe gelegt. Du warst liebevoll, obwohl es nicht einfach für dich war. Vielleicht ist es das, worum es an Weihnachten wirklich geht. Wenn das Geben zu leicht ist, dann machen wir es womöglich zu leichtfertig. Die Strohhalme, die du in die Krippe gelegt hast, sind wahrscheinlich die wichtigsten von allen. Du solltest stolz auf dich sein.

Wie wäre es, wenn du jetzt zum Schluss noch ein paar leichter verdiente Strohhalme dazulegen könntest. So wie wir anderen es die ganze Zeit machen konnten. Ich habe den Zettel, den ich heute gezogen habe, noch in der Tasche. Ich weiß nicht, welcher Name draufsteht. Wie wär's, wenn wir tauschen würden. Es ist ja nur für einen Tag. Wir bräuchten es ja keinem zu verraten.«

»Wäre das nicht gemogelt?«

»Ach was!« Mutter schüttelte den Kopf.

Sie trockneten gemeinsam die Tränen, klopften sich den Schnee von den Jacken und gingen zum Haus zurück.

Am nächsten Tag war die ganze Familie vollauf beschäftigt. Es wurde gekocht und gebrutzelt, aufgeräumt und geputzt; letzte Geschenke wurden verpackt, und beinahe wäre der eine oder andere vor Aufregung geplatzt. Doch ungeachtet aller Geschäftigkeit geriet die Krippe nicht in Vergessenheit. In diesen letzten Stunden kamen so viele neue Strohhalme hinzu, dass das kleine hölzerne Gestell bis zum Überlaufen gefüllt war. Und wann immer einer aus der Familie – ob groß oder klein – daran vorbeikam, blieb er einen Moment lang stehen und schaute sich zufrieden das Ergebnis ihrer Mühen an. Bald war es Zeit, das Christkind hineinzulegen. Aber würde das Bett auch wirklich weich genug sein? Immer noch zählte jeder Strohhalm!

Und weil dies so war, schlich sich Mutter kurz vor der Schlafenszeit auf Zehenspitzen in Kellys Zimmer, um ihr Bett aufzuschlagen und das kleine blaue Nachthemd zurechtzulegen. Doch überrascht blieb sie im Türrahmen stehen. Es war ihr jemand zuvorgekommen. Das Nachthemd lag ordentlich ausgebreitet da. Und daneben stand auf dem Kopfkissen ein kleines rotes Rennauto.

Eric hatte also doch den letzten Strohhalm in die Krippe
gelegt. *Paula McDonald*

Der Weihnachtspfadfinder

Wenn bei dir ein Armer lebt,
irgendeiner deiner Brüder in irgendeinem deiner Stadtbereiche in dem Land,
das der Herr, dein Gott, dir gibt, dann sollst du nicht hartherzig sein
und sollst deinem armen Bruder deine Hand nicht verschließen.
Du sollst ihm deine Hand öffnen und ihm gegen Pfand leihen,
was der Not, die ihn bedrückt, abhilft.

DTN 15, 7-8

Inmitten all der Freude und des Lachens war der dreizehn-
jährige Frank Wilson nicht glücklich. Es stimmte schon: Er
hatte alles geschenkt bekommen, was er sich gewünscht
hatte. Und auch die Weihnachtsfeier am Heiligen Abend, zu
der traditionsgemäß – diesmal im Haus von Tante Susan –
alle Verwandten zusammengekommen waren, um ihre Geschenke und Glückwünsche auszutauschen, hatte ihm gut
gefallen.

Aber glücklich war er trotzdem nicht, denn dies war das
erste Weihnachtsfest ohne seinen Bruder Steve, der im Jahr
zuvor von einem rücksichtslosen Autofahrer überfahren
worden war. Frank vermisste ihn, sie waren so gut miteinander ausgekommen.

So blieb er nicht bis zum Ende, sondern verabschiedete
sich bald von den Verwandten. Seinen Eltern erklärte er,
dass er noch bei einem Freund vorbeischauen wolle. Von
dort aus würde er zu Fuß nach Hause gehen. Es war kalt
draußen, und so zog er seine neue Winterjacke an. Über sie
hatte er sich besonders gefreut. Seine anderen Geschenke
packte er auf seinen neuen Schlitten.

Dann machte sich Frank auf den Weg, um den Leiter seiner Pfadfindertruppe zu besuchen. Er hoffte, dass der zu Hause sein würde, denn von ihm fühlte er sich immer ganz besonders verstanden. Er war zwar reich an Weisheit, wohnte aber in den »Flats«, dem Arme-Leute-Viertel der Stadt; und er hatte immer irgendwelche Gelegenheitsjobs, um seine Familie finanziell zu unterstützen. Doch als Frank an seiner Tür klingelte, machte keiner auf. Enttäuscht machte er auf dem Absatz kehrt.

Wie er so auf dem Heimweg die Straße entlangging, sah er durch die Fenster der kleinen Häuser überall geschmückte Tannenbäume glitzern. Und wie er so in die weihnachtlichen Stuben hineinschaute, fiel sein Blick in ein schäbig wirkendes Wohnzimmer hinein. Da hingen zwei leere Nikolausstrümpfe schlaff vom Sims des toten Kamins herunter. Und auf dem Sessel, der daneben stand, saß eine Frau und weinte.

Als er die Strümpfe sah, fiel ihm ein, wie er und sein Bruder immer die ihren nebeneinander aufgehängt hatten; und am nächsten Morgen waren sie zum Bersten mit Geschenken gefüllt. Da plötzlich fiel es Frank ein: Er hatte an diesem Tag ja noch gar nicht seine »gute Tat« verrichtet.

Ohne lange nachzudenken, klopfte er an der Tür.

»Ja?«, hörte er die Frau fragen.

»Darf ich hereinkommen?«

»Du bist herzlich willkommen«, erwiderte sie. Als sie den Schlitten mit den Geschenken sah, dachte sie, er sei wegen einer Sammlung gekommen. »Aber Essen oder Geschenke habe ich leider nicht für dich. Ich habe nicht einmal etwas, um es meinen eigenen Kindern zu schenken.«

»Oh, ich bin nicht zum Sammeln gekommen«, entgegnete Frank. »Ich will etwas abgeben. Suchen Sie sich etwas von den Sachen auf dem Schlitten für Ihre Kinder aus. Sie können nehmen, was Ihnen gefällt.«

»Das gibt's doch gar nicht!« Die Frau konnte es nicht fassen. »Gott segne dich!«

Und dankbar wählte sie ein paar Süßigkeiten, ein Spiel, ein kleines Flugzeug und ein Puzzle aus. Als sie nach der nagelneuen Pfadfindertaschenlampe griff, hätte Frank beinahe aufgeschrien. Dann waren die Strümpfe voll.

»Willst du mir nicht verraten, wie du heißt?«, wollte die Frau wissen, als Frank sich zum Gehen wandte.

»Nennen Sie mich einfach Weihnachtspfadfinder«, antwortete er.

Der Besuch hatte den Jungen tief berührt, und auf einmal regte sich ein Funken Freude in seinem Herzen. Er begriff, dass er mit seinem Kummer auf der Welt nicht ganz allein war. Und als er den »Flats« den Rücken kehrte, hatte er sämtliche Päckchen von seinem Schlitten verschenkt. Sogar die neue Winterjacke hatte er an ein fröstelndes Kind abgegeben.

Frierend und mit einem mulmigen Gefühl in der Magengrube machte er sich auf den Weg nach Hause. Wie sollte er seinen Eltern bloß erklären, warum all seine Geschenke weg waren? Sie würden ihn bestimmt nicht verstehen.

»Wo sind denn deine Geschenke?«, wollte der Vater wissen, als er eintrat.

»Ich habe sie alle weggegeben.«

»Das Flugzeug von Tante Susan? Die Winterjacke von Oma? Deine Taschenlampe? Und wir dachten, du hättest dich darüber gefreut.«

»Ich habe mich … sehr gefreut«, gab der Junge kleinlaut zurück.

»Aber, Frank. Wie konntest du so etwas nur tun?«, fragte die Mutter. »Wie sollen wir es den Verwandten erklären, die sich so viel Mühe gegeben haben, das alles für dich einzukaufen?«

Streng verfügte der Vater: »Du hast es so gewollt, Frank. Wir haben kein Geld, um dir neue Geschenke zu kaufen.«

Sein Bruder war weg, seine Eltern waren von ihm enttäuscht – auf einmal fühlte sich Frank schrecklich allein. Er hatte kein Lob für seine Großzügigkeit erwartet, denn er wusste, dass man für eine gute Tat keine Gegenleistungen erwarten durfte. Wenn man etwas dafür zurückbekam, schmälerte das den Wert der Geste. Auch wollte er seine Geschenke nicht wiederhaben. Aber er fragte sich, ob er wohl je in seinem Leben wieder richtig glücklich sein würde. Beim Verteilen der Geschenke hatte er es für möglich gehalten. Aber die Freude war nicht von Dauer gewesen. Frank dachte an seinen Bruder und weinte sich in den Schlaf.

Als er am nächsten Morgen ins Wohnzimmer kam, hörten seine Eltern das Weihnachtsprogramm im Radio. Auf einmal ertönte die Stimme des Sprechers: »Fröhliche Weihnachten! Die schönste Weihnachtsgeschichte, die wir Ihnen heute zu erzählen haben, hat sich in den Flats zugetragen. Ein behinderter Junge hat heute Morgen einen neuen Schlitten bekommen; ein weiterer eine nagelneue Winterjacke. Und noch andere Familien berichten, dass gestern Abend ein Jugendlicher an ihrer Haustür klopfte und sie mit Geschenken für ihre Kinder überraschte. Er nannte sich Weihnachtspfadfinder. Keiner weiß, wer es gewesen ist, aber die Kinder in den Flats sind überzeugt, dass er ein persönlicher Abgesandter des Weihnachtsmanns ist.«

Frank fühlte auf einmal, wie sich der Arm seines Vaters um seine Schultern legte, und er sah, wie seiner Mutter vor Freude die Tränen übers Gesicht liefen. »Aber warum hast du uns nicht erzählt, was du gemacht hast? Wir haben nicht verstanden, was los war. Wir sind so stolz auf dich!«

Und dann erscholl das nächste Weihnachtslied:
»*Lob sei Gott dem Herrn und Friede den Menschen auf Erden.*«
Samuel D. Bogan

Gibt es einen Weihnachtsmann?

23. Dezember 1961, 18.00 Uhr. Ich schreibe diese Zeilen auf dem Flug von New York nach Los Angeles. Wenn ich morgen zu Hause in Honolulu ankomme, muss ich für die Kinder in der Nachbarschaft eine Weihnachtsgeschichte parat haben. »Gibt es einen Weihnachtsmann?«, so soll ihr Titel sein. Das haben sie sich von mir gewünscht. Wie könnte ich den kleinen Skeptikern bloß eine ehrliche Antwort geben?

Ich hoffe, dass wir pünktlich in Los Angeles landen. Fast alle hier an Bord haben einen Anschlussflug gebucht.

20.10 Uhr. Eben kamen schlechte Nachrichten aus dem Cockpit. Los Angeles liegt im Nebel. Es gibt keine Landeerlaubnis. Wir müssen nach Ontario/Kalifornien ausweichen. Das ist ein Reserveflughafen in der Nähe von Los Angeles.

24. Dezember, 3.12 Uhr. Nach einem ziemlich problematischen Landeanflug sind wir gerade in Ontario angekommen, sechs Stunden später als geplant. Wir alle hier an Bord sind ziemlich fertig. Wir frieren, haben Hunger, sind überreizt. Die Anschlussflüge sind alle längst weg. Die meisten von uns werden es bis Heiligabend nicht nach Hause schaffen. Ich bin absolut nicht in der richtigen Stimmung, mir eine Geschichte über den Weihnachtsmann einfallen zu lassen.

7.15 Uhr. Ich sitze am Flughafen von Los Angeles. In den letzten vier Stunden haben sich die Ereignisse überschlagen. In Ontario war die Hölle los. Alle Flugzeuge nach Los Angeles wurden dorthin umgeleitet. Über 1000 entnervte

Passagiere versuchten, zu Hause Bescheid zu geben, aber das Telegrafenamt hatte geschlossen. Und vor den Telefonzellen standen endlose Schlangen. Nichts zu essen, kein Kaffee.

Die Angestellten an dem kleinen Terminal waren genauso hilflos und übermüdet wie die Passagiere. Alles ging schief. Das Gepäck wurde ohne Rücksicht auf irgendwelche Reiseziele wahllos zu Haufen getürmt. Keiner schien zu wissen, welcher Bus wann wohin fuhr. Babys schrien. Die Stimmen der Frauen überschlugen sich. Männer murrten und übten sich in Sarkasmus. Auf der Suche nach ihren Koffern schubsten und drängelten die Leute wie ein Schwarm verängstigter Ameisen. Allein der Gedanke an Weihnachten schien in dieser Situation völlig abwegig.

Plötzlich aber drang aus dem Getöse eine völlig andere – eine zuversichtlich und überaus gelassen klingende Stimme an mein Ohr. Sie war so deutlich zu hören wie eine Kirchturmglocke – klar, ruhig, liebevoll.

»Machen Sie sich keine Sorgen«, sagte die Stimme. »Wir werden Ihr Gepäck finden, und ich sorge dafür, dass Sie rechtzeitig in La Jolla ankommen. Es wird ganz bestimmt klappen.« Dies waren nach langer Zeit die ersten freundlichen, konstruktiven Worte überhaupt.

Ich drehte mich um und sah einen Mann, der aussah, als sei er einem Weihnachtsmärchen entsprungen. Er war klein und rundlich und lachte übers ganze gerötete Gesicht. Auf dem Kopf trug er eine Art Uniformmütze – so eine, wie Fremdenführer sie gern tragen. Und darunter quollen lauter dicke, weiße Haarlocken hervor. Er trug Jagdstiefel, so als habe er gerade eine Runde mit seinem Rentierschlitten hinter sich. Und über seine breite Brust und seinen dicken Bauch hatte er ein leuchtend rotes Sweatshirt gezogen.

Neben dem Mann stand ein selbst gebauter Handkarren,

bestehend aus vier Fahrradrädern und einer riesigen Holzkiste. Darauf standen Kannen mit heißem Kaffee und allerhand Pappschachteln in den verschiedensten Formen und Größen.

»Hier, bitte«, sagte der ungewöhnliche Mann mit der fröhlichen Stimme. »Wie wär's mit einem Becher Kaffee, während wir nach Ihrem Gepäck suchen.«

Er schob seinen Wagen zu den Gepäckstapeln hinüber, blieb hie und da stehen, um dem einen oder anderen einen Becher Kaffee zu reichen, rief ab und zu jemandem ein freundliches »Frohe Weihnachten, Bruder« zu, versprach anderen, gleich zurück zu sein, um zu helfen; und machte sich dann daran, nach dem Gepäck der Dame zu suchen. Schließlich hatte er es gefunden, lud es auf seinen Karren und nickte ihr zu: »Am besten, Sie kommen mit mir mit. Ich zeige Ihnen, wo der Bus nach La Jolla abfährt.«

Kaum hatte er die alte Dame auf ihren Platz gesetzt, kehrte Kris Kringle – so nannte ich ihn im Stillen – zum Terminal zurück, und ich weiß auch nicht recht, warum, aber auf einmal stand ich neben ihm und half ihm, Kaffee auszuschenken. Mein Bus würde ohnehin frühestens in einer Stunde fahren.

Kris Kringle schlug eine Schneise des Lichts in die allgemeine Trostlosigkeit. Er hatte etwas an sich, das den Leuten ein Lächeln ins Gesicht zauberte. Er reichte Kaffeebecher, putzte einem Kind die Nase, lachte, stimmte ein Weihnachtslied an, beruhigte in Panik geratene Passagiere und half ihnen, sich im allgemeinen Chaos zu orientieren.

Als eine Frau in Ohnmacht fiel, zwängte sich Kris Kringle an den hilflos daneben stehenden Menschen vorbei und zauberte aus seinem Wagen ein Fläschchen mit Riechsalz und eine Decke hervor. Und nachdem sie wieder zu sich gekommen war, bat er drei Männer, sie zu einem bequemen

Sitz zu tragen und über Lautsprecher einen Arzt ausrufen zu lassen.

Wer mag dieser sonderbare kleine Mann nur sein? Er ist ja ein echtes Allroundtalent!, wunderte ich mich. »Für welche Firma arbeiten Sie eigentlich?«, fragte ich ihn.

»Ach, mein Sohn…«, meinte er. »Sehen Sie das kleine Mädchen in der blauen Jacke da drüben? Sie kann ihre Eltern nicht finden. Geben Sie ihr den Schokoriegel hier und sagen Sie ihr, sie soll sich nicht von der Stelle rühren. Wenn sie anfängt, durch die Gegend zu laufen, wird ihre Mutter sie nie finden.«

Ich tat, wie er mich geheißen hatte. Dann wiederholte ich meine Frage: »Für welche Firma arbeiten Sie eigentlich?«

»Ist doch egal. Ich bin bei niemandem angestellt. Ich mache das nur, weil es mir Spaß macht. Im Dezember habe ich immer zwei Wochen Urlaub, und da bin ich immer hier, um den Reisenden zu helfen. In der Hauptreisezeit gibt es Tausende, die Hilfe brauchen. Da! Schauen Sie mal – da drüben!«

Er hatte eine junge Mutter mit einem Baby auf dem Arm entdeckt. Sie war in Tränen aufgelöst. Kris Kringle zwinkerte mir noch einmal zu, rückte seine Mütze keck zurecht und schob seinen Wagen zu ihr hinüber. Die Frau saß auf ihrem Koffer und presste ihr Kind fest an sich.

»Na, na, Schwester«, sagte er. »Das ist aber ein hübsches Baby, das Sie da haben. Was für Probleme gibt es denn?«

Schluchzend berichtete ihm die junge Frau, dass sie ihren Mann seit über einem Jahr nicht gesehen habe. Sie solle ihn in San Diego in einem Hotel treffen. Sie habe keine Möglichkeit, ihn zu erreichen. Jetzt würde er sich bestimmt Sorgen machen. Und außerdem habe das Baby Hunger.

Ein Griff auf den Wagen genügte, und Kris Kringle hatte ein Fläschchen mit warmer Milch in der Hand. »Machen Sie sich keine Sorgen. Es wird alles gut gehen«, tröstete er sie.

Und während er sie zu dem Bus nach Los Angeles geleitete – es war der, den ich selbst auch nehmen musste –, schrieb er ihren Namen und den Namen des Hotels in San Diego auf. Er würde ihrem Mann eine Nachricht zukommen lassen, das versprach er ganz fest.

»Gott segne Sie!« Erleichtert kletterte sie mit dem inzwischen schlafenden Kind im Arm in den Bus. »Ich wünsche Ihnen ein frohes Fest und viele schöne Geschenke.«

»Danke, Schwester.« Er griff zum Gruß an die Mütze. »Aber das schönste Geschenk von allen habe ich schon bekommen. Sie haben es mir gegeben.« Und lachend wandte er sich zum Gehen: »Jetzt muss ich aber weiter. Da drüben hat jemand Schwierigkeiten. Gute Reise, Schwester. Ich gehe gleich mal rüber zu ihm, um mir noch ein Geschenk zu holen.«

Mit diesen Worten stieg er aus dem Bus aus. Ich folgte ihm, denn bis zur Abfahrt blieben noch ein paar Minuten Zeit. Er schaute mich verwundert an. »Wollten Sie nicht den Bus hier nach Los Angeles nehmen?«

»Doch.«

»Na, dann. Sie waren ein guter Assistent. Sie sollen auch ein Geschenk von mir haben: Setzen Sie sich neben die Frau und kümmern Sie sich um sie und ihr Baby. Und wenn Sie nach Los Angeles kommen« – er kramte einen Zettel hervor – »dann rufen Sie ihren Mann in seinem Hotel in San Diego an und sagen Sie ihm Bescheid, dass die beiden später kommen.«

Er wusste wohl, dass ich ja sagen würde, denn er ließ mich stehen, ohne meine Antwort abzuwarten. Ich setzte mich also neben die junge Mutter und nahm ihr das Kind ab. Und wie ich so aus dem Fenster schaute, sah ich gerade noch, wie Kris Kringles leuchtend rotes Sweatshirt in der Menge verschwand.

Im selben Augenblick wurde der Bus gestartet. Ich fühlte mich wunderbar. Ich dachte an Zuhause, an Weihnachten. Und auf einmal wusste ich, was ich den Kindern erzählen sollte, wenn sie mich fragten: »Gibt es einen Weihnachtsmann?«

Schließlich war ich ihm höchstpersönlich begegnet.

William J. Lederer

Der Schuster und sein Gast

*Vergesst die Gastfreundschaft nicht; denn durch sie haben einige,
ohne es zu ahnen, Engel beherbergt.*

HEBR 13, 2

Vor etwa 100 Jahren lebte in Marseille ein alter Schuster, der in der ganzen Nachbarschaft beliebt und angesehen war. Liebevoll nannte man ihn »Vater Martin«.

Es war Weihnachten. Martin saß allein in seiner kleinen Werkstatt und las die Geschichte von der Reise der drei Weisen aus dem Morgenland zum Jesuskind. Und wie er zu den Geschenken kam, die sie ihm brachten, da sagte er sich: »Wenn morgen das erste Weihnachten wäre und Jesus heute Nacht in Marseille geboren würde, dann wüsste ich, was ich ihm schenken würde!«

Er stand auf und nahm von einem Regal zwei kleine Schuhe aus weichstem, schneeweißem Leder mit glänzenden silbernen Schnallen herunter. »Die würde ich ihm geben – meine allerbeste Arbeit. Wie sich seine Mutter freuen würde!« Doch dann musste er über sich selbst lachen. »Was bin ich bloß für ein komischer alter Kauz. Was sollte der Herr schon mit meinen armseligen Geschenken anfangen.«

So stellte er also die Schuhe zurück ins Regal, blies die Kerze aus und ging zu Bett. Es kam ihm so vor, als hätte er kaum die Augen zugemacht, da hörte er auf einmal, wie jemand seinen Namen rief: »Martin!« Sein Gefühl sagte ihm sogleich, wer da zu ihm sprach. »Martin, du wolltest mich sehen. Morgen werde ich an deinem Fenster vorbeikommen. Wenn du mich siehst und hereinbittest, werde ich dein Gast sein und mit dir zu Tische sitzen.«

Freudig erregt, wie er war, konnte er kein Auge mehr zubekommen. Noch vor Tagesanbruch stand er auf und brachte seine kleine Werkstatt in Ordnung. Er streute frischen Sand auf den Boden, nahm die alten Tannenzweige von den Balken ab und ersetzte sie durch frisches Grün. Dann stellte er einen Laib Weißbrot, einen Topf Honig und einen Krug Milch auf den Tisch; und über dem Feuer setzte er einen Kessel Wasser auf. Damit war alles gerichtet, und er nahm seinen Beobachtungsposten am Fenster ein.

Er war ganz sicher, dass er den Herrn erkennen würde. Wie er so auf die kalte Straße hinausschaute, wo es stürmte und schneite, malte er sich aus, was für eine Freude es wäre, sich gemeinsam mit seinem Gast an den Tisch zu setzen und das Brot mit ihm zu brechen.

In diesem Augenblick sah er einen alten Straßenkehrer vorbeikommen, der sich in die knochigen Hände blies, um sie zu wärmen. *Was für ein armer Kerl! Er sieht ja halb erfroren aus*, dachte Martin. Er öffnete die Türe und rief ihm zu: »Tritt ein, mein Freund, und wärme dich. Hier bekommst du etwas Heißes zu trinken.« Der Straßenkehrer ließ sich nicht lange bitten. Dankbar nahm er die Einladung an.

Eine Stunde verging. Als Nächstes kam an Martins Fenster eine arme, schäbig gekleidete Frau vorüber. Sie trug ein Baby auf dem Arm. Vor seiner Türe blieb sie stehen, um unter dem Vordach einen Moment lang Schutz vor Kälte und Nässe zu suchen. Martin machte ihr auf: »Tritt ein und ruh dich hier im Warmen aus. Geht es dir etwa nicht gut?«

»Ich bin unterwegs zum Krankenhaus«, erklärte sie ihm. »Hoffentlich nehmen sie mich und mein Baby auf. Mein Mann ist auf See, und ich bin krank und habe keine Menschenseele, die sich um mich kümmern könnte.«

»Du Ärmste«, rief der alte Mann. »Du musst etwas essen, während du dich am Feuer wärmst. Und dein Baby soll ein wenig Milch haben. Was für ein hübscher kleiner Kerl das ist! Ja, aber er hat ja gar keine Schuhe an.«

»Ich habe keine Schuhe für ihn«, seufzte die Mutter.

»Dann sollen die hier ihm gehören. Sie sind erst gestern fertig geworden.« Mit diesen Worten nahm Martin die weichen, schneeweißen Schuhe aus dem Regal, die er am Abend zuvor betrachtet hatte. Er zog sie dem Kleinen an, und sie passten wie angegossen. Nach einer kleinen Weile machte sich die junge Mutter dankbar auf den Weg, und Martin kehrte zu seinem Posten am Fenster zurück.

Stunde um Stunde verging, und noch vielen bedürftigen Seelen wurde die einfache Gastfreundschaft des alten Schusters zuteil. Doch der eine Besucher, auf den er wartete, war nicht dabei.

Als schließlich die Nacht hereingebrochen war, ging Vater Martin schweren Herzens zu Bett. »Es ist doch nur ein Traum gewesen«, seufzte er. »Ich habe darauf gehofft und fest daran geglaubt, aber er ist nicht gekommen.«

Da auf einmal erschien vor seinen müden Augen ein strahlendes Licht, das das ganze Zimmer mit seinem Schein erfüllte. Und, oh welch Wunder!, der arme Straßenfeger, die kranke Mutter mit ihrem Kind und all die anderen Menschen, denen er im Laufe des Tages hatte Hilfe zuteil werden lassen – sie alle kehrten in einer Vision zu ihm zurück. Und jeder einzelne von ihnen lächelte und sagte: »Hast du mich denn nicht gesehen? Bin ich denn nicht dein Gast gewesen?« Und dann verschwanden sie, so wie sie erschienen waren.

Und leise, ganz leise sprach aus der Stille wieder jene sanfte Stimme die folgenden alten, wohl vertrauten Worte zu ihm: »Und wer ein solches Kind um meinetwillen aufnimmt, der nimmt mich auf« (Mt 18,5). »Denn ich war hungrig, und ihr habt mir zu essen gegeben; ich war durstig, und ihr habt mir zu trinken gegeben; ich war fremd und obdachlos, und ihr habt mich aufgenommen.

… Amen, ich sage euch: Was ihr für einen meiner geringsten Brüder getan habt, das habt ihr mir getan« (Mt 25, 35–40).

Verfasser unbekannt
Eingereicht von Jacob S. Miller

Eine Erntedankgeschichte

Einer trage des anderen Last; so werdet ihr das Gesetz Christi erfüllen.
GAL 6, 2

Es war am Tag vor Erntedank – ich sollte in jenem Jahr das Fest erstmals allein mit meinen drei Kindern verbringen, denn mein Mann hatte mich einige Monate zuvor verlassen. Und nun hatten die beiden Großen eine schwere Grippe; meiner Ältesten war gerade eine Woche Bettruhe verordnet worden.

Draußen war es kalt, grau und regnerisch, und wie ich mich so um die Kinder kümmerte – Thermometer, Saft, Windeln –, überfiel mich eine bleierne Müdigkeit. Außerdem wurden bald die Getränkevorräte für die Kleinen knapp. Doch ein Blick in meine Geldbörse verriet, dass meine ganze Barschaft sich auf zweieinhalb Dollar belief – und damit sollte ich bis zum Ende des Monats auskommen.

In diesem Augenblick klingelte das Telefon. Die Sekretärin unserer früheren Gemeinde war am Apparat. Man habe

75

an uns gedacht, so meinte sie, und es gebe da etwas, was ich abholen solle. Da ich mich sowieso gerade auf den Weg machen wollte, um für die Kinder Saft und Suppe zu besorgen, versprach ich ihr, auf dem Rückweg in der Kirche vorbeizukommen.

Kurz vor Mittag traf ich bei ihr ein. Die Sekretärin kam zur Tür und überreichte mir einen Geschenkumschlag. »Wir denken so oft an Sie und die Kinder«, sagte sie. »Sie sind uns so ans Herz gewachsen. Wir beten für Sie.« Als ich das Kuvert öffnete, fand ich darin zwei Einkaufsgutscheine im Wert von je 20 Dollar. Ich war so gerührt, dass ich in Tränen ausbrach.

»Vielen, vielen Dank«, schluchzte ich, während wir uns umarmten. »Bitte sagen Sie auch den anderen in der Gemeinde, wie sehr wir uns freuen.« Und gleich fuhr ich zum nächsten Supermarkt, um endlich einige dringend benötigte Sachen für meine Kinder zu kaufen.

Meine Einkäufe machten etwas über 14 Dollar aus, und ich drückte der Kassiererin einen der Geschenkgutscheine in die Hand. Sie nahm ihn entgegen, wandte sich dann von mir ab und sagte – wie mir schien – endlos lange Zeit nichts. Ich dachte schon, irgendetwas sei nicht in Ordnung. »Dass ich diesen Gutschein bekommen habe, ist ein echter Segen«, brachte ich schließlich hervor. »Wir haben ihn von unserer ehemaligen Kirchengemeinde bekommen. Die Leute dort wissen, dass ich allein erziehende Mutter bin und wir versuchen müssen, mit dem Wenigen auszukommen, was wir haben.«

In dem Augenblick wandte sich die Kassiererin mir wieder zu. Sie hatte Tränen in den Augen. »Ich freue mich mit Ihnen! Haben Sie schon einen Truthahn?«

»Nein. Aber das ist schon in Ordnung. Meine Kinder sind sowieso krank.«

Dann fragte sie: »Und haben Sie sonst etwas für das Erntedankessen zu Hause?«

»Nein.« Ich schüttelte den Kopf.

Nachdem sie mir das Wechselgeld für den Gutschein herausgegeben hatte, sah sie mich direkt an und sagte: »Ich kann Ihnen nicht genau sagen, warum ich das jetzt tue. Aber ich möchte, dass Sie noch mal zurück in den Laden gehen und sich einen Truthahn, Preiselbeersauce, Kürbispastete oder was immer Sie für Ihr Festessen brauchen aussuchen.«

Ich war völlig schockiert. Die Tränen stiegen mir in die Augen. »Meinen Sie das ernst?«, fragte ich.

»Ja. Nehmen Sie, was Sie brauchen. Und vergessen Sie nicht die Limonade für die Kinder.«

Mit einem ganz merkwürdigen Gefühl schob ich meinen Einkaufswagen noch einmal durch die Reihen und lud einen frischen Truthahn, ein paar passende Saucen, Kartoffeln und mehrere Packungen Saft für die Kinder ein. Dann kehrte ich zu der Kassiererin zurück. Als ich die Sachen auf das Band lud, merkte ich, dass sie noch immer Tränen in den Augen hatte. Auf einmal fing sie an zu erzählen. »Jetzt kann ich es Ihnen ja sagen. Ich habe heute Morgen um die Gelegenheit gebetet, heute irgendjemandem helfen zu können. Und dann kamen Sie hierher.«

Sie kramte aus einem Fach unter der Kasse ihre Handtasche hervor und zog eine Zwanzigdollarnote heraus. Damit bezahlte sie meine Sachen und drückte mir das Wechselgeld in die Hand. Und die ganze Zeit über strömten ihr die Tränen übers Gesicht.

Dann sprach sie weiter. »Ich bin Christin. Hier ist meine Telefonnummer, wenn Sie etwas brauchen.« Dann hielt sie mein Gesicht in den Händen, küsste mich auf beide Wangen. »Gott segne Sie.«

Wie ich zu meinem Wagen ging, konnte ich kaum fassen, dass uns eine Fremde mit so viel Liebe begegnet war. Ich erkannte, dass Gott mich und die Meinen nicht vergessen hatte und dass er uns das durch die Hilfsbereitschaft dieser Frau und der Gemeinde zeigen wollte.

In jenem Jahr hätten die Kinder Erntedank eigentlich bei ihrem Vater verbringen sollen; nur weil sie krank waren, waren sie bei mir geblieben. Am nächsten Tag ging es ihnen schon wieder sehr viel besser, und wir feierten ein ganz spezielles Fest. Unser Tisch war reich mit den Gaben Gottes – und der Liebe unserer Mitmenschen – gedeckt. Und wir waren von Herzen dankbar. *Andréa Nannette Mejia*

Purer Zufall?

Gebt, dann wird auch euch gegeben werden.
In reichem, vollem, gehäuftem, überfließendem Maß wird man euch beschenken;
denn nach dem Maß, mit dem ihr messt und zuteilt,
wird auch euch zugeteilt werden.

Lk 6, 38

Ich war ja so stolz auf meine Tochter Emily! Sie war erst neun Jahre alt und hatte ein ganzes Jahr lang ihr Taschengeld gespart und versucht, mit kleinen Jobs in der Nachbarschaft dazuzuverdienen, um sich ein Mountainbike leisten zu können – um sich diesen einen großen Wunsch erfüllen zu können, hatte sie über all die Monate hinweg auf alles andere verzichtet.

»Und? Wie viel hast du zusammen?«, erkundigte ich mich kurz nach Erntedank. Schließlich hatte sie sich vorgenommen, bis Jahresende genug gespart zu haben.

»49 Dollar, Papa«, antwortete sie. »Ich bin nicht sicher, ob ich es schaffen werde.«

»Ich finde, du hast dich großartig geschlagen«, ermunterte ich sie. »Du wirst doch jetzt nicht aufgeben! Aber du weißt ja: Du kannst jederzeit auch eins von meinen Rädern nehmen.«

»Danke, Papa. Aber die sind so furchtbar *alt*!«

Ich musste unweigerlich grinsen, denn sie hatte ja Recht. Ich sammelte alte Fahrräder und die Mädchenräder in meiner Kollektion waren ausnahmslos Baujahr 1950 – nicht gerade das, was sich eine Jugendliche heutzutage aussuchen würde.

Anfang Dezember fuhren Emily und ich in ein Fahrradgeschäft, um das Angebot zu studieren, und sie entdeckte einige preiswertere Modelle, die innerhalb ihrer begrenzten finanziellen Möglichkeiten waren. Es sah so aus, als würde sie sich am Ende doch mit so einem Rad begnügen müssen. Als wir aus dem Laden gingen, kamen wir an einem Soldaten der Heilsarmee vorbei, der mit dem Spendenglöckchen klingelte.

»Können wir ihm etwas geben, Papa?«, fragte Emily.

»Tut mir Leid«, erwiderte ich. »Ich hab kein bisschen Kleingeld dabei.«

Den ganzen Dezember über jobbte Emily eifrig weiter, und es sah fast so aus, als könnte ihr Wunsch nach einem Traumrad doch in Erfüllung gehen. Bis sie eines Tages in die Küche kam und ihrer Mutter eine erstaunliche Eröffnung machte.

»Mama«, brachte sie zögernd hervor. »Du weißt doch, all das Geld, das ich gespart habe …?«

»Ja«, lächelte Diane, meine Frau.

»Gott hat mir gesagt, ich soll es den Armen spenden.«

Diane kniete nieder, um auf einer Augenhöhe mit Emily zu sein. »Das ist wirklich sehr gut gemeint, mein Schatz. Aber du hast ein ganzes Jahr lang gespart. Vielleicht würde es reichen, wenn du *einen Teil* davon hergeben würdest.«

79

Emily aber schüttelte heftig den Kopf: »Gott hat gesagt, ich soll *alles* spenden.«

Als wir merkten, wie ernst es ihr war, machten wir ihr verschiedene Vorschläge, auf welche Weise sie einen Beitrag leisten könnte. Emily aber hatte ganz spezifische Anweisungen erhalten, und so überreichte sie eines kalten Sonntagmorgens kurz vor Weihnachten ohne viel Federlesens einem völlig überraschten und überaus dankbaren Soldaten der Heilsarmee ihre gesamten Ersparnisse in Höhe von 58 Dollar.

Ich war tief gerührt von Emilys uneigennützigem Akt. Da wurde ich auf die Aktion eines der örtlichen Autohändler aufmerksam, der alte Fahrräder sammelte und reparierte, um sie an bedürftige Kinder zu verschenken. Wenn meine neunjährige Tochter in der Lage war, ihr gesamtes Geld herzugeben, so wurde mir klar, müsste ich wenigstens bereit sein, mich von einem Fahrrad aus meiner Sammlung zu trennen.

Während ich ein glänzendes, aber altmodisches Fahrrad aus der Reihe in der Garage auswählte, kam es mir so vor, als würde ein zweites zu leuchten beginnen. Sollte ich etwa noch eins hergeben? Nein! Eines wäre bestimmt genug.

Doch wie ich so zu meinem Wagen ging, konnte ich das Gefühl nicht loswerden, das andere Modell auch mitnehmen zu müssen. Wenn Emily himmlischen Anweisungen folgen konnte, konnte ich es auch! Ich machte also noch einmal kehrt, verstaute das zweite Rad im Kofferraum und machte mich auf den Weg zu dem Autohändler.

Als ich die Fahrräder ablieferte, bedankte sich der Besitzer herzlich: »Sie machen zwei Kinder sehr glücklich, Mr. Koper. Und hier sind Ihre Lose.«

»Lose?«, fragte ich.

»Ja. Jedes gespendete Rad bedeutet eine Chance auf unseren Hauptgewinn: ein nagelneues 21-Gang-Herren-Mountainbike. Das Fahrradgeschäft hat es uns zur Verfügung gestellt.« Und damit drückte er mir zwei Lose in die Hand.

Warum war ich nicht überrascht, als bei der Tombola tatsächlich eines davon gezogen wurde? »Ich kann es kaum fassen, dass du gewonnen hast!«, rief Diane freudestrahlend.

»Nicht ich habe gewonnen«, gab ich zurück. »Es steht ja wohl fest, dass der Preis Emily gehört.«

Warum war ich nicht überrascht, dass der Fahrradhändler das Herrenmodell anstandslos gegen ein traumhaftes Mädchenrad umtauschte?

Purer Zufall? Vielleicht. Doch besser gefällt mir der Gedanke, dass Gott auf diese Weise ein kleines Mädchen für ein Opfer belohnte, für das sie vom Alter her eigentlich noch gar nicht reif genug gewesen wäre, und ihrem Vater gleichzeitig eine Lehre über Nächstenliebe und die Allmacht Gottes erteilte.   *Ed Koper*

3

Über die Freundschaft

Diese Worte, auf die ich dich heute verpflichte,
sollen auf deinem Herzen geschrieben stehen.
Du sollst sie deinen Söhnen wiederholen.
Du sollst von ihnen reden,
wenn du zu Hause sitzt und
wenn du auf der Straße gehst,
wenn du dich schlafen legst und
wenn du aufstehst.

DTN 6, 6

In den Fußstapfen seiner Mutter

In unserem Haus im kalifornischen Costa Mesa herrschte an jenem Tag rege Betriebsamkeit. Wobei es genau genommen in einer Familie mit zehn Kindern und dem elften in der Mache eigentlich immer ein wenig hektisch zugeht. An diesem ganz speziellen Tag aber wurde ich noch nicht einmal mit den einfachsten Routinearbeiten fertig – und das alles wegen eines dreijährigen Jungen.

Der kleine Len hatte sich nämlich in den Kopf gesetzt, mir auf Schritt und Tritt dicht auf den Fersen zu bleiben. Jedes Mal, wenn ich irgendwo stehen blieb, um eine Sache zu erledigen, und mich wieder zum Gehen wandte, stolperte ich über ihn. Mehrmals schlug ich ihm irgendwelche Beschäftigungen vor, um ihn abzulenken. »Wie wär's, wenn du mal raus zur Schaukel gehen würdest?«, fragte ich ihn zum x-ten Mal.

Er aber schmetterte alle meine Manöver mit unschuldigem Lächeln ab: »Nein, nein, Mama. Ich bleibe lieber bei dir.« Und hüpfte fröhlich hinter mir her.

Nachdem ich ihm zum fünften Mal auf die Zehen getreten war, riss mir der Geduldsfaden, und ich war drauf und dran, ihn endgültig zu den anderen Kindern hinaus in den Garten zu schicken. Völlig entnervt fragte ich ihn, warum um Himmels willen er mir denn nicht von der Seite weichen wollte. »Ach, weißt du, Mama«, erklärte er. »Meine Kindergärtnerin hat mir gesagt, ich soll in den Fußstapfen von Jesus laufen. Aber ich finde ihn nirgends. Da laufe ich eben in deinen.«

Ich nahm ihn in den Arm und drückte ihn fest an mich. Ich hatte ihn ja so lieb! Vor lauter Rührung liefen mir die Tränen übers Gesicht, und still in meinem Herzen betete ich – vor Dankbarkeit über die einfache und doch wunderschöne Weltsicht eines dreijährigen Jungen.

Davida Dalton
Nacherzählt von JoEllen Johnson

Die Hände meiner Mutter

Diese Welt birgt viele Wunder,
Gott lässt uns herrliche Dinge schaun,
aber nichts reicht an die Schönheit
von Mutters Händen heran.

WILMA HEFFELFINGER

Als meine Mutter vor einigen Jahren einmal bei mir zu Besuch war, bat sie mich, sie auf einen Einkaufsbummel zu begleiten, denn sie brauchte ein neues Kleid. Nun bin ich nicht gerade der Typ Mensch, der gerne auf Shopping-Touren geht, und als geduldig würde ich mich auch nicht unbedingt bezeichnen. Trotzdem machten wir uns gemeinsam auf den Weg.

Wir ließen kaum ein Damenbekleidungsgeschäft in der Stadt aus, und doch war nirgends das Richtige dabei. Ich wurde zunehmend lustloser, und am Ende war meine Mutter völlig frustriert.

Im allerletzten Laden schließlich probierte meine Mutter einen wirklich sehr eleganten Dreiteiler an. Die Bluse wurde am Hals mit einer Schleife geschlossen, und wie wir so zusammen in der Umkleidekabine standen, sah ich, wie schwer ihr das Binden fiel. Ihre Hände waren durch ihre Arthritis so steif geworden, dass sie es kaum hinbekam. Da

Mein Lehrer in der Sonntagsschule hat mir gesagt, ich soll Jesus folgen. Aber meine Mama hat gesagt, ich muss im Hof bleiben.

wurde meine Ungeduld mit einem Mal von einer Woge der Zärtlichkeit hinweggespült. Ich wandte mich ab, um die Tränen zu verbergen, die mir in die Augen stiegen. Nachdem ich mich wieder gefasst hatte, band ich die Schleife für sie. Sie sah wirklich großartig in dem Kostüm aus, und so kaufte sie es. Damit war unser gemeinsamer Einkauf vorüber, doch dieses Erlebnis hat sich mir unauslöschlich ins Gedächtnis geprägt.

Den ganzen Tag über sah ich immer wieder ihr Bild vor mir, wie sie in der Umkleidekabine stand und sich ihre Hände mit dem Binden der Schleife mühten. Diese Hände, die mich so liebevoll gefüttert, gebadet, angezogen, gestreichelt, getröstet hatten – und vor allem: die so oft für mich gebetet haben –, jetzt auf einmal berührte mich ihr Anblick auf eine Weise, die ich kaum beschreiben kann.

Später am Abend ging ich noch einmal zu meiner Mutter ins Zimmer, nahm ihre Hände in die meinen, küsste sie und hörte mich zu meiner eigenen Überraschung sagen, dass sie die schönsten seien, die ich je gesehen habe.

Ich bin so dankbar, dass Gott mich mit neuen Augen sehen ließ, was für ein kostbares, unbezahlbares Geschenk eine liebevolle, aufopfernde Mutter ist. Ich kann nur darum beten, dass meine eigenen Hände und mein eigenes Herz eines Tages ebenso schön sein werden.

Bev Hulsizer

Hände

Danke, Herr, für die schmutzigen Hände,
die meinen Herd, meinen Kühlschrank berühren;
für die klebrigen kleinen Finger,
die eine Brücke zu bauen versuchen.

Für die achtlosen Hände, die stets tastend
auf der Suche nach Neuem sind;
für die Hände, die – wie Mutter es vorgemacht –
nach anderen greifen und die Richtung weisen.

Für die kostbaren kleinen Hände,
aus denen solches Vertrauen spricht;
für die unbeholfenen kleinen Finger, die die Falten
auf Mutters Stirn glatt streichen.

Und danke für Deine lenkende Hand,
die mich zum Licht hinführt;
die mich aufhebt, wenn ich falle,
und den rechten Weg mir weist.

Wenn kleine Hände nach mir fassen,
die meine Führung brauchen,
reicht ein Griff zu Dir hinauf,
um mir die Kraft dazu zu schenken.

Judith Peitsch

Die zwei Seiten der Liebe

Mit ganzem Herzen bau auf den Herrn,
bau nicht auf eigene Klugheit;
such ihn zu erkennen auf all deinen Wegen,
dann ebnet er selbst deine Pfade

SPR 3, 5-6

Zögernd stand Darrell vor der Pizzeria. Er schüttelte den
Kopf, als ob er seine letzten Zweifel über die bevorstehende
Begegnung auf diese Weise loswerden wollte. Schließlich
betrat er seufzend das Lieblingsrestaurant seines Sohnes.

Der Familienzirkus®   von Bil Keane

Komm, wenn du fertig bist. Ich setze mich schon mal raus und warte, wie ich dabei älter werde.

Er fürchtete sich so sehr vor diesem Zusammentreffen, dass er alle Kraft zusammennehmen musste, um nicht im letzten Moment davonzulaufen. Noch wusste er nicht, dass ihm innerhalb der nächsten Stunden eines der glücklichsten Erlebnisse seines Lebens widerfahren sollte.

Darrell war gekommen, um seinen 17-jährigen Sohn Charles zu treffen. Wenngleich er ihn von Herzen liebte, war er sich doch bewusst, wie wesensfremd sie einander waren.

Ganz anders sein älterer Sohn Larry. Mit ihm zurechtzukommen war für Darrell nie ein Problem gewesen. Die beiden ähnelten sich in ihrer Denk- und Handlungsweise so sehr, dass es zwischen ihnen keiner großen Worte bedurfte. Ohne lang darüber zu reden, machten sie viel gemeinsam, gingen zusammen auf die Jagd oder bastelten an ihren Autos herum. Darrell hatte Larry immer so behandelt wie die Männer auf seinen Baustellen – grob. Und damit hatte er bei Larry den richtigen Ton getroffen. Der Junge blühte regelrecht auf, wenn er mit ihm zusammen war.

Charles aber war anders. Darrell merkte schnell, dass er wesentlich sensibler als sein Bruder war. Und wann immer er ihm auf die bei Larry bewährte Weise »Feuer« machen wollte, um ihn zu motivieren, hörte er tief in seinem Inneren die Alarmglocken schrillen.

In seinem eigenen Leben hatte Darrell ein gerüttelt Maß an Disziplin und Distanz abbekommen und dabei die strenge Seite der Liebe kennen gelernt; was aber Wärme und Akzeptanz – also die sanfte Seite der Liebe – anbelangt, war er eher knapp gehalten worden. Und so wenig, wie er selbst in seiner Jugend bekommen hatte, so wenig gab er an seine Söhne weiter.

Ich habe dafür zu sorgen, dass sie etwas zum Anziehen haben und genug Essen auf dem Tisch steht; für Streicheleinheiten ist die Mutter zuständig, so redete er sich immer wieder ein.

Doch eine innere Stimme sagte ihm, dass das nicht alles sein könne, was einen guten Vater ausmacht. Darrell wusste nur zu gut, wie sehr ihn sein eigener Vater verletzt hatte. Und die Spuren der gleichen tiefen Verletztheit hatte er Hunderte Male in Charles' Augen gesehen.

Darrell wusste, was das Hauptproblem zwischen ihnen beiden war. Charles hatte über all die Jahre hinweg eine enge Beziehung zu ihm nicht nur erwartet, sondern sie geradezu eingefordert. Es hatte ihm nicht gereicht, mit ihm auf die Jagd zu gehen. Er hatte sich unterwegs mit ihm auch noch unterhalten wollen – während des Jagens!

Erst vor kurzem war Darrell aufgefallen, dass sie mittlerweile nur aus einem einzigen Grund einigermaßen miteinander auskamen: Charles hatte aufgehört, mit ihm zu reden. Vollkommen! Genauso wie es Darrell damals mit seinem eigenen unnahbaren Vater gemacht hatte, war der Junge auf Abstand zu ihm gegangen und hatte sich angewöhnt, ihm tunlichst nicht in die Quere zu kommen.

Wie so viele von uns, war Darrell stets auf der Flucht vor menschlicher Nähe gewesen. Seit Jahren waren ihm seine Frau und sein Sohn auf den Fersen geblieben; und seit ebenso langer Zeit war er vor ihnen davongelaufen, um sie auf »sicherer« Distanz zu halten. Bis Darrell eines Tages bei einem Männer-Retreat seiner Kirche Gelegenheit hatte, sich einmal selbst unvoreingenommen zu betrachten. Damit endete die Flucht.

Er erkannte, dass Liebe zwei Seiten hat. Und wie so viele andere Männer auch, hatte er sich auf deren strenge Facette spezialisiert. Schläge auszuteilen war ihm nie schwer gefallen. Aber seinen Sohn auch einmal in die Arme nehmen konnte er nicht. Ohne auch nur eine Sekunde zu zögern, konnte er jeden Fehler benennen, den Charles gemacht hatte. Aber ein Lob oder ein Wort der Ermunterung kam ihm allenfalls an hohen Feiertagen oder am Geburtstag über die Lippen – wenn überhaupt.

Bei dem Männer-Retreat erfuhr Darrell, dass Zuwendung durch die Mutter etwas überaus Wichtiges sei, ein Kind aber noch etwas anderes dringend brauche, um sich entfalten zu können: die uneingeschränkte Liebe des Vaters.

Darrell war stark – sowohl physisch als auch emotional. Doch so taff er auch zu sein glaubte, eine Frage des Seminarleiters drang wie ein Pfeil in sein Herz: »Wann haben Sie Ihren Sohn zum letzten Mal in den Arm genommen und ihm gesagt, dass Sie ihn lieben?« Darrell konnte sich an kein »letztes Mal« erinnern. Um der Wahrheit die Ehre zu geben: Es fiel ihm nicht einmal ein erstes Mal ein.

Wie gebannt hörte er zu, als der Referent davon sprach, dass die Liebe zwei Seiten habe und nicht nur eine. Und im selben Augenblick erkannte er, wie halbherzig seine Liebe zu Charles bisher gewesen und wie sehr dieser darauf angewiesen war, beide Facetten der Liebe *von ein und derselben Person* gezeigt zu bekommen.

Was Charles von seinem Vater am dringendsten brauchte, war das Gefühl, einen Menschen aus Fleisch und Blut vor sich zu haben, der seine Frau und Familie mit ganzem Herzen zu lieben vermochte; und nicht einen verunsicherten Mann, der alles, was mit Wärme und Liebe zu tun hatte, seiner Gattin überließ. Darrell war Jahre mit seinem Sohn hart ins Gericht gegangen, um sich dessen Respekt zu verschaffen. Doch gesät hatte er damit nichts als Angst und Widerwillen. Diese Erkenntnis war es, die Darrell auf den Gedanken brachte, sich eines Nachmittags mit seinem Sohn nach dem Football-Training in der Pizzeria zu verabreden.

»Hi, Dad«, begrüßte ihn Charles, als er an den Tisch trat, und sie reichten sich die Hand. Der Junge war 1,97 Meter groß und für gewöhnlich schaute er auf jeden herab, den er grüßte. Doch nachdem er schon Platz genommen hatte, sah er diesmal zu seinem Vater auf. Und obwohl Darrell in dem Monat seinen 51. Geburtstag gefeiert hatte, wirkte er nicht wie ein Mann mittleren Alters. Er hatte sich seinen athletischen Körperbau bewahrt, dem er seine Karriere als Star der Highschool-Football-Mannschaft verdankte.

»Charles«, fing Darrell an, und er rückte seine Brille zurecht, bevor er mit gesenktem Blick fortfuhr: »Ich habe in der letzten Zeit ziemlich viel nachgedacht. Es trifft mich schwer, dass dies der letzte Sommer ist, den du zu Hause sein wirst. Schon bald gehst du aufs College. Und neben deiner Kleidung, die du bei deiner Abreise packst, wirst du auch eine ganze Menge emotionalen Ballast mit im Gepäck haben, den *ich* dir aufgeladen habe.«

Charles war sonst immer der Familienclown. Diesmal aber versuchte er nicht, das Gespräch mit Scherzen »aufzulockern«. Er saß ganz still da. Er war es nicht gewohnt, seinen Vater über ihre Beziehung sprechen zu hören. Ja, er war es nicht einmal gewohnt, überhaupt über irgendetwas Ernstes mit ihm zu reden. Und darum hörte er ihm jetzt so aufmerksam zu.

»Ich möchte dich um etwas bitten, Charles. Versuch dich so weit zurück zu erinnern, wie es irgend möglich ist – wenn es geht in deine früheste Kindheit. Denk an all die Male, in denen ich dich verletzt habe, ohne es wieder gutzumachen; an all die Situationen, in denen ich dir durch meine Worte das Gefühl gegeben habe, nicht geliebt oder unzulänglich zu sein.

Ich weiß, dass wir beide vom Wesen her völlig verschieden sind. Und ich habe begriffen, dass ich dich immer ziemlich hart angefasst habe. Um ehrlich zu sein: Ich war fast immer zu streng zu dir. Ich habe versucht, dich unter Druck zu setzen, um dich zu dem Menschen zu machen, den ich mir vorgestellt hatte. Jetzt erst habe ich erkannt, dass ich dir viel zu selten zugehört habe, um zu verstehen, wer du eigentlich werden willst.

Du kannst ruhig ehrlich zu mir sein. Auf welche Weise auch immer ich dich verletzt haben sollte – du kannst mir alles erzählen. Ich werde einfach zuhören. Und dann möchte ich, dass wir darüber reden und dass du mir jede einzelne meiner Verfehlungen verzeihst. Du sollst auf deiner Reise keinen zusätzlichen Ballast mit dir herumschleppen, den ich dir aufgebürdet habe. Du hast in den nächsten vier Jahren auf dem College schon schwer genug zu tragen.

Ich weiß, dass inzwischen ziemlich viel Wasser ins Meer geflossen ist – dass viele Jahre ungenutzt verstrichen sind.« Er nahm die Brille ab, um sich die Tränen zu trocknen. Dann seufzte er und sah Charles direkt in die Augen. »Mag sein, dass wir den ganzen Abend hier sitzen müssen«, fuhr er fort. »Ich bin bereit dazu. Aber bevor du anfängst zu reden, sollst du wissen, wie sehr ich dich liebe und wie stolz ich auf dich bin.«

Charles hatte »Ich liebe dich« in der Handschrift seines Vaters auf Geburtstags- und Weihnachtskarten gelesen, aber dies war das erste Mal, dass er die Worte über seine Lippen kommen hörte. Er hatte gelernt, von seinem Vater nichts als Strenge zu erwarten. Als dieser seine Liebe plötzlich auf die sanfte Weise zum Ausdruck brachte, verschlug es ihm die Sprache.

»Aber Dad«, stammelte er. »Mach dir keine Gedanken über die Vergangenheit. Ich weiß, dass du mich liebst.« Doch sein Vater ließ nicht locker, und so spulte er das »Magnetband« seiner Erinnerungen zurück und kramte all die vielen Bilder hervor, die sich in den 17 Jahren ihres Beisammenseins in ihm angesammelt hatten.

Es dauerte eine Weile, bis Charles Vertrauen gefasst und

begriffen hatte, dass er sich auf sicherem Boden bewegte. Als aber der Damm gebrochen war, schüttete er sein Herz aus, und es war einiges, was da ans Licht kam. So hatte er über lange Zeit hinweg intensiv Football trainiert, um seinem Vater zu imponieren, obwohl ihm selbst Fußball viel besser gefallen hätte.

Dann war da das dumpfe Gefühl, dass er – auch wenn er sich noch so sehr mühte – nicht an seinen großen Bruder heranreichen könne. Und da waren all die vielen kritischen Bemerkungen, die sein Vater gemacht hatte, um ihn zu noch besseren Leistungen anzuspornen, die ihn in Wirklichkeit aber entmutigt und verletzt hatten.

Während er seinem Vater ein Erlebnis nach dem anderen auftischte, entdeckte er in dessen Augen auf einmal etwas Weiches, Trauriges. Und mehr noch: Er hörte Worte des Bedauerns, die wie Balsam selbst auf die kleinste seiner Wunden war, sodass nach und nach in seiner Erinnerung alle rauen Kanten glatt geschliffen wurden.

Das gute Gespräch, das die beiden an jenem Tag miteinander hatten, dauerte fast drei Stunden. Als Darrell nach der Rechnung griff, sagte er: »Ich weiß, dass meine Bitte, dir deine ganzen 17 Jahre auf einmal in Erinnerung zu rufen, ganz schön plötzlich kam. Solltest du also irgendetwas vergessen haben, wofür ich dich noch um Verzeihung bitten muss, dann ist meine Tür immer offen für dich.«

Das Abendessen war zu Ende, doch damit auch der Anfang einer völlig neuen Beziehung eingeläutet. Nachdem sie 17 Jahre lang als Fremde unter einem Dach gelebt hatten, waren sie jetzt endlich auf dem besten Wege dazu, einander kennen zu lernen.

Vor nicht allzu langer Zeit flimmerten über die Fernsehschirme die Bilder von Tausenden von Menschen, die nach über 25-jähriger Trennung jubelnd den Niedergang der Berliner Mauer begrüßten. Wir können uns gut vorstellen, dass an jenem Abend in der Pizzeria die Engel ebenso begeistert mit ansahen, wie die erste Bresche in die emotionale Wand zwischen Vater und Sohn geschlagen wurde.

Für beide waren dies bewegende, wichtige Stunden gewesen. Doch als sie aufstanden, tat Charles etwas, das seinen Vater zutiefst schockierte.

Die Gäste schauten von ihren Tischen auf, als ein großer, kräftiger Football-Spieler die Arme ausbreitete und seinen ebenso massigen Vater zum ersten Mal seit Jahren liebevoll an sich drückte. Mit Tränen in den Augen standen die beiden Kerle da, ohne sich um die Blicke der anderen zu scheren.
Gary Smalley und John Trent

Das halbherzige Geschenk – ein Hund für David

Ein Haus wird aus Balken und Steinen,
aus Fliesen und Stützen und Trägern gebaut.
Ein Zuhause wird aus liebevollen Taten errichtet,
die tausend Jahre überdauern.

VERFASSER UNBEKANNT

»Was habe ich da bloß getan?«, fragte ich mich und schaute nervös hinaus in den Garten zu dem hellbraunen Hundebaby, das ich an jenem Morgen gekauft hatte und das gerade unter lautem Gejaule an dem Strick kratzte und kaute, mit dem ich es am Bein des Picknicktischs festgebunden hatte.

Drei Jahre lang hatte ich mich dem Betteln meines neunjährigen Sohns David, uns einen Hund zuzulegen, standhaft widersetzt. Mein Sinn für Ruhe, Schönheit und Ordnung ließ sich nun einmal nicht mit den Bedürfnissen eines Welpen in Einklang bringen. Eines Tages aber fand ich beim Abstauben 30 Zettel. Und auf jedem dieser Zettel stand: »Liebe Mama, ich wünsche mir einen Hund.«

Ich will nicht, dass er mit dem Gefühl aufwächst, zu kurz gekommen zu sein, sagte die mütterliche Stimme in meinem Herzen. *Aber ich will keinen Hund,* hielt die Hausfrau in mir dagegen.

Dennoch griff ich nach der Zeitung und warf einen halbherzigen Blick in die Rubrik »Haustiere zu verkaufen«. Die einzigen Hunde, die dort angeboten wurden, waren Collie-Schäferhund-Mischlinge. Und genau so einer jaulte jetzt draußen im Garten den Nachbarn die Ohren voll. Die ersten Beschwerden würden nicht lange auf sich warten lassen, so viel stand fest.

David und Tippy, das Hundemädchen mit der weißen Schwanzspitze – das war Liebe auf den ersten Blick. Der Junge wurde nicht müde, Stöckchen für sie zu werfen und stundenlang mit ihr »Sitz, Tippy!« und »Bei Fuß, Tippy. So ist's gut. Braves Mädchen!« zu üben. Doch während David in der Schule war, hatte das quicklebendige Tier vor lauter Langeweile nichts als Unsinn im Kopf.

Ich war diejenige, die die Socken, die Hausschuhe und den Postboten vor ihr retten musste. Wenn ich sie an einem Baum festband, um sie am Durchwühlen des Rasens zu hindern, ging sie mir mit ihrem Gebell und Gewinsel auf die Nerven. Und am meisten hasste ich es, wenn ich wieder mal eine ihrer »Hinterlassenschaften« wegräumen musste. »Ich geb das Vieh ins Tierheim«, drohte ich dann.

»Wenn sie das nächste Mal irgendwo hinmacht, dann lass es einfach liegen«, flehte David. »Ich mach es dann schon weg!« Und pflichtschuldig führte er den Hund in den Garten, um ihre Gehorsamkeitsübungen mit ihr zu machen. Aber das Schlimmste stand uns erst noch bevor.

Eines Morgens – Tippy muss etwa sieben Monate alt gewesen sein – hörte ich ein sonderbares Bellen und Knurren draußen vor der Haustüre. Und Tippy tänzelte aufgeregt davor herum. Sie wollte unbedingt hinaus. Als ich die Tür mit mulmigem Gefühl einen Spalt breit öffnete, versuchte ein großer Schäferhund, sich mit Macht hereinzuquetschen.

»Oh, nein!«, schrie ich und drückte ihm die Tür gegen die Schnauze. »Tippy ist läufig! Das hat mir gerade noch gefehlt!«

In den nächsten zehn Tagen verwandelte sich unser Vorgarten in ein Schlachtfeld. Von meinem Platz hinter dem Vorhang aus sah ich entsetzt zu, wie sieben Hunde gleichzeitig mit Klauen und Zähnen um Tippys Gunst buhlten. Um mit ihr wenigstens ab und zu kurz Gassi gehen zu können, mussten wir immer erst einen günstigen Moment abpassen und uns dann zur Hintertür hinausschleichen. Eines Morgens zog sie besonders stark an der Leine. Und auf einmal riss sie sich los und rannte gemeinsam mit einem Collie Richtung Wald – und alle Hunde aus dem Vorgarten hinterher.

Neun Wochen später bescherte sie uns – wie hätte es anders sein können – einen Wurf von neun Hundewelpen. David war völlig aus dem Häuschen. Nachdem ich gezählt hatte, wie viele kleine Schnauzen an Tippys Zitzen saugten, wandte ich mich mit Schrecken ab. Ich fühlte eine schreckliche Migräne nahen. Ich hatte nur einen Gedanken im Kopf: dass sich Tippys ungestüme Welpenzeit jetzt noch einmal wiederholen würde – und das in neunfacher Ausfertigung!

Erst nichts als Hunde draußen vor der Tür. Dann nichts als Hunde im Haus. Frieden, Schönheit und Ordnung rückten in noch weitere Ferne.

Als die Welpen fünf Wochen alt waren, bekam Tippy auf einmal hohes Fieber und fraß nichts mehr. »Sie hat eine Brustdrüsenentzündung«, befand der Tierarzt. »Das ist lebensgefährlich. Sie darf ihre Jungen nicht mehr säugen. Aber solange sie die Kleinen um sich hat, wird sie sich kaum davon abhalten lassen. Sie müssen sie sofort weggeben.«

Die plötzliche Trennung warf das Tier völlig aus der Bahn. Wie eine Verrückte raste sie von einem Zimmer zum anderen, winselte, kratzte, schnüffelte. Irgendwann gab sie auf. Da sie ihre Kleinen nicht finden konnte, ließ sie sich auf einem Winterstiefel nieder und leckte liebevoll den Fellbesatz ab.

Dann fing sie an, dauernd irgendwelche toten Kaninchen oder Eichhörnchen anzuschleppen, die sie im Vorgarten ablegte und bewachte. Wenn einer von uns es wagte, sich ihr zu nähern, fletschte sie die Zähne und fing an zu knurren. Dass sie mit ihrem Drohgebaren unsere Besucher in Angst und Schrecken versetzte, gab mir endgültig den Rest. Erst die mörderische Hundemeute vor unserem Haus, dann die toten Tiere und jetzt trauten sich nicht einmal mehr unsere Freunde zu uns in die Einfahrt. Mein ganzes Leben drehte sich nur noch um dieses Hundevieh. Tippy musste gehen. Ich hatte es wirklich probiert. Das musste David doch einsehen.

Am nächsten Morgen verfrachtete ich Tippy auf die Ladefläche des Kombis und machte mich auf den Weg zum Tierheim. Unterwegs sah ich sie mir durch den Rückspiegel noch einmal an. Ich hatte nicht damit gerechnet, dass mir die Tränen kommen würden. *Bloß jetzt nicht weich werden*, sagte ich mir. Ich wusste, dass dies der richtige Schritt war, und wollte mich nicht davon abbringen lassen.

Im Tierheim wurde Tippy zu einem Zwinger im Ausstellungsbereich gebracht. Sie legte sich in eine Ecke, den Kopf auf der Pfote. Eine Mitarbeiterin der Einrichtung heftete einen Zettel an die Zwingertür, auf dem ihre Verhaltensauffälligkeiten in allen Einzelheiten aufgeführt waren. Ich blieb eine Weile in der Hoffnung, dass ein beherzterer Mensch als ich das Tier adoptieren würde, während ich noch dabei war. Auf diese Weise könnte ich David erzählen, dass Tippy definitiv ein neues Zuhause gefunden hatte.

Und wirklich: Es dauerte nicht lange, da kam tatsächlich ein junges Paar an den Zwinger, das sich für Tippy interessierte. Ich trat hinzu und erklärte ihnen, dass ich den Hund hier abgegeben habe. Der Mann – ein Mr. Bradley – schlug vor, unsere Telefonnummern auszutauschen: »Es könnte ja sein, dass wir eine Frage haben.«

Als ich nach Hause kam, lag David zusammengekauert auf seinem Bett und starrte ein Bild von Tippy an. »Sie hat ein neues Zuhause, Dave«, tröstete ich ihn. »Jetzt hat sie die Chance, ihre Jungen zu vergessen und sich von dem Schock zu erholen. Freust du dich nicht für sie?«

Er freute sich gar nicht. Er bekam keinen Bissen mehr herunter. Er konnte nicht mehr schlafen. Er hockte nur noch in seinem Zimmer, und nicht einmal die Gelegenheit zum Ballspielen konnte ihn dazu bringen, nach draußen zu gehen.

In unserem Haus herrschte traurige Stille. *Warum konnte ich mich bloß nicht an dem Frieden, der Schönheit und der Ordnung in unseren hundefreien Räumen erfreuen?*, fragte ich mich. Irgendwie erschien es mir nur noch halb so wichtig, dass immer alles sauber und aufgeräumt war. Es fehlte die Freude – das Lachen, Rennen und – ja! – das fröhliche Bellen.

»Gott im Himmel«, betete ich. »Was habe ich bloß getan? Wäre es nicht unfair, Tippy von den Bradleys zurückzufordern? Und was wäre, wenn sie tatsächlich bereit sein sollten, sie herzugeben? Wäre mir das wirklich recht? Bitte, Gott, sag mir, was ich tun soll!«

Als David am Tag darauf noch immer wie ein Häufchen Elend durchs Haus schlich, konnte ich es nicht mehr aushalten. Ich griff nach dem Telefonhörer: »Wenn unser

Sohn nicht so tieftraurig wäre, würde ich Sie nie anrufen und Sie das fragen«, erklärte ich Mr. Bradley. »Aber könnten wir Ihnen Tippy wieder abkaufen?«

»Dass Ihr Junge sich die Sache so zu Herzen nimmt, tut mir wirklich Leid«, gab er zurück. »Sagen Sie ihm, dass es Tippy gut geht. Und im Übrigen benimmt sie sich völlig normal. Vielleicht hat ihr einfach der Ortswechsel gut getan. Unsere Töchter sind verrückt nach ihr. Ich bin sicher, dass David in ein paar Tagen darüber hinweg sein wird.«

Eine Woche später saß ich im Wohnzimmer und versuchte vergeblich, mich auf die Zeitung zu konzentrieren. Ich wusste, dass David wie üblich auf seinem Bett lag und Tippys Bild an sich drückte. Ich wollte ihn trösten, aber wie? Schließlich war ich diejenige gewesen, die ihm seinen geliebten Hund weggenommen hatte. Ich fing langsam an zu begreifen, dass von einem Geschenk, das man nur halbherzig macht – von einem Geschenk, an dem ein Haken dran ist –, keiner wirklich etwas hat. Dem Schenkenden wie dem Beschenkten bringt es eher Leid als Freud.

Ich setzte mich zu David auf die Bettkante. Er sah mich an. Seine Augen waren rot und verquollen.

»Mama, wo die Bradleys wohnen, ist da viel Verkehr? Ob sie Tippy auch immer an der Leine haben? Ob sie ihr auch das Richtige zu fressen geben? Und…« Wieder brach er in Tränen aus.

Ich griff nach seiner Hand. »Du machst dir wirklich Sorgen um Tippy, stimmt's? Warum sprechen wir nicht mit Gott darüber?«

David schoss kerzengerade hoch. »Ja, das ist es! Ich werde beten, dass Tippy wieder nach Hause kommt!«

»David, du sollst wissen, dass ich bereit bin, sie wieder zurückzunehmen. Ich habe erst jetzt gemerkt, wie gern ich sie habe. Aber die Bradleys haben sie auch gern, und sie sagen, dass sie es gut bei ihnen hat. Du willst doch das Beste für Tippy, nicht wahr?«

David nickte.

»Wir sollten Gott nicht sagen, was er tun soll«, schlug ich vor. »Bitten wir ihn lieber, die Sache so ausgehen zu lassen, wie es für jeden von uns am besten ist – für Tippy, für die Bradleys und für uns.«

David senkte den Kopf. »Lieber Jesus, bitte mach, dass es Tippy gut geht, und pass auf sie auf. Und mach, dass jeder von uns glücklich ist, egal, wer von uns sie behalten darf – selbst wenn wir sie nicht wieder zurückbekommen. Amen.«

Dann ließ sich David mit einem tiefen Seufzer und dem An-flug eines Lächelns in sein Kissen zurücksinken und schlief sofort ein. Ich wunderte mich, wie schnell er durch ein kleines Gebet seinen Frieden gefunden hatte.

Während ich ihn zudeckte, spürte ich, wie auch mir warm ums Herz wurde. Mir war, als hätte sich meine gespal-tene Seele mit einem Mal zu einem einzigen, übermächtigen Wunsch zusammengeballt. Vorher war ich bereit gewesen, den Hund noch einmal bei uns aufzunehmen. Jetzt wollte ich sie unbedingt wiederhaben! Es war schon seltsam: In dem Augenblick, in dem David bereit war, sich von Tippy um ihrer selbst willen zu trennen, wollte ich sie um seinet-willen zurückhaben! Ich fragte mich, ob Gott auf diese Weise den Boden für Tippys weiteres Schicksal bereiten wollte – ob sie nun fortbleiben oder zu uns zurückkehren sollte. Bald schon sollte ich es wissen.

Am nächsten Tag rief Mr. Bradley an: »Ich habe oft an David gedacht. Wie sieht es aus? Wollen Sie Tippy immer noch wiederhaben?«

»Aber ja!« Ich schrie beinahe. »Ja, auf jeden Fall!« Etwas in mir hatte sich verändert, und ich wusste: Was Tippy auch angestellt haben mochte, ich würde meine Meinung nicht wieder ändern.

Eine Stunde später stolzierte Tippy zur Tür herein. Wie magnetisch angezogen, lief sie schnurstracks auf David zu. Was für eine Mischung aus Haut und Fell, Armen und Pfoten, Beinen und Schwanz! David sagte immer nur: »Oh, Tippy. Oh, Tippy.« Und der Hund kläffte und kläffte und leckte ihm ununterbrochen übers Gesicht. Dann lagen wir uns alle in den Armen, die Tränen flossen, und Tippy leckte uns liebevoll ab.

Sind an jenem Tag Frieden, Schönheit und Ordnung in unser Haus zurückgekehrt? Nein, nicht unbedingt. Dafür aber die Freude und das Lachen. Und aus ganzem Herzen sage ich: Ich bin froh darüber!   *Priscilla Larson*

Andys Traum

Es gab eine Zeit, da wünschte ich, ich könnte das Bild aus meinem Gedächtnis löschen: wie mein erstgeborener Sohn, den ich von ganzem Herzen liebte, mir nachstarrte, als ich ihn in dem Heim für schwer erziehbare Jugendliche zurückließ, wo ich ihn abgeliefert hatte.

»Ich hasse dich«, brüllte er, und seine Wut durchbohrte mich wie ein Messer. »Ich will dich nie wieder sehen!«

Wie hatte es so weit kommen können? Warum war alles so schief gelaufen?, zermarterte ich mir den Kopf.

Doch heute lässt mich dieses Bild, das sich mir in die Seele gebrannt hat, mit Dankbarkeit darauf blicken, wie weit mein Sohn es inzwischen gebracht hat. Es lässt mich an die Liebe denken, die ihn auf den Weg brachte, den wir als Familie ihm vergeblich zu weisen versuchten.

Andy war von Anfang an schwierig gewesen, und so über-

PEANUTS® von Charles M. Schulz

raschte es uns – das heißt mich und seinen Stiefvater Dan – nicht sonderlich, als die Lehrer anfingen, sich über sein Verhalten zu beschweren.

»Er braucht einfach nur ein bisschen Disziplin – und viel Liebe«, sagten wir uns. Und so fuhren wir mit ihm zum Angeln, wenn er brav gewesen war, und lasen ihm die Leviten, wenn er wieder einmal etwas ausgefressen hatte. Trotzdem wurde es immer schlimmer mit ihm. Auf dem Schulhof prügelte er sich mit den anderen Kindern herum, und zu Hause rastete er regelmäßig aus. Was wir auch taten – ob wir ihm gut zuredeten oder ihn maßregelten –, nichts schien auch nur den leisesten Eindruck auf ihn zu machen.

In der vierten Klasse wurde bei Andy eine Lernschwäche diagnostiziert, und er kam in die Sonderschule. Dort bekommt er wenigstens die Aufmerksamkeit, die er braucht, sagte ich mir. Wenn ich abends von meinem Job als Gefängnisaufseherin nach Hause kam und ihn fragte, wie es ihm in der Schule ergangen sei, meinte er jedes Mal »Gut«.

Darum war es ein echter Schock für mich, als ich eines Tages einen Anruf von seiner Schule bekam: Er war seit vier Wochen nicht mehr hingegangen! »Aber *warum*, Andy?«, bohrte ich nach.

»Ich hasse das Ganze eben.« Das war alles, was er sagte.

Jetzt erst erkenne ich, dass seine Lernschwäche ihm das Gefühl vermittelt haben muss, dumm zu sein. Aus lauter Wut über sich selbst versuchte er, alles, was mit Schule zu tun hatte, einfach zu vergessen. Mit dreizehn hing Andy in einer wilden Clique herum. Er rauchte und prügelte sich. Wieder versuchten wir es mit Strafen und Standpauken, sogar mit einer Therapie, aber nichts half. Meine beiden anderen Söhne – der zehnjährige Justin und der zweijährige Joshua – waren ausgesprochen brav. Ich musste immer an die vielen guten Ratschläge denken, die ich als Kind mit auf den

Weg bekommen hatte, von meinen Eltern und von meinen frommen Großeltern. Wie sehr hatte ich mich bemüht, eben diese Werte auch Andy zu vermitteln. Was stimmte nicht mit ihm? »Gott, hilf mir!«, betete ich.

Eines Abends wurde Andy von der Polizei bei einem Einbruch erwischt. Er hatte es nur wegen des »Kicks« gemacht. »Was ist los mit dir?«, schrie ich ihn an. Bei der Arbeit sah ich den Gefangenen in die Augen und dachte: *Wenn Andy so weitermacht, wird er irgendwann hier landen.*

Doch erst als mich die für Andy zuständige Jugendpflegerin anrief, beschloss ich, etwas zu unternehmen. Auf ihre Frage, warum er seine Hausaufgaben nicht gemacht habe, hatte er achselzuckend geantwortet: »Keine Ahnung. Ich denke, ich werde mir ein Loch in den Kopf schießen.«

Als ich das hörte, lief es mir eiskalt über den Rücken. Nicht einen Tag durfte es so weitergehen, das schwor ich mir. Und so rief ich in dem Heim an, von dem ich gehört hatte. Es hieß »*Green Leaf*«. Vielleicht würde man ihm dort helfen können.

Nach der ersten Woche rief mich Andys Betreuer an. Er würde sich an keine einzige Regel halten. Als ich vor Enttäuschung heulte, redete Dan mir gut zu. »Es wird schon werden.« Aber Woche für Woche kamen immer die gleichen Meldungen: Andy sei aggressiv gewesen. Andy habe eine Wand eingetreten. Andy hasse das Leben.

Eines Tages dann berichtete mir der Betreuer, dass sich der Junge erstmals in der Therapie geöffnet habe. *Immerhin ein Anfang!*, sagte ich mir, und eine Welle der Hoffnung ergriff mich. In der darauf folgenden Woche rief Andy mich selbst an. Als ich seine Stimme hörte, verschlug es mir fast den Atem. Wie durch ein Wunder war seine Wut verflogen. Stattdessen war da ein ungewohntes Lispeln.

»Hallo, Mama«, sagte er fröhlich. »Ich vermisse dich. Wie geht's dir?«

Woche für Woche ging es mit ihm bergauf. Andy besserte sich in der Schule, und er redete mit Respekt in der Stimme. »Er macht unglaubliche Fortschritte«, vermeldete sein Betreuer. Als der Junge nach vier Monaten entlassen wurde und wieder zu uns nach Hause kam, sah ich zum ersten Mal seit Jahren so etwas wie Freude in seinen Augen. Der Sohn, der im Zorn von uns gegangen war, erbot sich jetzt freiwillig, auf Joshua aufzupassen und im Haushalt mitzuhelfen. Und bald schon kehrte er in die Schule zurück – in die normale Schule!

Ich war den Leuten in »Green Leaf« so dankbar und hatte das Gefühl, man habe dort Wunder gewirkt. Und auf vielfältige Weise hatten sie das sicher auch getan. Aber erst ein Jahr später sollte ich erfahren, dass Andy noch von anderer Seite Nachhilfe bekommen hatte. Als wir eines Abends alle vor dem Kamin zusammensaßen, fing Andy zu reden an. »Mama, es gibt da noch etwas, was ich dir noch nie gesagt habe.«

Und er erzählte uns von einem Traum, den er etwa zwei Monate nach seiner Ankunft in »Green Leaf« gehabt hatte: Er ging einen Feldweg entlang und kam an einem Haus vorbei, vor dem eine alte Frau saß. Sie las in ihrer Bibel. »Sie war klein und rundlich. Ihr weißes Haar war zum Knoten geschlungen, und sie hatte wunderschöne blaue Augen. Um die Schultern trug sie einen weiß eingefassten Schal, der mit einer Art Rautenmuster bedruckt war.«

Er bemerkte nicht die Tränen in meinen Augen, als er fortfuhr. »Ich sagte ihr, dass ich durstig sei, und bat sie um ein Glas Wasser. Sie aber sah mich nur an und meinte: ›Andy, du bist in der falschen Richtung unterwegs.‹ Ich wiederholte meine Bitte, doch sie sagte: ›Andy, ich bin deine Urgroßmutter. Und du musst dich ändern.‹ Ich kann auch nicht sagen, warum«, sinnierte der Junge. »Aber am nächsten Tag fühlte ich mich auf einmal völlig anders. Ich war nicht mehr so wütend. Den Traum habe ich nie wieder vergessen.«

Ich war völlig aufgelöst. »Aber, Andy! Das war wirklich deine Urgroßmutter!«

Und die Kinder saßen mit offenem Mund da, als ich ihnen erzählte, wie ich selbst früher mit meiner Großmutter vor ihrem Haus saß und sie in ihrer Bibel gelesen hatte. Sie hatte genauso ausgesehen, wie Andy sie beschrieben hatte. Einen Monat vor seiner Geburt war sie gestorben, und sie hatte mir ihren Lieblingsschal mit dem Rautenmuster vererbt.

Wenngleich ich Andy gelegentlich von seiner Oma erzählt hatte – ein Bild von ihr als alte Frau hatte er nie gesehen. Und ihren Schal hatte ich nach ihrem Tod nicht einmal aus dem Schrank genommen.

»Sie muss geschickt worden sein, um mir zu helfen!«, rief Andy.

Ich nickte lächelnd. Und als ich an jenem Abend vor dem Schlafengehen noch einmal bei meinen Kindern nach dem Rechten sah, da flüsterte ich: »Danke, Gott – und danke, Oma.«

Heute ist Andy 20, und wir haben allen Anlass, stolz auf ihn zu sein. Er dient in der 269. Kompanie der Nationalgarde, und er redet oft davon, eines Tages eine eigene Familie gründen zu wollen.

»Du kannst machen, was du willst«, sage ich dann zu ihm. »Schließlich hast du einen ganz speziellen Schutzengel, der über dir wacht.«   *Anne Bembry*
Auszug aus der Zeitschrift »*Woman's World*«

Die Sicherheitsdecke

Ich hatte das Priesterseminar gerade hinter mir und war mit meiner Frau Kate und unserem zweijährigen Sohn Nate in ein kleines Dorf in Alaska gezogen. Die kleinen drei- oder viersitzigen Flugzeuge, die uns aus der entlegenen Gegend zum nächstgrößeren Flughafen brachten, flößten dem Jungen solche Angst ein, dass wir nie ohne seine Lieblingsdecke verreisten. Die zog er sich immer über den Kopf, bis wir auf der schmalen, holprigen Landebahn aufgesetzt hatten. Und auch in den langen Monaten der Eingewöhnung, in denen wir lernen mussten, an diesem unbekannten Ort unter fremden Menschen eines anderen Kulturkreises zu leben, hatte er seine »Sicherheitsdecke« auf Schritt und Tritt dabei, und sie wurde immer weicher und dünner. Und wenn das gute Stück einmal nicht dabei war und er sich nicht gemütlich darin einkuscheln konnte, war an Einschlafen nicht zu denken.

Während des zweiten Jahres, das wir in dem Dorf verbrachten, wurde ich als Gastredner zu einer Missionskonferenz in Seattle eingeladen. Nate sah mir zu, wie ich meine Sachen packte. Er stellte mir allerhand Fragen: Wo die Reise hingehen sollte, wie lange ich weg sein würde, warum ich diesen Leuten etwas erzählen sollte und ob mich irgendjemand begleiten würde? Ich war damit beschäftigt, meine Rede in Gedanken noch einmal durchzuformulieren, und machte mir Sorgen, ob ich auch rechtzeitig mit dem kleinen Zubringerflugzeug aus dem Dorf wegkäme. So hörte ich ihm nur mit halbem Ohr zu.

Am meisten sorgte sich der Junge darüber, dass ich bei so schlechtem Wetter in einer dieser Maschinen fliegen sollte, die ihm solche Angst machten. Ich versicherte ihm, dass mir schon nichts passieren würde, und bat ihn, sich während meiner Abwesenheit um Mama zu kümmern. An der Tür drückte ich ihn noch ein letztes Mal, bevor ich zur Landebahn und von dort aus weiter nach Seattle eilte.

Beim Einchecken im Hotel blieb keine Zeit zum Auspacken, und so war es Abend, als ich meinen Koffer aufmachte. Zu meinem Entsetzen sah ich darin Nates Sicherheitsdecke liegen. Ich stellte mir vor, wie meine Frau verzweifelt danach suchte, um den Kleinen ins Bett zu bringen. Sofort griff ich zum Telefon, um sie anzurufen und ihr Bescheid zu geben, damit sie den Jungen beruhigen konnte. Er würde außer sich sein!

Als Kathy den Hörer abnahm, sprudelte ich sofort los – dass ich die Decke aus unerfindlichen Gründen mit eingepackt habe, ich wisse auch nicht, wie das habe passieren können. Ich war mitten in meiner Entschuldigungsrede, als mich meine Frau unterbrach: Dass ich die Decke dabeihatte, wusste sie schon.

Nachdem ich aus dem Haus gegangen war, hatte sie Nate auf den Arm genommen, und sie hatten mir gemeinsam nachgeschaut. Dann hatte sie dem Jungen vorgeschlagen, für Papa zu beten. Und weil sie wusste, welche Angst er vor den kleinen Maschinen hatte, entschied sie sich für die Worte: »Gott im Himmel, bitte mach, dass Daddy mit dem Flugzeug heil und sicher ankommt.« Als sie fertig gebetet hatten, tröstete Nate seine Mama: »Mach dir keine Sorgen! Ich habe Papa meine Decke mitgegeben. Da kann ihm nichts passieren.«   *Reverend Dr. Bruce Humphrey*

Mein Vater

Zwei sind besser als einer allein,
falls sie nur reichen Ertrag aus ihrem Besitz ziehen.
Denn wenn sie hinfallen, richtet einer den anderen auf.
Doch wehe dem, der allein ist, wenn er hinfällt,
ohne dass einer bei ihm ist, der ihn aufrichtet.

Koh 4, 9-10

Solange ich denken kann, platzte mein Vater jeden Morgen in aller Herrgottsfrühe frisch und fröhlich in unser Zimmer herein, knipste das Licht an, zog meinem Bruder und mir die Decke weg und polterte: »Was? Ihr seid immer noch im Bett? Der halbe Tag ist doch schon vorbei!« Das war um sieben Uhr. Wer länger schlief, war für ihn schlicht und ergreifend faul. Und das gab es bei ihm nicht – nicht bei *seinen* Söhnen!

Mein Vater war 30 Jahre lang in einer Fabrik beschäftigt und hatte nicht einen Tag gefehlt, bis ihm die Diagnose Krebs gestellt wurde und er in Ruhestand gehen musste. Er war ein echtes Allroundtalent: Schreiner, Elektriker, Klempner, Mechaniker, Maurer – es gab nichts, was er nicht konnte. Und Fehler machte er nie. Wenn doch einmal etwas schief ging, meinte er nur: »Genauso hatte ich es von Anfang an geplant!«

Mein Vater träumte davon, für sich und seine Familie ein eigenes Haus zu bauen, aber leider fehlte uns dazu immer das nötige Kleingeld. Und unser »neues« Auto hatte immer schon irgendjemand anderem gehört – neu war es nur für uns. Mein Vater und meine Mutter haben mir mein Studium finanziert; sie haben zwei Häuser gekauft und abbezahlt, dafür gesorgt, dass immer genug zum Essen im Haus war, dass wir etwas zum Anziehen hatten und dass unser Haus das schmuckste in der ganzen Stadt war. Aber selbst zu bauen – diesen Traum konnte er sich nie erfüllen.

Als ich 35 war – ich war inzwischen verheiratet und Vater zweier Töchter – und meine Frau und ich uns entschlossen, ein Haus zu bauen, war dies also ein echter Meilenstein in der Geschichte unserer Familie! Nicht nur, dass ich das College geschafft und meinen Universitätsabschluss gemacht hatte – jetzt baute ich auch noch ein Haus! Was mehr hätte eine italienische Einwandererfamilie erreichen können, die Anfang des 19. Jahrhunderts mit dem Schiff »über den großen Teich« nach Amerika gekommen war.

Nachdem die Pläne für unser Haus fertig waren, gaben meine Frau und ich den Bau schließlich in Auftrag. Ich werde nie vergessen, wie ich zu meinem Vater nach Hause ging, um ihm die freudige Botschaft zu überbringen. Ich war so stolz, dass ich fast geplatzt wäre. Ich glaubte, dass mein Vater ebenso begeistert sein würde wie ich. Doch um der Wahrheit die Ehre zu geben – so ganz entsprach seine Reaktion meinen Erwartungen nicht.

Mein Vater war damals fünfundsechzig Jahre alt, und er hatte gerade zum zweiten Mal den Kampf gegen den Krebs gewonnen. Er sah vom Küchentisch auf und sagte: »Mein Junge, ich kann dir nur dringend davon abraten.« Mit seinen Worten nahm er mir vollends den Wind aus den Segeln. So hatte ich mir das nicht gedacht! Da war ich drauf und dran, das Haus zu bauen, das er sich immer gewünscht hatte. Da hätte er sich doch eigentlich mit mir freuen müssen.

Ich war wie vor den Kopf geschlagen. Als ich fragte, was ihn zu dieser Meinung brachte, warnte er mich: »Du hast weder genug Geld noch das notwendige Können, um ein Haus zu bauen. Und ich bin inzwischen zu alt.« Natürlich widersprach ich ihm. Ob mit oder ohne seinen Segen – ich würde das Projekt auf jeden Fall durchziehen! Was für große Worte aus dem Mund eines Mannes, der noch nicht einmal einen Nagel in die Wand schlagen konnte.

Mein Vater versuchte, mir klar zu machen, dass es mir an Erfahrung fehlte und dass das Bauen selbst noch das Wenigste sei. Es hingen noch tausend andere Dinge mit dran, an die ich nicht einmal im Traum gedacht hatte. Er meinte, es würde zehn Jahre dauern, um ein Haus zu bauen, so wie wir es uns vorstellten. Meine Mutter reagierte ganz anders. Sie sagte, wir sollten tun, was wir für richtig hielten, und wünschte uns alles Gute.

Kurz darauf wurde es ernst: Wir beantragten ein Darlehen bei der Bank und vergaben die Aufträge an die Handwerker. Es sollte nicht lange dauern, bis ich zu Kreuze kriechen musste. Es fehlten mir dreitausend Dollar an Sicherheiten für das Darlehen – und das, noch bevor der erste Spatenstich getan war. So machte ich mich gesenkten Hauptes auf den Weg zu meinem »Alten«, um ihn um einen entsprechenden Kredit zu bitten. Als ich eintrat, saßen meine Eltern am Küchentisch und tranken Kaffee. Mein Vater sagte zu meiner Mutter – der Finanzchefin der Familie: »Stell dem Jungen einen Scheck über fünftausend Dollar aus.« Ich dachte, er hätte mich falsch verstanden, darum wiederholte ich die Summe noch einmal. Er aber schüttelte den Kopf. Er habe schon richtig gehört. Ich sei derjenige, der danebenliege. Er habe von Anfang an damit gerechnet, dass ich in einen Engpass geraten würde, und so hätten er und meine Mutter beschlossen, mir fünftausend Dollar als Starthilfe zu schenken.

Mir schossen die Tränen in die Augen. Hier saß ein alter Mann vor mir, der in 30 Jahren keinen einzigen Arbeitstag ausgelassen hatte, und warf sein sauer verdientes Geld einem Sohn in den Rachen, der zwar hochfliegende Pläne hatte, aber nicht das nötige Kleingeld, um sie zu finanzieren. Meine Mutter zog ohne jedes weitere Wort das Scheckbuch heraus und tat, was mein Vater ihr gesagt hatte.

Doch das war erst der Anfang unserer Probleme. Der Bau

wurde im Februar begonnen. Meine Frau und ich sind beide Lehrer, und keiner von uns hatte tagsüber Zeit, die Handwerker zu beaufsichtigen. So tat ich, was ich immer tat: Ich ging zu meinem »Alten« und bat ihn, die Sache für mich in die Hand zu nehmen. Diesmal kämpfte *er* mit den Tränen. Damit hatte ich einen Bauleiter – gut für mich, schlecht für die Handwerker und Arbeiter. Wenn etwas nicht hundertprozentig in Ordnung war, ließ er sie das Ganze abreißen und wieder neu machen. Er war ein echter Albtraum für sie, doch wenn sie wieder einmal drohten, den Kram hinzuschmeißen, brauchte ich sie bloß daran zu erinnern, wer die Schecks ausstellte. Der »Alte« hatte das letzte Wort. Und damit basta! Und so kam es, dass die Leute mit der Zeit nicht nur fleißig und schnell arbeiteten, sondern auch höflich blieben – bis die letzte Rechnung bezahlt war.

Damit waren meine Probleme aber noch nicht vorüber. Eines Tages war alles Geld verbraucht, und die Handwerker verabschiedeten sich – da war mein Haus aber erst zu drei Vierteln fertig. An dem Abend, als der letzte Arbeiter die Baustelle verließ, bezog ich mein Nachtquartier in meinem neuen, unfertigen Heim. Die Kinder waren schon seit Stunden im Bett, und auch meine Frau war vor lauter Erschöpfung schon frühzeitig in Tiefschlaf versunken. Ich aber lag wach und starrte an die Decke. *Was soll ich jetzt bloß tun?*, grübelte ich. *Kein Geld und zwei linke Hände!* Ich konnte die ganze Nacht kein Auge zutun. Pünktlich um sieben Uhr am nächsten Morgen hörte ich ein Auto den Kiesweg zu meinem Haus hochkommen, und Scheinwerferlicht erleuchtete das Schlafzimmer. Ich sprang aus dem Bett wie ein Kind am Weihnachtsmorgen, rannte in der Pyjamahose die Treppe hinunter und riss die Tür auf. Und da stand er: mein Vater, in voller Lebensgröße, mit einem Käppi auf dem Kopf und all den Werkzeugen, Schaufeln und Pickeln, die er in seinem brandneuen Wagen hatte transportieren können – dem ersten wirklich fabrikneuen Fahrzeug, das er sein Eigen nannte. Wie ich so barfuß in meiner Schlafanzughose vor ihm stand, sah er mich von oben bis unten an und sagte: »Was, Junge, du bist noch im Bett? Der halbe Tag ist doch schon vorbei und es gibt jede Menge zu tun!«

Mit einem Kloß im Hals und Tränen in den Augen stand ich da. Es hatte mir komplett die Sprache verschlagen. Nie in meinem Leben war ich so froh oder erleichtert gewesen, den »Alten« zu sehen. Jetzt wusste ich, dass alles gut werden würde. Und warum sollte es auch anders sein? Mein Vater war noch jedes Mal für mich da gewesen, wenn ich ihn gebraucht hatte!

Heute, fünf Jahre später, ist mein Haus komplett fertig – innen und außen, auf allen drei Stockwerken. Und der Garten ist auch angelegt. Und in all den fünf Jahren hat es keinen einzigen Tag gegeben, an dem mein Vater nicht zur Arbeit erschienen wäre. Der »Alte« ist der dickköpfigste, hartgesottenste und liebevollste Mann, der mir je untergekommen ist. Ich hoffe, dass er bis in alle Ewigkeit lebt. Aber wenn nicht, dann weiß ich, wo ich ihn finden kann: Dann repariert er gerade die goldene Himmelspforte.

Tom Suriano

Ein Auto zum Abi

Ein Gymnasiast kam im Januar, ein halbes Jahr vor seinem Abitur, zu seinem Vater und sagte: »Dad, ich glaube, dass ich mir zur Belohnung für mein Abi ein Auto verdient habe.«

Der Vater dachte einen Moment lang nach. Dann antwortete er: »Also gut, mein Sohn, du kannst dein Auto haben.

Aber erst musst du drei Dinge tun: deinen Notendurchschnitt verbessern, mehr in der Bibel lesen und dir die Haare schneiden lassen.«

Als im Mai die Prüfungen bevorstanden, ging der Sohn wieder zu seinem Vater und fragte: »Und? Wie sieht's aus? Kriege ich jetzt mein Auto zum Abi?«

»Mein Sohn, du hast deinen Durchschnitt von C auf A verbessert. Großartig«, erwiderte der Vater. »Und mir ist auch aufgefallen, dass du jeden Morgen, bevor du aus dem Haus gehst, die Heilige Schrift studierst. Aber die Haare hast du dir immer noch nicht schneiden lassen.«

»Aber Vater«, gab der Sohn zurück. »Beim Lesen der Bibel ist mir aufgefallen, dass Moses in allen Abbildungen immer mit langen Haaren gezeigt wird. Und sogar Jesus hatte langes Haar.«

Daraufhin der Vater: »Sohn, du musst bedenken: Moses und Jesus kamen überall hin, wohin sie wollten – du kannst das auch schaffen. Aber nur, wenn du dir die Haare schneiden lässt.«

Verfasser unbekannt
Eingereicht von Joanne Duncalf

Am Feiertag daheim

Vor 28 Jahren habe ich einen Sohn zur Welt gebracht. Ich war damals 18 und mein Freund 22. Gerade hatte ich die Schule abgeschlossen. Ich war arbeitslos, und mein Freund hatte einen Niedriglohnjob. Meine Familie war zu der Zeit generell in einer schwierigen Phase, und ich wollte sie nicht noch zusätzlich mit meiner unerwarteten Schwangerschaft belasten. Und das Wichtigste von allem: Ich wollte, dass mein Kind ein gutes Zuhause hatte, mit Eltern, die es umsorgen und ihm alles geben konnten, was es brauchte. Darum traf

Warum habe ich ihm bloß gesagt, er soll dafür sorgen, dass ihm die Haare nicht mehr so ins Gesicht hängen?

ich die schwierige Entscheidung, es allein zur Welt zu bringen und anschließend zur Adoption freizugeben.

Ich beschloss, zunächst einen Streit mit meiner Mutter zu inszenieren, um einen Grund zum Ausziehen zu haben. Sie dachte, es ginge mir darum, mich um jeden Preis abzugrenzen, aber in Wirklichkeit stand ich meiner Familie sehr nahe und es fiel mir ausgesprochen schwer, sie zu verlassen. Ich hatte eine ältere Schwester, die verheiratet und Mutter von vier Kindern war, und eine jüngere Schwester von 16 Jahren. Ich vermisste sie alle so sehr. Nachdem ich ausgezogen war, rief ich regelmäßig zu Hause an, aber wenn es darum ging, an Feiertagen oder zu den üblichen Familienfesten zu erscheinen, ließ ich mir immer eine gute Ausrede einfallen.

Am 24. Februar 1966 kam schließlich mein Sohn zur Welt. Ich durfte ihn kein einziges Mal sehen, und drei Tage lang redete ich immer wieder mit dem Kaplan, um mir auch sicher zu sein, dass meine Entscheidung die richtige war. Er überzeugte mich, dass eine Adoption das Beste für das Kind sei, und so gab ich ihn her. Dabei betete ich, dass er die nettesten, liebevollsten aller Eltern bekommen möge. Noch Wochen nachher weinte ich von morgens bis abends, und nie konnte ich ihn aus meinen Gedanken und meinem Herzen löschen. Die ganze Zeit betete ich für ihn.

Im September 1966 heiratete ich den Vater des Kindes. Wir bekamen zwei Söhne, Robert und Gary. Wir waren wirklich vom Glück gesegnet, doch manchmal hatte ich das Gefühl, dass in unserem Leben und unserer Ehe etwas fehlte. 1971 gerieten mein Mann und ich in eine Ehekrise, und kurz darauf trennten wir uns. Nach allem, was wir durchgemacht hatten, war ich am Boden zerstört. Und ausgerechnet zu der Zeit war ich auch noch mit unserem dritten Sohn, Stephen, schwanger.

1972 erkannte ich in Jesus Christus meinen Erlöser. Ich überredete meinen Mann zu einer Beratung, und auch er fand seinen Weg zum Herrn. So gelang es uns, unsere Beziehung wieder zu kitten, und sie war danach stärker denn je. Die ganze Zeit über betete ich immerfort für den Sohn, den ich nie gesehen hatte, und betete zu Gott, ihn eines Tages zu uns heimzubringen, sofern dies sein Wille sei.

Vor acht Jahren wurde mein Mann auf einem Jagdausflug vom Blitz getroffen. Er war dem Tode nahe, doch der Herr rettete ihn und gab ihn uns zurück. Später sagte er oft: »Es gibt wohl etwas, das ich in meinem Leben mit dem Herrn noch erledigen muss.«

Im April 1994 saßen mein Mann und ich eines Morgens zusammen und unterhielten uns. Da sagte er zu mir: »Weißt du, Linda, er ist jetzt gerade in einem Alter, in dem er anfangen wird, nach uns zu suchen.« Erst eine Woche zuvor hatte ich genau das Gleiche gedacht, und ich war überrascht, dass mein Mann und ich offenbar denselben Gedanken hatten. Wir hatten nie über unseren ersten Sohn gesprochen. Ich fühlte mich von dem Thema schlichtweg emotional überfordert. Ein paarmal hatte mein Mann nach ihm suchen wollen, aber wenn wir dann darüber sprachen, erschien es uns irgendwie nicht richtig, nach so vielen Jahren plötzlich aufzutauchen und zu sagen: »Hier sind wir.«

Am 1. Mai 1994 um 9.30 Uhr klingelte es an der Haustür. Stephen machte die Tür auf, und da stand ein junger Mann in Begleitung einer jungen Frau, der mich zu sprechen wünschte. Ich kam zur Tür. Es war ein großer, dunkler, gut aussehender Kerl. Und er hatte die Augen unserer Familie. Mein Herz sank mir in die Knie und ich dachte: *Könnte das etwa mein Sohn sein?* Doch gleich widersprach eine andere Stimme in mir. *Sei nicht verrückt. Du hast einfach nur zu lange davon geträumt.* Und so meinte ich: »Was kann ich für Sie tun?«

Er meinte, er sei gekommen, um über etwas Privates zu

sprechen, und ich fragte: »Was denn?« Mein Mann war nicht zu Hause, und ich war noch im Nachthemd.

»Könnte ich hier draußen einen Moment allein mit Ihnen sprechen?«, bat er. »Ich warte auch, bis Sie sich angezogen haben.«

Während ich mir etwas überzog, klopfte mir mein Herz bis zum Halse. Und als ich zu ihm hinaustrat, merkte ich, dass er ebenso aufgeregt war wie ich. »Worum geht's?«, erkundigte ich mich.

Er holte tief Luft, bevor er redete: »Vor 28 Jahren bin ich adoptiert worden.«

Ich fing an zu weinen, nahm ihn in den Arm und konnte nichts anderes herausbringen als bloß »Oh, mein Gott!«. Die Worte muss ich mindestens 50 Mal wiederholt haben.

»Geht es dir gut?«, fragte ich. »Bist du glücklich gewesen? Hast du gute Eltern gehabt?«

Ich konnte gar nicht glauben, dass endlich der Tag gekommen war, für den ich über all diese Jahre hinweg gebetet hatte. Ich zitterte und spürte, dass Gott bei uns war. Er stand direkt neben uns und sagte: »Bitte, und es wird dir gegeben.«

»Ich habe deinen Vater geheiratet«, erklärte ich. »Wir sind seit 27 Jahren verheiratet. Du hast drei Brüder.«

»Der Junge, der mir die Tür aufgemacht hat, war das einer von ihnen?«, wollte er wissen.

Ich beschloss, Stephen sofort die ganze Geschichte zu erzählen. So bat ich ihn, einen Moment lang zu uns herauszukommen. Als ich ihm sagte, wer der junge Mann war, sagte er nur: »Nein!« Er konnte es einfach nicht glauben.

Dann streckte ihm Robert seine Hand entgegen und sagte: »Stephen, ich bin Robert, dein Bruder.« In dem Augenblick – so berichtete Stephen später – wusste er es sofort. Noch im selben Augenblick spürte er eine tiefe Liebe für seinen Bruder, so als hätten sie sich ein Leben lang gekannt. Dann riefen wir die anderen beiden Jungen an, und sie kamen alle nach Hause. Sie waren vollkommen sprachlos.

Als mein Mann ein paar Stunden später von der Sonntagsschule nach Hause kam, wunderte er sich, warum die vielen Autos vor der Tür standen. Ich begrüßte ihn an der Tür. »Bob, wir haben Besuch. Jemand, auf den wir seit 28 Jahren gewartet haben. Es ist unser Sohn!« Als Bob ins Haus kam, stand Robert auf und schüttelte ihm die Hand. Bob aber zog ihn an sich, umarmte ihn und weinte. *Linda Vlcek*

4

Über den Glauben

Ein Leben im Glauben…
lässt uns Gott in allem erkennen
und hält den Geist stets bereit für das,
was auch immer in Seinem Willen liegen mag.

FRANÇOIS FENELON

Das, was ich gesehen habe,
weckt in mir die Bereitschaft,
dem Schöpfer zu glauben,
was ich nicht gesehen habe.

RALPH WALDO EMERSON

Ich glaube, dieses T-Shirt brauchst du hier oben nicht.

Hoffe auf ein Wunder!

Denn für Gott ist nichts unmöglich.

Lᴋ 1, 37

Wo immer ich hingehe, ich habe stets einen kleinen, grauen Stein dabei. Am Tag ist er in meiner Geldbörse, des Nachts unter meinem Kissen. Und darauf sind vier einfache Worte aufgemalt: *Hoffe auf ein Wunder!* Ich habe auf eines gehofft, und entgegen aller Logik ist es eingetroffen.

Als ich vor einem Jahr zum ersten Mal Blähungen und Schmerzen im Unterbauch spürte, tat ich das als Nebenwirkung der Östrogene ab, die ich gegen meine Wechseljahrsbeschwerden einnahm. Aber eines Tages auf dem Heimweg wurden die Schmerzen plötzlich so unerträglich, dass ich beinahe mit dem Auto einen Unfall gebaut hätte.

Das kann nicht normal sein!, dachte ich in Panik. Ich bin von Beruf Krankenschwester, und so stürzte ich mich, kaum dass ich die Haustür hinter mir zugezogen hatte, auf meine Bücher. Fast wie durch höhere Führung griff ich nach einem der Bände im Regal. Und auf der ersten Seite, die ich aufschlug, ging es um das Thema Eierstockkrebs. Beim Lesen der Symptome lief es mir eiskalt über den Rücken – Blähungen, Schmerzen, häufiger Harndruck… Ich hatte sie alle.

»Wir müssen eine Reihe von Tests durchführen«, erklärte mir der Arzt, nachdem er mich untersucht hatte. »Aber es besteht in der Tat Verdacht auf Eierstockkrebs.«

Beim Nachhausefahren konnte ich vor Angst kaum atmen. Und als ich zur Tür hereinkam, reichte meinem Mann

Rich ein einziger Blick. Er nahm mich fest in den Arm. »Wir müssen einfach nur beten«, meinte er.

Aber die Ergebnisse der Untersuchungen waren niederschmetternd: Ich hatte eine große Geschwulst, und die Tumormarker im Blut lagen bei 462. Normal ist ein Wert von 30. *Ich werde sterben!*, weinte ich.

Als ich an jenem Abend meinen beiden heranwachsenden Töchtern eröffnete, dass ich Krebs hatte, zwang ich mich, ruhig zu bleiben. Als ich aber die Furcht in ihren Augen sah, brach mir beinahe das Herz. Ich durfte sie nicht zusätzlich mit meinen eigenen Ängsten belasten! Und so setzte ich mich unter dem Vorwand, noch ein paar Einkäufe erledigen zu müssen, in mein Auto. Während ich durch die Straßen fuhr, liefen mir die Tränen übers Gesicht.

Vor meinem geistigen Auge defilierten die Gesichter all der Menschen, die ich liebte: Rich, die beiden Mädchen, die anderen fünf Kinder, die wir aus früheren Ehen hatten, unsere Eltern, unsere Freunde …

Oh, Gott, bitte lass mich am Leben, betete ich. *Es gibt noch so vieles, wofür es sich zu leben lohnt.*

»Ziehen Sie das nicht alles alleine durch«, riet mir mein Priester, als ich weinend vor ihm saß. »Lassen Sie sich von anderen helfen.« Und am nächsten Tag waren auf einmal all die Menschen da, deren Gesichter ich mir am Abend zuvor vorgestellt hatte.

Ihre Liebe begleitete mich bei der Operation, bei der der Tumor zusammen mit den Eileitern und Eierstöcken entfernt wurde. Aber damit war die Gefahr längst noch nicht gebannt. »Die Chancen, dass Sie es schaffen können, stehen immer noch nicht besser als 15 Prozent«, klärte mich einer der Ärzte auf. »Ihre einzige Hoffnung ist die Chemotherapie.«

Halb verrückt vor Angst fing ich an, mit Gott zu handeln: Wenn du mich wieder gesund machst, dann werde ich eine

Vor Christus   von Johnny Hart

Abdruck mit Genehmigung von Johnny Hart & Creators Syndicate, Inc.

bessere Ehefrau, eine bessere Mutter, ein besserer Mensch werden. Bitte gib mir noch eine zweite Chance!

Ich bekam sechsmal Chemotherapie, einmal alle drei Wochen. Manchmal dachte ich, ich würde das Ganze nicht durchstehen. Ich war von den Medikamenten so geschwächt, und mir war so fürchterlich übel. Aber immer wenn ich völlig am Ende war, tauchte irgendeine gute Seele auf, um Abendessen vorbeizubringen oder die Kinder zu einem Ausflug einzuladen. Unsere Freunde stellten sogar eine Spendenaktion auf die Beine, damit wir die Arzt- und Medikamentenrechnungen bezahlen konnten!

Angesichts all der Zuwendung hatte ich das Gefühl, es den anderen – und mir selbst – schuldig zu sein, nicht den Lebensmut zu verlieren. So las ich alle Bücher über Heilung, die mir in die Hände fielen. Und ich hörte mir Kassetten mit Visualisierungsübungen zur Unterstützung des Genesungsprozesses an. *Ich werde nicht aufgeben*, dachte ich.

Rich stand mir bei, wann immer die Angst mich übermannte. Er betete mit mir und hielt mich im Arm. Auch meine Töchter blieben optimistisch. Lindsay, 14, und Sarah, 16, weigerten sich zu glauben, dass ich sterben müsse. »Du wirst schon wieder gesund«, sagten sie immer wieder.

Aber nach meiner letzten Behandlung erlebte ich einen grauenhaften Moment der Wahrheit. Die Ärzte planten, 100 Biopsien durchzuführen – an all den Stellen, an die der Krebs gestreut haben könnte.

»Um ganz ehrlich zu sein: Wir erwarten nicht, dass wir gar keinen Krebs mehr finden«, gestanden sie mir. Sollte die Chemotherapie aber nicht alle entarteten Zellen zerstört haben, waren meine Überlebenschancen denkbar gering.

Ich spürte, wie das blanke Grauen jede Faser meines Seins erfasste. *Ich darf jetzt die Hoffnung nicht aufgeben*, dachte ich trotzig. Bevor ich zum Krankenhaus aufbrach, machte ich

darum die Schublade auf, in der ich den Glücksbringer aufbewahrt hatte, den mir eine Freundin geschenkt hatte: einen
kleinen, handbemalten Stein. *Hoffe auf ein Wunder!*, stand darauf. Ich steckte ihn in meine Geldbörse.

Dort war er auch am nächsten Tag, als ich nach dem Eingriff die Augen wieder aufschlug. An meinem Krankenbett
stand eine hübsche, dunkelhaarige Frau im weißen Kittel.

Sie muss Krankenschwester sein, dachte ich. Aber sie hatte
weder Medikamente in der Hand noch einen Blutdruck-
messer zum Anhängen an den Infusionsständer dabei. Sie
sah mich nur lächelnd an und fragte: »Sind Sie die Frau, die
auf ein Wunder wartet?«

Verwirrt murmelte ich: »Ja.« *Aber woher wusste sie das?* Doch
ich hatte die Frage noch nicht laut ausgesprochen, da war sie
schon wieder verschwunden.

Am nächsten Morgen erschien die weiß gekleidete Frau
wieder an meinem Bett. Sie trug eine Karte in der Hand, und
darauf stand: *Wunder geschehen jeden Tag.* »Ist es nicht das,
worauf Sie warten?«, fragte sie mit sanfter Stimme.

Mir standen die Tränen in den Augen, aber noch bevor
ich etwas sagen konnte, war sie wieder weg. Wie ich so das
Kärtchen betrachtete, das sie mir gegeben hatte, fühlte ich
ein merkwürdiges Kribbeln im Körper...

»Wach auf, Dawn.« Es war Richs Stimme, die mich aus der
Narkose zurückholte. Mühsam schlug ich die Augen auf.
»Die Ergebnisse der Biopsien sind da. Sie waren negativ. Al-
lesamt, ausnahmslos!«

Ich weiß nicht, ob die Frau eine Krankenschwester war –
oder ein Engel. Aber das spielt auch gar keine Rolle. Sie ist
zu mir gekommen, um mir zu sagen, dass Hoffnung niemals
sinnlos, Beten niemals umsonst ist.

Ich bin jetzt 49 Jahre alt und habe keinen Krebs mehr. Und
jedes Mal, wenn ich meine Töchter in den Arm nehme, einen

Moment der Nähe mit Rich erlebe oder auch einfach nur zuschaue, wie der Wind das Herbstlaub über den Bürgersteig treibt, dann denke ich daran, dass jeder Tag ein Geschenk ist – eine neue Chance, um auf ein Wunder zu hoffen.

Dawn Stobbe
Nacherzählt von Meg Lundstrom
Erschienen in der Zeitschrift »Woman's World«

Absolute Freiheit

Als einer, der selbst schon einmal im Gefängnis saß und danach einen Großteil seines Lebens in einem gearbeitet hat, werde ich nie die allerungewöhnlichste Strafanstalt vergessen, die ich je gesehen habe.

Sie heißt Humaita und befindet sich in São Jose dos Campos in Brasilien. Ehemals Staatsgefängnis, wird die Anstalt heute von der brasilianischen Gefängnisbruderschaft als alternative Besserungseinrichtung ohne bewaffnete Wärter oder Hightech-Sicherheitsanlagen geführt.

In Humaita sind nur zwei Ganztagskräfte beschäftigt; alle übrige Arbeit wird von den 730 Insassen erledigt, die wegen aller möglichen Verbrechen, angefangen von Mord und Überfall bis hin zu Raub und Drogendelikten, verurteilt worden sind. Jeder wird einem anderen Insassen zugeteilt, dem gegenüber er sich zu verantworten hat. Darüber hinaus bekommt jeder Gefangene einen externen ehrenamtlichen Mentor zugewiesen, der ihn während seines Aufenthalts und nach seiner Entlassung begleitet. Die Gefangenen erhalten Unterricht in Persönlichkeitsentwicklung und werden zur Teilnahme an diversen Weiterbildungs- und religionspädagogischen Maßnahmen angehalten.

Bei meinem Besuch in der Einrichtung fiel mir auf, wie

gut gelaunt die Insassen waren – vor allem der wegen Mordes verurteilte Mann, der die Schlüssel hatte und mir das Tor aufmachte. Auf Schritt und Tritt begegneten mir friedvolle Menschen. Die Wohnbereiche waren sauber. Es wurde fleißig gearbeitet. An den Wänden hingen Sinnsprüche und Bibelzitate.

Humaita verweist auf eine erstaunliche Erfolgsbilanz. Die Rückfallrate liegt bei vier Prozent, verglichen mit 75 Prozent im übrigen Brasilien. Wie ist das möglich?

Die Antwort auf diese Frage erhielt ich, als mich mein Führer – auch er Insasse des Gefängnisses – zu jener berüchtigten Zelle führte, die früher zur Einzelhaft gedient hatte. Heute, so erklärte er mir, ist darin immer nur einer untergebracht. Als wir zum Ende des langen Betonflurs gelangten und er den Schlüssel ins Schloss schob, hielt er einen Moment inne: »Sind Sie sicher, dass Sie da hineinwollen?«

»Natürlich«, gab ich ungeduldig zurück. »Ich habe schon Einzelhaftzellen in der ganzen Welt gesehen!« Langsam öffnete er die schwere Tür, und ich sah, welcher Gefangene in der Zelle war: ein Kruzifix, wunderschön geschnitzt – Jesus am Kreuz.

»Er sitzt hier für uns alle seine Zeit ab«, fügte mein Führer mit leiser Stimme hinzu.   *Charles W. Colson*

Erzählen Sie meine Geschichte

Wir wollen lieben, weil er uns zuerst geliebt hat.

1 Joh 4, 19

Es ist etwa 14 Jahre her, dass ich dastand und zusah, wie die Studenten zur ersten Stunde meiner Vorlesung »Die Theologie des Glaubens« in den Hörsaal strömten. An jenem Tag

Das ging aber schnell!

sah ich Tommy zum ersten Mal. Er kämmte gerade sein langes, blondes Haar, das ihm in einer wallenden Mähne bis weit über die Schultern hing. Ich weiß schon – worauf es ankommt, ist nicht, was man auf dem Kopf, sondern was man im Kopf hat. Aber damals war ich auf einen wie ihn nicht vorbereitet, und ich hakte ihn in der Rubrik sonderbar, höchst sonderbar, ab.

In meinem Kurs profilierte sich Tommy bald als der Atheist vom Dienst. Die Vorstellung von einem bedingungslos liebenden Gott lehnte er rundheraus ab. Es gelang uns zwar, das Semester einigermaßen friedlich zu überstehen, aber manchmal ging er mir schon ziemlich auf die Nerven. Als er am Ende der Vorlesungsreihe seine Klausur abgab, fragte er mit leicht zynischem Unterton: »Meinen Sie, dass auch ich irgendwann zu Gott finden werde?«

Ich beschloss, es mit Schocktherapie zu versuchen: »Nein!« Resolut schüttelte ich den Kopf.

»Ach«, gab er zurück. »Und ich dachte, das wäre es, was Sie uns hier verkaufen wollten.«

Ich wartete, bis er fast an der Tür war. Dann rief ich ihm nach. »Tommy, ich glaube nicht, dass Sie jemals zu ihm finden werden. Aber er wird ganz bestimmt zu Ihnen finden!« Er zuckte nur mit den Achseln und verschwand dann auf den Gang. Ich war enttäuscht, dass mein kluger Satz bei ihm auf keine rechte Resonanz gestoßen war.

Als ich später hörte, dass er seinen Abschluss geschafft hatte, freute ich mich für ihn. Dann aber erreichte mich eine traurige Nachricht: Tommy war unheilbar an Krebs erkrankt. Noch bevor ich Gelegenheit hatte, seine Adresse ausfindig zu machen, stand er bei mir vor der Tür. Das erste, was mir an ihm auffiel, als er mein Büro betrat, war, wie ausgezehrt er war. Sein langes Haar hatte er durch die Chemotherapie verloren. Aber seine Augen leuchteten und seine

Stimme war fester denn je. »Tommy, ich habe so oft an Sie gedacht. Ich habe von Ihrer Krankheit gehört«, sprudelte ich los.

»Oh ja, ich bin sehr krank. Ich habe Krebs. Es bleiben mir nur noch ein paar Wochen.«

»Können Sie darüber reden?«

»Ja, was wollen Sie wissen?«

»Wie fühlt man sich, wenn man 24 ist und weiß, dass man nicht mehr lang zu leben hat?«

»Ach, es gibt Schlimmeres!«

»Was zum Beispiel?«

»Na, wenn man 50 ist und keine Werte oder Ideale hat. Wenn man 50 ist und meint, dass Alkohol, Sex oder Geld das Wichtigste im Leben wäre.

Aber warum ich eigentlich zu Ihnen komme, ist etwas ganz anderes. Sie haben da so einen Satz gesagt, bei der Prüfung am letzten Tag. Ich hatte Sie gefragt, ob Sie glauben, dass auch ich irgendwann zu Gott finden würde. Und Sie sagten, nein. Das hat mich überrascht. Dann aber fügten Sie hinzu, dass er zu mir finden würde. Dieser Satz ging mir nicht mehr aus dem Kopf, auch wenn ich damals nicht gerade intensiv auf der Suche nach ihm war. Aber als die Ärzte mir den Knoten aus der Leiste holten und mir sagten, dass er bösartig sei, da wurde es mir mit einem Schlag ernst damit, ihn finden zu wollen. Als die Tumorzellen meine Vitalfunktionen anzugreifen begannen, da hämmerte ich mit den Fäusten gegen die Himmelspforte. Aber nichts passierte. Eines Tages dann wachte ich auf und beschloss, nicht länger einem Gott hinterherzulaufen, von dem ich noch nicht einmal wusste, ob er wirklich existierte. Ich wollte mir keine Gedanken mehr über Gott, das Leben nach dem Tod oder überhaupt irgendetwas machen.

Die kurze Zeit, die mir noch blieb, wollte ich sinnvoller nutzen. In dem Augenblick fiel mir etwas ein, das Sie in einer Ihrer Vorlesungen gesagt haben: ›Das Allertraurigste ist, ohne Liebe durchs Leben zu gehen.‹ Aber ebenso traurig wäre es, diese Welt zu verlassen ohne den Menschen, die dir nahe stehen, gesagt zu haben, wie sehr du sie liebst. Den Schwierigsten nahm ich mir zuerst vor: meinen Vater.

Er las gerade Zeitung, als ich zu ihm kam. ›Dad, ich möchte mit dir reden.‹ ›Schieß los‹, gab er zurück. ›Ich meine, es geht um etwas wirklich Wichtiges.‹ Er ließ die Zeitung eine Handbreit sinken. ›Was ist?‹, fragte er. ›Dad, ich liebe dich. Ich will, dass du das weißt.‹«

Tom strahlte mich an. Man sah ihm an, wie zufrieden er war. Es war, als wäre er von einer warmen, insgeheimen Freude erfüllt.

»Mein Vater ließ die Zeitung fallen. Und dann tat er zwei Dinge, die er in meinem Beisein noch nie getan hatte: Er weinte, und er umarmte mich. Und wir saßen bis spät in der Nacht zusammen und redeten, obwohl er am nächsten Morgen zur Arbeit musste.

Bei meiner Mutter und meinem kleinen Bruder fiel es mir leichter. Auch sie weinten mit mir, und wir umarmten uns und erzählten uns Dinge, die wir über all die Jahre hinweg immer für uns behalten hatten. Ich bedauerte nur, dass ich so lange damit gewartet hatte. Der Tod musste erst seinen Schatten auf mich werfen, damit ich mich all den Menschen öffnen konnte, die mir doch eigentlich immer nahe gestanden hatten.

Eines Tages dann schaute ich mich um und merkte, dass Gott da war. Er war nicht gekommen, als ich nach ihm gerufen hatte. Wenn er etwas tut, macht er es offenbar, wann und wie er es will. Aber das Wichtigste ist: Sie haben damals Recht gehabt. Er hat zu mir gefunden, nachdem ich längst aufgehört hatte, ihn zu suchen.«

»Tommy«, brachte ich hervor. »Sie sagen da etwas, das sehr viel universellere Bedeutung hat, als Ihnen womöglich bewusst ist. Sie behaupten, dass die sicherste Art, zu Gott zu finden, nicht darin liegt, Ihn sich zum Privateigentum zu machen oder in Zeiten der Not schnellen Trost bei ihm zu suchen, sondern sich stattdessen der Liebe zu öffnen.

Darf ich Sie um einen Gefallen bitten, Tom? Würden Sie bitte mit mir in meine Vorlesung ›Theologie des Glaubens‹ kommen und den Studenten erzählen, was Sie mir gerade gesagt haben?«

Wir machten zwar einen Termin aus, aber Tom konnte ihn nicht mehr wahrnehmen. Natürlich endete sein Leben nicht wirklich mit seinem Tod. Es änderte sich nur. Er machte den großen Schritt vom Glauben zum Schauen der Wahrheit. Er fand ein Leben, das sehr viel schöner ist als alles, was je ein menschliches Auge gesehen oder ein menschlicher Geist ersonnen hat.

Bevor Tom starb, sahen wir uns noch ein letztes Mal. »Ich werde nicht mehr mit Ihnen in den Kurs gehen können«, meinte er.

»Ich weiß, Tom.«

»Würden Sie ihnen meine Geschichte erzählen? Würden Sie … der ganzen Welt meine Geschichte erzählen?«

»Ja, Tom. Ich werde sie weitererzählen.«   *John Powell*

Danke, Miss Evridge

Vielleicht haben Sie sie schon einmal gesehen. Sie könnte Mitglied Ihrer Gemeinde sein, Solistin in Ihrem Chor. Möglicherweise ist sie auch in der Missionsarbeit tätig. Zehn Jahre lang hatte sie großen Einfluss auf mein Leben. Dann ist sie verschwunden.

Wenn Sie sie kennen sollten, dann grüßen Sie sie von mir. Bestellen Sie ihr ein Dankeschön von mir. Danke! Für jemanden, der mich charakterlich so stark geprägt und so viel zu meiner zukünftigen Entwicklung beigetragen hat, wirkt das Wort irgendwie unzulänglich. Dabei liegt mir so viel daran, mich auf irgendeine Weise bei ihr erkenntlich zu zeigen.

Ich würde ihr gern schreiben oder sie anrufen und mich persönlich bei ihr bedanken, wenn es nur möglich wäre. Vor ein paar Jahren hat sie mir ihre Hochzeitsanzeige geschickt, aber ich habe sie verloren – und damit gleichzeitig jede Kontaktmöglichkeit eingebüßt. Ich weiß, dass sie einen neuen Namen angenommen hat, aber für mich wird sie immer »Miss Evridge« bleiben.

Der Wechsel auf die Junior Highschool war für mich ein echtes Horrorerlebnis. Was hatte ich nicht alles für Schreckensgeschichten gehört: Neuntklässlern, die den armen Siebtklässlern in dunklen Winkeln auflauerten und sie zwangen, die Hosen herunterzulassen; ein stellvertretender Direktor, der immer einen anderthalb Meter langen Stock bei sich hatte; Lehrer, die es auf Jungen wie mich abgesehen hatten. Was man sich erzählte, erwies sich in so gut wie jeder Hinsicht als zutreffend. Nur was Miss Evridge betrifft, lagen sie daneben.

Sie hatte ein Herz. Keiner der anderen Lehrer hat mich je auch nur bemerkt. Sie schon. Ich war klein, dick und schüchtern. In jenen Tagen gehörte ich zu den wenigen Kindern, die ohne Vater aufwuchsen. Wir waren arm, und diese Armut hatte sich mir in die Seele gebrannt. Ich fühlte mich wertlos.

Anfangs hatte ich Angst vor Miss Evridge.

Dazu hatte ich guten Grund. Sie war groß. Wenn sie ihr Haar hochsteckte, war sie noch einmal mindestens 15 Zentimeter größer. Sie wirkte wie eine Riesin auf mich.

Und sie war streng. Im Klassenzimmer zu reden war verboten, und wer diese Regel brach, den bedachte sie mit einem eisigen Blick. Pünktlichkeit war bei ihr oberstes Gebot.

»Wenn eure vier Buchstaben nicht mit dem ersten Klingelton – ich wiederhole: dem ersten Klingelton! (und hier machte sie eine bedeutungsvolle Pause) – akkurat auf der fein gemaserten Sitzfläche eures Stuhles platziert sind, dann seid ihr zu spät.«

Mann! Wir wussten noch nicht mal, was »platziert« hieß. Aber es war uns absolut klar, dass wir vor dem Klingeln auf unserem Platz zu sitzen hatten, wenn wir nicht den Stock des stellvertretenden Direktors zu spüren bekommen wollten.

In der zweiten Schulwoche rannte ich in die Klasse. Gerade hatte die Nachzüglerglocke angefangen zu klingeln. Ich konnte nichts dafür. Ein paar große Jungen hatten mir den Weg verstellt und mich daran gehindert, mein Buch aus dem Spind zu holen. Aber Miss Evridge schickte mich trotzdem los, um mir einen Eintrag zu holen. Von diesem Zeitpunkt an war ich überzeugt, dass sie das Monster war, für das sie alle hielten.

Noch ein Grund, warum ich Angst vor Miss Evridge hatte, war ihre Sprache. Kein anderer Lehrer hatte uns je Bengel genannt. »Ich werde euch Bengel mit den Ohren am Ventilator anbinden und ihn so lange auf die höchste Stufe stellen, bis alles Blut in den Füßen ist und euch die Zehen platzen!« Das hörte sich an wie die Rede eines Folterknechts, doch bald begriff ich, dass sie eine begnadete Schauspielerin war.

In dem Augenblick, in dem ich das erkannte, verwandelte sich meine Angst in Faszination. Auf einmal machte mir der Unterricht bei ihr Spaß. Für jede Theorie hatte sie das passende Spiel parat, jedes Schaubild wurde praktisch erfahrbar gemacht. Kein anderer Lehrer hatte einen Kreisel dabei, um damit Fragen und Preise auszulosen. In keiner anderen Klasse durfte beim Lernen gelacht werden. Sie führte uns siegreich durch den Kampf mit den Verben; unter ihrem Zepter gewannen wir die Schlacht über die Konjunktionen; sie half uns, todesmutig den gefürchteten Präpositionen ins Auge zu sehen.

Und noch etwas war anders an Miss Evridge. Sie war christliche Lehrerin an einer öffentlichen Schule, und sie hatte keine Angst, uns dies zu zeigen.

Eines Tages sah sie einer der Schüler herausfordernd an und fragte: »Was halten Sie von den Juden?«

»Ich mag die Juden«, erwiderte sie ruhig. »Mein Erlöser war Jude.«

Ich war ein Jahr zuvor selbst zu Jesus bekehrt worden, und so wollte ich sie unbedingt wissen lassen, dass auch ich Christ war. So blieb ich an ihrem Pult stehen und flüsterte: »Jesus ist auch mein Erlöser.«

»Ich weiß«, gab sie ungerührt zurück.

»Woher wissen Sie das?«

»Ich weiß es einfach«, lächelte sie.

Vielleicht war es unser gemeinsamer Glaube, der uns zusammenschweißte. Miss Evridge liebte all ihre Schüler, aber ich spürte, dass ihr an mir ganz besonders gelegen war. Keiner sonst hatte sich je für diesen unbeholfenen Jungen interessiert, der vor lauter Schüchternheit kaum den Mund aufbekam. Keiner außer Miss Evridge.

»Joe, es gibt da so einen Sprachwettbewerb, zu dem du dich anmelden solltest«, sagte sie eines Tages zu mir. Warum um alles in der Welt sollte ausgerechnet ich an einem Redewettbewerb teilnehmen? Ich war doch viel zu schüchtern. Doch sie überredete mich und übte mit mir. Sie drängte mich, über mich selbst hinauszuwachsen. Ich wurde Erster.

Im Jahr darauf gewann ich ein zweites Mal. Im dritten Jahr musste ich mich Leon, meinem besten Freund, geschlagen geben. Miss Evridge tröstete mich. Aber sie schärfte mir auch ein, nicht größenwahnsinnig zu werden.

»Hochmut kommt vor dem Fall«, belehrte sie mich. »Schon Luzifer wurde darum des Paradieses verwiesen. Es kann sein, Joe, dass der Herr für deine Redegabe eines Tages Verwendung hat. Vielleicht hat er dich zum Prediger ausersehen. Aber wenn du hochmütig bist, kann er dich nicht gebrauchen.«

»Nein, danke«, gab ich zurück. »Ich will kein Prediger sein. Ich will Wissenschaftler werden.«

»Und was für ein Wissenschaftler?«

»Das weiß ich noch nicht so genau. Aber mein Entschluss steht fest. Ich werde einmal Wissenschaftler.«

Sie lächelte. Ich hasste es, wenn sie das tat, denn dann kam es mir so vor, als wüsste sie etwas, von dem ich keine Ahnung hatte. Sie förderte mich in meinen wissenschaftlichen Ambitionen. Doch gleichzeitig erinnerte sie mich immer wieder daran, dass Gott auch anderes mit mir vorhaben könnte.

Und der Herr hatte in der Tat andere Pläne. Seit 17 Jahren bin ich Pastor. Außerdem bin ich Leiter des Priesterseminars an einem Bibel-College und bereite junge Männer auf ihr Amt als Prediger vor. Ich wünschte, dass ich ihr das sagen könnte.

Ich habe viele gute Gründe, um sie zu vermissen. Ihr verdanke ich es, dass ich meine drei Jahre an der Daggett Junior Highschool als absolut positiv erlebt habe. Als ich meinen Abschluss machte, verließ auch sie die Schule und ging in eine andere Stadt, um dort ihren Doktor zu machen. Ich dachte, ich würde sie nie wiedersehen.

Wie überrascht war ich, als sie eines Morgens in den Lebensmittelladen hereinspazierte, in dem ich damals arbeitete, und meinen Chef überredete, mir freizugeben, damit ich mit ihr zu Mittag essen konnte. Wahrscheinlich erklärte sie ihm, dass sie ihn ins Jenseits befördern würde, so er nein sagen sollte. Ich kann mich nicht mehr daran erinnern, was wir aßen, aber die spirituelle Nahrung, die sie mir auftischte, war Balsam für meine Seele.

Sie konnte nicht zu meiner College-Abschlussfeier kommen, weil sie mit ihren eigenen Studien zu sehr beschäftigt war, aber sie schrieb mir eine Glückwunschkarte. Am Tag bevor ich zum Bibel-College abreiste, kam sie noch einmal zu mir. Auch diesmal gingen wir essen; und sie erinnerte mich daran, dass Gott mich nur dann wirklich gebrauchen könnte, wenn ich ein »reines Gefäß« sei. Drei Jahre später kam sie zu meiner Hochzeit.

Dann verloren wir uns aus den Augen. Sie heiratete. Ihre neue Adresse stand auf der Einladung, aber die ging verloren. Wie ich das bedauert habe! Aber etwas habe ich immer noch von ihr – ein zerfleddertes, vergilbtes Blatt Papier mit einem Text darauf. Sie schrieb ihn als Aufmunterung für mich, nachdem ich in der neunten Klasse bei einem Wettbewerb verloren hatte:

Wenn du einen Preis nicht gewinnst, obwohl du weißt, dass er eigentlich dir gehört,
  Dann sei nicht enttäuscht. Gott weiß, dass du »gut« bist.
  Nicht immer ist es der Beste, der hier auf Erden siegt,
  Denn Preise werden von Menschen vergeben, die verstehen vieles nicht.
  Wenn du also versagst oder meinst, etwas Großes verloren zu haben,
  Dann denk daran: Unser Erlöser war makellos, und sein Preis war ein Kreuz.

Und vergiss nicht, mein Freund, auf deinem Weg durch ein
Leben voller Mühen und Sünden,
Solange du Christus erfreust, bist du der, der gewinnt.

Wie gerne würde ich sie wiedersehen, bevor wir uns beide im Himmel begegnen. Ich möchte sie wissen lassen, dass ihre Jahre als Lehrerin an der Junior Highschool nicht vergeudet sind. Sie hat mich berührt und mich geprägt, sodass ich heute ein besserer Diener Gottes bin. Und so sage ich von ganzem Herzen: »Danke, Miss Evridge, wo auch immer Sie sein mögen.«   *Joseph E. Falkner*

Erinnerungen eines Soldaten

So seid auch ihr jetzt bekümmert, aber ich werde euch wiedersehen;
dann wird euer Herz sich freuen, und niemand nimmt euch eure Freude.

JOH 16, 22

Ich denke heute nicht mehr oft an den Zweiten Weltkrieg zurück, obwohl sich dessen Ende in diesem Jahr zum 50. Mal jährt. Dennoch ist es mir ein Trost zu wissen, dass ich einen winzig kleinen Anteil an seinem Ausgang habe.

Manchmal werden die Ereignisse der Vergangenheit von den nachfolgenden Generationen entweder als unbedeutend erachtet und der Vergessenheit anheim gegeben oder aber sie werden in ihrer Wichtigkeit über Gebühr aufgebläht und nostalgisch so sehr verbrämt, dass ihnen jeder Wirklichkeitsbezug abhanden kommt. Und doch höre ich gelegentlich noch immer ganz deutlich jenen Schrei, der mir damals aus den Wäldern hoch über einem Ort an der Ruhr entgegenhallte ...

Unsere Einheit war den ganzen Tag über marschiert und wir freuten uns auf die Rast, als uns der Befehl erreichte: Binnen kurzem sollten wir an unserem ersten groß angelegten Nachtangriff teilnehmen. Wir erhielten Anweisung, in den Wäldern über der Ortschaft zu warten, bis unsere Artillerie und Luftunterstützung das Zielgelände unter schweren Beschuss genommen hatte. Anschließend sollten wir angreifen und die Stadt einnehmen.

Gegen Abend gingen wir in Stellung. Zuerst ignorierten wir weitgehend die Granaten, die über unsere Köpfe hinwegzischten. Doch dann kamen die Einschüsse so dicht an den Fichtenhain heran, in dem wir uns verborgen hielten, dass nur noch Sekundenbruchteile zwischen dem pfeifenden Geräusch und der Explosion vergingen.

Dann war auf einmal gar kein Abstand mehr dazwischen, und wir befanden uns unter der wohl allerschrecklichsten Art von Beschuss durch eigene Kräfte, die man sich denken kann: Aus riesigen Granaten barsten Salven von scharfkantigen Stahlsplittern hervor. Jetzt stand oder saß keiner von uns mehr herum. Es war allerhöchste Zeit, sich ein Loch zu graben und in Deckung zu gehen! Ich kniete neben einer Fichte und arbeitete mich fieberhaft mit bloßen Händen in den Boden hinein, sodass die Nadeln flogen. Die Explosionen über uns folgten so dicht auf dicht, dass der ohrenbetäubende Lärm zu einem nicht enden wollenden tödlichen Donner verschmolzen war. Und ich betete: *Oh Gott, bitte lass sie aufhören. Bitte, Gott …*

Auf einmal kehrte schreckliche Stille ein. Der Beschuss war vorüber, doch keiner sprach ein Wort. Die, die noch lebten, erhoben sich wie Geister aus dem Grab. Dann plötzlich waren sie von überall zu hören, die Schreie: *Sanitäter, hierher! Schnell! Hilfe! Sanitäter!*

In diesem Augenblick drang durch die Hilferufe jener Schrei an mein Ohr, den ich über all die Jahre nicht vergessen habe. Es war die Stimme des Soldaten Marks, einem Schützen des dritten Zugs. Wie viele andere Kameraden aus der 86. hatte auch Walter Marks einen Platz auf dem College in der Tasche, als der Krieg dazwischenkam. Er ist mir als einer in Erinnerung geblieben, der immer ein Lachen auf den Lippen hatte. In seinem Blick lag etwas Schelmenhaftes, wie bei einem Jungen, der gerade einen Streich im Sinn hat.

Seine Stimme war so laut und deutlich, dass sie all das Getümmel und die Hilfeschreie übertönte.

Er rief nur ein Wort. Er rief es nur ein Mal: »Mutter!«

Merkwürdig, dachte ich. Der Stimme fehlte der unverkennbare Klang des Schmerzes; in ihr lag weder Verzweiflung noch Furcht. Es klang mehr wie ein Gruß.

Als wir schließlich ins Tal marschierten, um die Stadt einzunehmen, hatte ich Gelegenheit, mit dem Sanitäter unserer Kompanie zu sprechen.

»Hast du Marks da oben gesehen?«

»Ja.«

»Verwundet?«

»Nein. Gefallen.«

»Aber ich habe ihn rufen hören.«

»Ich auch. Aber ich verstehe nicht, wie das sein kann.«

Und wir taten weiter unsere Pflicht.

Hätte ich Marks besser gekannt, so ging es mir durch den Kopf, *dann würde ich nach seiner Mutter suchen, wenn das Ganze hier vorbei ist. Ich würde ihr sagen, dass ihr Sohn sie im Herzen trug, als er starb.* Aber ich wusste damals noch nicht einmal seinen Vornamen. Und wie es so oft geschah, war auch ich nach dem Krieg außerstande, mich bewusst mit dem Tod zu befassen – was ich erlebt hatte, das strich ich aus meinem Gedächtnis, und nur in meinen schlimmsten Albträumen holte es mich wieder ein.

Vor kurzem ging ich zu einem Treffen unserer alten Kameraden von der Kompanie K, um mit ihnen zusammen das goldene Jubiläum unseres Überlebens zu feiern. Einer von ihnen war eng mit Marks befreundet gewesen. Ich fragte ihn, ob er etwas über die letzten Augenblicke im Leben des Gefallenen wisse und ob auch er den Schrei gehört habe. Er hatte ihn gehört.

»Er muss seine Mutter vor Augen gehabt und darum nach ihr gerufen haben«, meinte ich.

»Weißt du, ich habe oft darüber gerätselt«, gab Marks' Freund zurück. »Walter hat seine Mutter nämlich nie gekannt. Er hat sie nie gesehen.«

»Wie kann das sein?«

»Nun, sie ist im Kindbett gestorben, als sie ihn zur Welt brachte.«   *Austin Goodrich*

Der Baptistenprediger

Das Herz weiß Gründe, die der Verstand nicht nachvollziehen kann.
BLAISE PASCAL

Ich habe einen Cousin, der Baptistenprediger ist. Während unserer Kindheit sahen wir uns nur ein paar Mal im Jahr. Heute begegnen wir uns noch seltener.

Vor einigen Jahren, ich hatte wieder einmal seit längerem nichts mehr von ihm gehört, da dachte ich plötzlich dauernd an ihn und seine Familie. Ich konnte sie einfach nicht mehr aus dem Kopf bekommen. Und aus welchem Grund auch immer, ich hatte das Gefühl, ihnen einen Scheck über 100 Dollar schicken zu müssen. Tagelang grübelte ich darüber nach, und mehr als einmal ging ich zur Post und kam doch mit dem Brief wieder zurück. Am Ende aber schickte ich ihn ab. Ich wolle ihm nicht zu nahe treten, teilte ich ihm mit; aber ich hätte das Gefühl, dass es Gottes Wille sei, dies zu tun.

Ein paar Wochen später kam die Antwort. Mein Cousin schrieb, er sei wieder einmal überrascht, auf welch wundersame Weise der Herr in seinem Leben wirke. Durch mich habe er erneut den Beweis erhalten, dass er immer für ihn sorgen werde. Einzig, ich hätte ihm zu viel geschickt: Er habe nur 97,56 Dollar gebraucht.   *Lalia Winsett*

Glauben

Glauben heißt, auf das zu vertrauen,
was wir nicht sehen; und der Lohn des Glaubens ist zu sehen,
worauf wir vertrauen.

Heiliger Augustinus

Die Felder waren von der anhaltenden Trockenheit verdorrt und braun, und das Korn lechzte nach Wasser. Ungeduldig und gereizt war die Stimmung unter den Menschen, die Mal um Mal den Himmel nach Anzeichen für einen bevorstehenden Wetterwechsel absuchten. Aus Tagen wurden endlose, staubige Wochen. Kein Tropfen Regen fiel.

Die Priester der Kirchen im Ort riefen alle Bewohner für den bevorstehenden Samstag zu einem Gebet auf dem Stadtplatz zusammen. Zur Inspiration solle jeder irgendeinen Gegenstand als Symbol für seinen Glauben mitbringen.

Zur vereinbarten Zeit hatte sich tatsächlich ein Großaufgebot von Menschen dort eingefunden. Sie standen da, mit Sorgenfalten auf der Stirn und Hoffnung im Herzen. Und die Priester sahen gerührt mit an, wie sie die mitgebrachten Dinge – Bibeln, Kreuze, Rosenkränze – fest in ihren betenden Händen hielten.

Und siehe da: Kaum war die einstündige Messe beendet, setzte wie von Zauberhand ein sanfter Nieselregen ein. Ein allgemeiner Jubel brach los, und voll Lob und Dankbarkeit hielten die Versammelten ihre Glaubenssymbole in die Höhe. Eines davon hob sich von der Masse ab, mitgebracht hatte es ein neunjähriges Mädchen: Es war ein Regenschirm.

Laverne W. Hall

Das Opfer

Wir haben ihm gegenüber die Zuversicht, dass er uns hört,
wenn wir etwas erbitten, das seinem Willen entspricht.

1 Joh 5, 14

Das Christentum ist eine einzige Farce!, dachte ich wütend, während ich mich über die Krippe beugte, in der mein Baby völlig erschöpft schlief – meine über alles geliebte Tochter Kim, deren Haar im Sonnenlicht golden schimmerte und deren Augen so blau wie der Himmel waren. Tränen strömten mir übers Gesicht. Ich war fest im Griff jener ganz besonderen Panik und Furcht, die eine Mutter ergreift, wenn ihr Kind in Gefahr ist.

Zuerst gab es in mir keinen anderen Gedanken, als sie beschützen zu wollen. Dann überrollte mich ein unbändiger Zorn in immer neuen Wellen. Kim und ich waren in einer Sackgasse gelandet, und es gab keinen Ausweg. Ich fühlte mich so hilflos.

Rastlos ging ich ins Wohnzimmer. Ich griff nach der Rechnung, die mir der Kinderarzt, Dr. Rubinstein, für meinen morgendlichen Besuch mit Kim in die Hand gedrückt hatte. *Tausend Besuche*, dachte ich. *Und wozu das Ganze?*

Ich hatte Dr. Rubinstein diesmal aufgefordert, mir die Wahrheit zu sagen, obwohl ich sie eigentlich nicht hatte hören wollen. »Wird Kim sterben? Ich muss es wissen!«

»Diese Frage kann ich Ihnen nicht beantworten«, gab er zurück. »Wenn sie auf die Behandlung anspricht, hat sie gute Chancen durchzukommen.«

Ich sah Kim an, sah, wie sie ihr süßes Gesicht vor Schmerzen verzerrte. Sie so leiden zu sehen, gab mir einen Stich ins Herz. Mit meinem schreienden Baby im Arm wandte ich mich um und sah dem Arzt direkt ins Gesicht. »Wenn, wenn, wenn! Das sagen Sie mir jetzt schon seit 16 Monaten. Seit ihrer Geburt muss die Kleine alle zwei Wochen diese schmerzhaften Injektionen erdulden. Sie hören doch, wie sie schreit! Doch alles, was Sie mir sagen können, ist ›wenn‹ … Soll das etwa so weitergehen?«

Der Arzt muss gespürt haben, wie sehr ich unter Druck stand, denn er nahm mir meinen Ausbruch nicht übel. Er nahm den Laborbericht zur Hand. »Der Anteil an weißen Blutkörperchen ist niedriger denn je«, erklärte er mir mit sanfter Stimme. »Die Gammaglobulin-Injektionen haben sie so weit stabilisiert, dass sie ihre Krankheitsschübe überlebt hat. Aber ihr Körper produziert einfach nicht genug weiße Blutkörperchen. Ich kann keine Wunder wirken. Entweder die Produktion der weißen Blutkörperchen setzt ein oder sie setzt nicht ein.«

Als mir klar wurde, was der Arzt mir da sagte, war ich vor Angst wie gelähmt. Müde und mutlos meinte ich: »Es geht Kim dauernd so schlecht, und sie hat immer so hohes Fieber. Seit Wochen habe ich keine einzige Nacht mehr durchgeschlafen. Und dann, als es gerade so aussah, als sei sie über den Berg, da hat das Ganze von vorne angefangen. Und jetzt sagen Sie mir, dass noch immer kein Ende in Sicht ist!«

»Sie müssen der Realität ins Auge blicken«, antwortete der Arzt. »Im Leben gibt es keine Garantien. Gott hat Sie in diese Situation gebracht. Finden Sie sich damit ab. Machen Sie das Beste daraus.«

Ich konnte den Zorn in meiner Stimme kaum verbergen.

»Wenn Gott mich in diese Situation gebracht hat, kann er mich auch wieder rausholen. Ich habe fast den Eindruck, dass es ihm Spaß macht, Menschen leiden zu sehen; dass es ihm gefällt, sie klein zu machen und in Abhängigkeit zu halten. Ich habe die Nase voll von so einem Gott!«

Wie betäubt war ich heimgekehrt. Ich hörte, wie sie sich in ihrer Krippe bewegte, und so schlich ich auf Zehenspitzen zu ihr, um nach dem Rechten zu sehen. Sie seufzte im Schlaf, während sie unter Schmerzen die Beinchen bewegte. Es würde noch Tage dauern, bis die Wirkung der Spritzen nachgelassen hätte und es ihr wieder besser ging.

Ich kehrte ins Wohnzimmer zurück und sank auf die Couch, zog die Beine hoch und vergrub mein Gesicht in den Armen. Ich hätte mich am liebsten irgendwo versteckt, mich in Sicherheit gebracht. Wenn ich daran dachte, was die Kleine alles durchmachte, regte sich erneut Wut und Abwehr in meinem Herzen.

Ich sprang auf, ging im Wohnzimmer auf und ab, schüttelte die erhobene Faust frustriert gen Himmel. *Wo bist du, Gott? Warum bist du so kalt und stumm? Oh Herr, warum gibst du mir Stein und nicht Brot, wie es ein liebevoller Vater tun würde? Hast du mich verlassen? Wo sind der Frieden und Trost aus deinen Verheißungen?*

Die Antwort? Stille. Ich hatte das Gefühl, Gott würde mich nicht ernst nehmen.

Schlaff wie eine Stoffpuppe ließ ich mich wieder aufs Sofa fallen. Ich dachte an meine unglückliche Kindheit, meinen kalten, selbstherrlichen Vater und meine launische Mutter. In meinem Elternhaus gab es zu viele Kinder, zu wenig Geld, zu wenig Liebe.

Obwohl ich zeit meines Lebens zur Kirche gegangen war, war Gott immer unerreichbar für mich geblieben. Ich stellte ihn mir als eine Art Polizeichef des Himmels vor, allzeit bereit, Strafen zu verhängen, doch niemals warm und fürsorglich. Recht betrachtet war er für mich das Ebenbild meines Vaters.

Väter. Wann immer ich an Väter dachte, fiel mir mein 13. Geburtstag wieder ein. Wie war ich stolz gewesen, endlich ein »Teenager« zu sein. Viele meiner damaligen Freunde waren zu meiner Party gekommen. Aber das Freudenfest sollte schon bald in ein Schreckensszenario ausarten. Auf einmal nämlich tauchte mein Vater auf. Er war sturzbetrunken. Er hatte es schon immer gehasst, wenn Geld für Dinge ausgegeben wurde, die nicht absolut notwendig waren.

»Du bist dumm und hässlich«, hatte mein Vater mich vor all meinen Freunden angeschnauzt. »Du wirst nie einen finden, der dich liebt!«

Ich war so vor den Kopf gestoßen, dass ich mich von allen Menschen zurückzog. Immer hatte ich das Gefühl, nirgends wirklich dazuzugehören.

Mit meinen Gedanken wieder in der Gegenwart angelangt, sagte ich mir: *Aber all das änderte sich, nachdem ich dich gefunden hatte, Herr. Du hast mich so angenommen, wie ich bin, mitsamt meinen Warzen und allem, was dazugehört. Ich hatte das Gefühl, endlich ein Zuhause zu haben. Und jetzt? Lässt du mich jetzt etwa auch im Stich?*

Ich raffte mich auf, ging in die Küche und fing an, das Frühstücksgeschirr zu spülen. Das heiße Wasser wärmte mir die eiskalten Hände, und schon bald schweiften meine Gedanken wieder ab. Ich erinnerte mich daran, wie Kim damals krank geworden war.

Zu Anfang hatte ich keine Angst, setzte ich mein Zwiegespräch mit Gott fort. *Ich wusste, dass du heilen kannst. Es gibt nichts, was du nicht bewirken könntest. Und so würdest du auch mein krankes Kind wieder gesund machen. Nichts leichter als das, oder? Nichts leichter als das!*

Keine Antwort kam.

Das Geschirr war gespült, und ich trocknete mir die Hände. Völlig verzweifelt kehrte ich ins Wohnzimmer zurück. Und wenn mein stiller Gott mich nun verlassen haben sollte? An wen sollte ich mich dann wenden?

Da fiel mein Blick auf die Bibel, die auf dem Couchtisch lag. Und auf einmal stand in glasklarer Deutlichkeit ein Vers aus Genesis 22 vor mir. Schnell schlug ich die Stelle auf, um sicherzustellen, dass ich mich auch richtig erinnerte. Und in der Tat. Genau wie ich es im Kopf hatte, stand er da geschrieben: »*Gott sprach: Nimm deinen Sohn, deinen einzigen, den du liebst, Isaak, geh in das Land Moria, und bring ihn dort auf einem der Berge, den ich dir nenne, als Brandopfer dar.*«

In diesem Augenblick wusste ich mit absoluter Sicherheit, dass Gott Kim von mir verlangte. Mein Geist war mit einem Mal so hellwach wie nie zuvor, und ich erkannte, dass ich die Liebe zu meinem Kind vor die Liebe zu Gott gestellt hatte. Ich hatte gebetet, dass mein Wille geschehen möge. Mein Wille. Nicht Gottes. Ich hatte mich nicht in seine Hand gegeben. Ein tönernes Gefäß hatte gegen seinen Erschaffer gewütet, anstatt sich ihm demütig zu Füßen zu werfen.

Mir wurde klar, dass ich versucht hatte, Gott zu manipulieren, all die »guten und richtigen Dinge« zu tun, damit er am Ende meine Bitten erhören würde. Nie hatte ich mich mit der Möglichkeit auseinander gesetzt, dass er meine kleine Kim von mir fordern würde.

Oh, Jesus, das wirst du doch nicht von mir verlangen? Nicht das Leben meines Babys. Wo es doch ein Leichtes für dich wäre, sie wieder gesund zu machen. Ein einziger Fingerzeig würde genügen. Oh, Gott und Herr, bloß das nicht!

Noch während ich diese Worte sprach, kannte ich bereits die Antwort. Was von mir verlangt wurde, war die völlige Hingabe an Gottes höheren Willen. Und so errichtete ich in meinem blutenden Herzen einen Altar, und darauf legte ich mein einziges, über alles geliebtes Kind und brachte es ebenso aufrichtig und demütig zum Opfer dar, wie Abraham seinen Sohn Isaak auf den Altar von Moria gelegt hatte.

Herr, ich lege mein ganzes Vertrauen in dich. Wenn du mein Kind zu dir holen willst, dann tu es. Ich kann nicht länger gegen dich kämpfen. Vergib mir, Herr, für mein mangelndes Vertrauen und meinen Ungehorsam. Ich verstehe nicht, warum du mein Kind von mir forderst, aber ich liebe dich, und ich vertraue dir. Gib mir die Kraft durchzustehen, was immer auf mich zukommen möge.

Ein tiefer Frieden erfüllte mich. Der Kampf war vorüber, der Sieg errungen. Ich ließ all die Wut und Angst los, die mich so viele Monate lang im Griff gehalten hatten. Für den Rest meiner Tage würde ich mein Leben ganz in Gottes Hand legen.

Sechs Wochen später war ich wieder mit Kim bei Dr. Rubinstein. Die ganze Zeit über war sie nicht einmal krank gewesen. Wie ich sie so auf dem Arm hielt, wirkte sie putzmunter. Sie schien vor Gesundheit nur so zu strotzen.

»So etwas habe ich noch nie erlebt«, bemerkte Dr. Rubinstein, und die Verwunderung stand ihm ins Gesicht geschrieben. »Der Anteil an weißen Blutkörperchen ist völlig normal. Das ist doch nicht möglich. In so kurzer Zeit kann sich der Wert doch nicht so geändert haben.«

Doch: Er hatte sich so sehr geändert. Und tief in meinem Inneren wusste ich auch, warum. Wie Abraham seinen Isaak zurückbekommen hatte, so wurde auch mir mein Kind zurückgegeben. Der Herr war der Große Arzt und Vater, auf den ich mich verlassen konnte.

Vielleicht war es an der Zeit, die heilsamen Kräfte auch an anderer Stelle zum Zuge kommen zu lassen.

Gleich, wenn ich nach Hause komme, dachte ich bei mir, *sollte ich dringend meinen Vater anrufen.*   Teresa Anne Arries

DER FAMILIENZIRKUS®

Abdruck mit Genehmigung von Bil Keane

5

Über die Leichtigkeit

Alles hat seine Stunde.
Für jedes Geschehen unter dem Himmel
gibt es eine bestimmte Zeit:
eine Zeit zum Gebären und
eine Zeit zum Sterben...
eine Zeit zum Weinen und
eine Zeit zum Lachen.

Koh 3, 1–2

Moses in jungen Jahren

Parken verboten

Ein Priester stellte seinen Wagen im Parkverbot ab und klemmte folgenden Hinweis unter den Scheibenwischer: »Ich habe zehn Runden um den Block gemacht, und ich muss pünktlich zu einem Termin erscheinen. *Vergib uns unsere Sünden.*«

Als er zu seinem Auto zurückkehrte, steckte – zusammen mit einem Strafzettel – folgende Antwort an der Windschutzscheibe: »Ich mache seit zehn Jahren Runden um den Block, und wenn ich Ihnen keinen Strafzettel ausstelle, werde ich meinen Job verlieren. *Führe uns nicht in Versuchung.*«

Bits & Pieces

Schamlose Erpressung

Ich glaube an das Lachen. Ich denke, es ist gut für die Seele.
TOMMY LASORDA

Der kleine Benjamin wollte dem lieben Gott einen Brief schreiben und ihn darin um eine kleine Schwester bitten. Er begann mit den Worten: »*Lieber Gott, ich bin immer sehr brav gewesen...*«

Er stockte und dachte: *Nein, das wird mir Gott nie glauben.* Er knüllte das Blatt zusammen, warf es weg und fing von vorne an: »*Lieber Gott, ich bin meistens brav gewesen...*«

Wieder hielt er mitten im Satz inne. *Damit kann ich Gott be-*

Abdruck mit Genehmigung von Dave Carpenter

stimmt nicht beeindrucken, grübelte er. Und so landete auch dieses Blatt zusammengeknüllt im Papierkorb.

Benjamin überlegte einen Moment. Dann stand er auf, ging ins Badezimmer und holte ein großes Handtuch, das dort am Haken hing. Er trug es ins Wohnzimmer und breitete es sorgfältig auf dem Sofa aus. Nachdem er alle Falten glatt gestrichen hatte, ging er zum Kamin hinüber und hob ganz vorsichtig die Marienstatue vom Sims herunter. Oft hatte er zugeschaut, wie seine Mutter die Figur sorgsam abstaubte. Wie viele Male hatte er sie schon betrachtet. Mehrfach hatten ihm seine Eltern gesagt, dass er die Madonna zwar anschauen, nicht aber anfassen dürfe. Jetzt aber hielt er sie ganz behutsam in den Händen.

Vorsichtig legte er sie auf das Handtuch und wickelte sie ein. Dann verschnürte er das Ganze mit einem Gummiband, trug es zu seinem Tisch, zog ein frisches Blatt Papier aus der Schublade und fing abermals zu schreiben an: »*Lieber Gott, wenn du irgendwann mal deine Mutter wiedersehen willst...*« *Aus* »Moments for Mothers«

In der Sonntagsschule

In der Sonntagsschule sollte es diesmal um die Arche Noah gehen, und so hatte die Vorschullehrerin unserer Kirche in Kentucky für ihre kleinen Schützlinge ein Spiel vorbereitet, bei dem diese Tiernamen erraten sollten.

»Ich werde euch das Tier beschreiben. Mal sehen, ob ihr seinen Namen erraten könnt. Hier ist das Erste: Ich habe ein flauschiges Fell und einen buschigen Schwanz und ich klettere gerne auf Bäume.«

Die Kinder sahen sie ratlos an.

»Ich fresse gern Nüsse, und am allerliebsten mag ich Eicheln.«

Keine Antwort. Es schien doch schwieriger zu sein, als die Lehrerin gedacht hatte.

»Normalerweise bin ich braun oder grau; aber manchmal bin ich auch schwarz oder rot.«

In ihrer Verzweiflung wandte sie sich an eine aufgeweckte Vierjährige, die normalerweise immer eine Antwort parat hatte. »Michelle, was denkst du?«

Michelle sah die anderen Kinder zögernd an, bevor sie antwortete: »Also, ich weiß, dass es Jesus sein muss. Aber irgendwie klingt es mehr nach Eichhörnchen!«

Susan Webber

Heilige Stilblüten

Humor ist der größte Segen der Menschheit.
MARK TWAIN

Die Serie der heiligen Stilblüten, die in kirchlichen Schriften kursieren, ist ungebrochen. Hier nur einige Beispiele, die wir in verschiedenen Kirchenzeitungen und Bekanntmachungen gefunden haben:

- Die Frauen in der Gemeinde haben sich von allerhand Kleidungsstücken getrennt und sind am Freitagnachmittag im Tiefgeschoss der Kirche zu besichtigen.
- Für Sonntag ist eine spezielle Kollekte für den neuen Teppich geplant. Wer etwas darauf hinterlassen will, soll sich bitte melden und sich Papier holen.
- Irving Benson und Jessie Carter sind am 24. Oktober in den Stand der Ehe getreten. Damit endet eine Freundschaft, die noch zu Schulzeiten geschlossen wurde.

- Heute Nachmittag findet der Gottesdienst sowohl an der Südseite als auch an der Nordseite statt. Kinder werden auf beiden Seiten getauft.
- Für alle, die Kinder haben und es noch nicht wissen: Im Untergeschoss gibt es ein Betreuungsangebot.
- Der Pastor wird seine Abschiedspredigt halten, und danach singt der Chor: »So jubelt und frohlocket.«
- Da Ostersonntag ist, bitten wir Frau White, nach vorne zu treten und ein Ei auf dem Altar zu legen.
- Am Donnerstag um 17 Uhr trifft sich der Club der jungen Mütter. Wer eine junge Mutter werden will, möge den Pfarrer in seinem Büro aufsuchen.
- In Abwesenheit unseres Herrn Pastors genossen wir das seltene Privileg einer guten Predigt, als J.F. Stubbs an die Kanzel trat.
- Am Mittwoch findet ein Treffen des Frauenliteraturkreises statt. Frau Clark singt das Lied »Bring mich in mein kleines Bett« in Begleitung des Pastors.
- Am nächsten Sonntag wird Frau Vinson beim Morgengottesdienst als Solistin auftreten. Anschließend spricht der Pastor zu dem Thema »Es war eine schreckliche Erfahrung«.
- Wegen der Erkrankung des Rektors wird der für Mittwoch geplante Heilsgottesdienst bis auf weiteres verschoben.
- Denken Sie bei Ihren Gebeten auch an die vielen, die krank sind an Kirche und Gemeinde.
- Am Freitag um 19 Uhr führen die Achtklässler im Untergeschoss der Kirche »Hamlet« auf. Die Gemeindemitglieder sind eingeladen, dieser Tragödie beizuwohnen.
- 22 Mitglieder waren bei dem gestrigen Kirchentreffen im Hause von Frau Marsha Crutchfield zugegen. Frau Crutchfield und Frau Rankin sangen das Duett »Gott allein weiß, warum«.

- Das Thema der heutigen Predigt: Wie viel kann ein Mensch trinken?
  Dazu Hymnen vom vollen Chor
- Resteessen – im Anschluss Gebet und Medikation.
- Lassen Sie sich nicht von Ihren Sorgen umbringen – lassen Sie die Kirche helfen.

Lang lebe die Stilblüte! Die unfreiwillige Komik bringt Leichtigkeit und so manchen Lichtblick in die ansonsten oft so trockenen Kirchenblätter.

Richard Lederer
aus »Anguished English«

Ausredefreier Sonntag

Humor ist ein Glaubensbeweis.
CHARLES M. SCHULZ

Damit jeder beim nächsten Mal zum Gottesdienst kommen kann, haben wir einen »ausredefreien Sonntag« eingeführt. Im Foyer werden Notbetten für all diejenigen aufgestellt, die sagen, sonntags sei der einzige Tag, an dem sie ausschlafen können. Eine Extrareihe mit bequemen Sesseln ist für jene reserviert, denen die Kirchenbänke zu hart sind. Augentropfen stehen für die zur Verfügung, die vom langen Fernsehen am Samstagabend unter Bindehautreizung leiden. Helme stehen für diejenigen bereit, die sagen: »Wenn ich meinen Fuß in eine Kirche setze, dann wird bestimmt das Dach einstürzen.« Für alle, denen es in der Kirche zu kalt ist, liegen Decken bereit, und für die, die schwitzen, haben wir Ventilatoren besorgt. Zählkarten liegen für jene aus, die über die Anzahl an anwesenden Heuchlern Buch führen wollen. Verwandte und Freunde springen für die ein, die nicht gleich-

Dem Kirchenvorstand hat Ihre Jugendmesse gar nicht gefallen – besonders als Sie anfingen, zur Kommunion Pepsi und Chips auszuteilen.

Abdruck mit Genehmigung von Randy Glasbergen

zeitig zur Kirche gehen und kochen können. Und wer das Gefühl hat, die Kirche wolle ihm ständig in die Tasche greifen, der kann sich einen unserer »Ich gebe nichts«-Buttons ans Revers heften.

Für alle, die Gott in der Natur suchen, ist ein Teilbereich der Kirche den Bäumen und Gräsern gewidmet. Ärzte und Krankenschwestern werden sich um die kümmern, die planen, am Sonntag krank zu sein. Die Sakristei wird sowohl mit Weihnachtssternen als auch mit Osterglocken dekoriert, damit sich selbst diejenigen wohl fühlen, die die Kirche noch nie ohne solchen Blumenschmuck gesehen haben. Für die, die den Pfarrer nicht hören können, stehen Hörgeräte bereit; und wir haben Wattebäusche für alle, die nichts an den Ohren haben.

Verfasser unbekannt
aus »Joyful Noiseletter«

Wann fängt das Leben an?

Ein Prediger, ein Priester und ein Rabbi saßen wie jeden Morgen beim Kaffee zusammen. Diesmal diskutierten sie die Frage, wann genau das Leben beginnt.

»Das Leben beginnt im Augenblick der Empfängnis«, behauptete der Priester.

»Nein«, entgegnete der Rabbi. »Es beginnt mit der Geburt.«

Der Prediger schlürfte seinen Kaffee, während er über die Frage sinnierte. Schließlich meinte er: »Ihr irrt beide. Das Leben fängt erst dann richtig an, wenn das letzte Kind aus dem Haus gegangen und der Hund gestorben ist!«

Verfasser unbekannt
Eingereicht von Joanne Duncalf

Das war eine wunderbare Predigt. Danke, dass Sie mich nicht namentlich erwähnt haben.

Abdruck mit Genehmigung von Aaron Bacall

W.C.

Eine englische Lehrerin sollte eine Stelle in einem kleinen Dorf in der Schweiz antreten, und sie wandte sich an den örtlichen Schulleiter mit der Bitte, ihr bei der Wohnungssuche behilflich zu sein. Bald waren geeignete Räume gefunden, und sie kehrte nach London zurück, um ihren Umzug zu organisieren. Unterwegs fiel ihr ein, dass sie bei der Besichtigung gar keine Toilette – oder wie sie zu sagen pflegte, gar kein »Water Closet« oder W.C. – gesehen hatte. So schrieb sie dem Direktor noch einmal einen Brief, um sich zu erkundigen, ob es denn in der Wohnung oder zumindest in der Nähe ein W.C. gebe.

Der Schulleiter hatte die Abkürzung noch nie gehört. Dass sie mit W.C. eine Toilette meinen könnte, wäre ihm nicht im Traum in den Sinn gekommen. Nachdem er allein nicht weiterkam, begab er sich zum Priester der Gemeinde, um dessen Rat einzuholen. Gemeinsam kamen sie zu dem Schluss, dass die Lehrerin wohl das Wallfahrts-Christuskapellchen am Ortsrand gemeint haben müsse. Und so erhielt die Dame wenige Tage später folgenden Brief:

Verehrte Frau Lehrerin,

das W.C. ist gut zwölf Kilometer vom Haus entfernt und liegt in einem herrlichen Waldstück. 150 Personen finden darin Platz, und es ist dienstags, donnerstags und sonntags geöffnet.

Manche bringen ein Picknick mit, wenn sie hierher kommen, und machen sich einen schönen Tag. Am Donnerstag gibt es Orgelbegleitung. Die Akustik ist hervorragend. Auch der leiseste Ton ist von jedem zu hören. Vielleicht interessiert es Sie zu erfahren, dass meine Tochter ihren Mann im W.C. kennen gelernt hat. Augenblicklich sammeln wir Spenden für die Ausstattung mit ge-

polsterten Sitzen. Diese erscheinen uns dringend notwendig, zumal die alten Sitze Löcher aufweisen.

Meine Frau konnte in letzter Zeit aus gesundheitlichen Gründen nicht mehr hingehen. Es ist ein halbes Jahr her, dass sie zum letzten Mal dort gewesen ist. Natürlich schmerzt es sie, nicht öfter hingehen zu können.

Damit ende ich in der Hoffnung, Ihnen weitergeholfen zu haben. Gerne lasse ich Ihnen einen Sitz ganz vorne oder in Ausgangsnähe reservieren, ganz wie es Ihnen lieber wäre.«

Verfasser unbekannt
Auszug aus »The Commencement Address of Roger Dunker«
Eingereicht von Joanne Duncalf

Petrus an der Himmelspforte

Drei Männer starben zur gleichen Zeit und kamen zu Petrus an die Himmelspforte. Der Heilige fragte den Ersten: »Warum soll ich dich einlassen?«

Er antwortete: »Ich war Arzt und habe vielen Menschen geholfen, wieder gesund zu werden.«

Petrus erwiderte: »In Ordnung. Du darfst eintreten.« Dann fragte er den Zweiten: »Warum soll ich dich einlassen?«

Der antwortete: »Ich war Rechtsanwalt und habe viele Unschuldige verteidigt.«

»Gut. Auch du darfst eintreten«, beschied Petrus.

»Und dich?« Er sah den Dritten an. »Warum soll ich dich einlassen?«

Der gab zurück: »Ich war Sachbearbeiter bei der Krankenkasse und habe beigetragen, die Kostenexplosion im Gesundheitswesen einzudämmen.«

Petrus dachte eine Weile nach, bevor er sagte:

»Also gut. Du kannst eintreten. Aber bleiben darfst du nur drei Tage!«

Verfasser unbekannt
Eingereicht von Joanne Duncalf

Schockierende Großzügigkeit

Robert Smith war gerade bei seinem Nachmittagsspaziergang – er hatte vor kurzem einen Herzanfall erlitten und der Arzt hatte ihm Bewegung an frischer Luft verordnet –, als das Telefon klingelte. Seine Frau Delores hob ab. Der Anruf kam von der *Reader's Digest*-Lotterie, und man teilte ihr mit, dass Robert soeben anderthalb Millionen Dollar gewonnen habe. Der Gewinnscheck würde in den nächsten Tagen eintreffen. Delores war natürlich außer sich vor Freude. Endlich würden alle Träume wahr werden!

Doch dann fiel ihr wieder ein, dass ihr Mann ja herzkrank war und der Doktor ihr ausdrücklich aufgetragen hatte, nur ja jede Aufregung von ihm fern zu halten. Sie fürchtete, er könnte einen zweiten Infarkt bekommen und womöglich sterben, wenn sie ihm die frohe Botschaft überbringen würde. Was also sollte sie tun? Sie überlegte eine Weile und beschloss schließlich den Pfarrer um Rat zu fragen, da dieser Erfahrung darin hatte, Menschen etwas schonend beizubringen.

Delores wählte seine Nummer. »Guten Tag, Pastor Baldwin. Delores Smith am Apparat.«

»Hallo, Delores«, antwortete er. »Wie geht es Ihnen? Und wie geht es Ihrem Mann?«

»Danke, mir geht es gut. Und Robert auch. Er macht gute Fortschritte. Aber ich habe da ein Problem und brauche Ihren Rat.«

»Gern. Wenn ich helfen kann…«

»Nun, Herr Pastor, ich habe gerade einen Anruf von *Reader's Digest* bekommen. Robert hat anderthalb Millionen Dollar in der Lotterie gewonnen!«

»Das ist doch fantastisch«, gab der Pfarrer zurück. »Wo ist denn da ein Problem?«

»Nun, ich habe Angst, es Bob zu sagen. Vor lauter Aufregung könnte ihn der Herzschlag treffen, und er würde tot umfallen. Können Sie mir helfen?«

»Ich glaube schon, Delores. Ich bin gleich bei Ihnen.«

Als Bob etwa eine Stunde später von seinem Spaziergang nach Hause kam, saßen Delores und Pastor Baldwin im Wohnzimmer und warteten auf ihn. Nachdem die drei eine Weile miteinander geplaudert hatten, wandte sich der Pastor an Robert und meinte: »Robert, ich habe da ein Problem und brauche Ihren Rat.«

»Gerne, Herr Pastor. Wenn ich helfen kann…«

Pastor Baldwin holte tief Luft, bevor er weiterredete: »Es geht da um eine rein theoretische Frage. Was würde ein Mensch – einer wie Sie zum Beispiel – tun, wenn er plötzlich mitgeteilt bekäme, er habe anderthalb Millionen Dollar gewonnen? Was würden Sie persönlich mit so viel Geld machen?«

»Ganz einfach«, antwortete Robert. »Ich würde zuerst einmal der Kirche 750 000 Dollar spenden.«

Als Pastor Baldwin das hörte, bekam er einen Herzschlag und fiel tot um. *Aus »Moments for Pastors«*

6

Über den Tod und das Sterben

Indem wir geben, bekommen wir,
und indem wir sterben,
erwachen wir zum ewigen Leben.

FRANZ VON ASSISI

Goldenes Herz

Gott sah, dass du müde wurdest,
und geheilt wurdest du nicht.
So legte er seine Arme um dich
und flüsterte: »Komm mit mir.«

Mit Tränen in den Augen sahen wir,
wie du von uns gingst.
So sehr wir dich auch liebten,
halten konnten wir dich nicht.

Dein goldenes Herz hörte zu schlagen auf,
die arbeitsamen Hände fanden Ruh.
Gott brach uns das Herz, um uns zu zeigen,
dass er nur die Besten zu sich holt.

Therese Williamson

Was war in Jeremys Ei?

Jeremy wurde mit deformiertem Körper, langsamem Geist und einer chronischen, tödlichen Krankheit geboren, die seit dem Tag seiner Geburt an seinem jungen Leben zehrte. Und doch hatten seine Eltern versucht, ihm eine möglichst normale Existenz zu ermöglichen und ihn in die Schule zu schicken.

Mit zwölf Jahren war Jeremy immer noch in der zweiten Klasse. Er war ganz offenbar vom Lernen überfordert und wenn er, wie er es meistens tat, sabbernd auf seinem Platz hin und her rutschte und grunzende Laute von sich gab, trieb er seine Lehrerin, Doris Miller, damit an den Rand der Verzweiflung.

Bisweilen aber sprach er klar und deutlich, so als wäre ein Funken Licht in die Finsternis seines Geistes gedrungen. Doch dies waren seltene Momente. Meistens störte er den Unterricht, und so bestellte die Lehrerin eines Tages seine Eltern zu einem Gespräch in die Schule.

Als die Forresters schweigend im leeren Klassenzimmer vor ihnen saßen, erklärte sie ihnen: »Jeremy gehört auf eine Behindertenschule. Es ist ihm gegenüber nicht fair, ihn zusammen mit wesentlich jüngeren Kindern zu unterrichten, die noch dazu keine Lernschwierigkeiten haben. Es gibt immerhin einen Abstand von fünf Jahren zwischen ihm und den anderen Schülern.«

Frau Forrester weinte leise in ihr Taschentuch, während ihr Mann zu sprechen begann. »Frau Miller«, sagte er. »Es gibt keine einzige Behindertenschule in der Nähe. Außerdem wäre es ein echter Schock für Jeremy, wenn wir ihn aus der Schule nehmen würden. Wir wissen, dass es ihm hier ausgesprochen gut gefällt.«

Als die beiden gegangen waren, blieb Doris noch eine ganze Weile sitzen und starrte aus dem Fenster. Die Kälte des Schnees, der draußen lag, schien bis in ihre Seele zu dringen. Sie konnte sich durchaus in die Lage der Forresters hineinversetzen. Schließlich war Jeremy deren einziges Kind, und er litt an einer unheilbaren Krankheit. Aber den Jungen in der Klasse zu behalten war einfach nicht richtig. Sie musste 18 weitere Schüler unterrichten und Jeremy war eine ständige Quelle der Ablenkung. Außerdem würde er nie lesen und schreiben lernen können. Es war reine Zeitverschwendung, es ihm beibringen zu wollen.

Je länger sie über die Sache nachdachte, desto mehr meldeten sich Schuldgefühle in ihr. »Oh Gott«, betete sie laut. »Hier sitze ich nun und beschwere mich, wo meine Probleme doch nichts sind verglichen mit dem, was diese armen Leute mitmachen! Bitte hilf mir, mehr Geduld für Jeremy aufzubringen.«

Von jenem Tag an tat sie ihr Möglichstes, Jeremys Geräusche zu ignorieren. Auch wenn er mit ausdruckslosem Gesicht vor sich hin starrte, reagierte sie nicht. Eines Tages humpelte er, das kranke Bein nachziehend, vor zu ihr ans Pult.

»Ich liebe dich, Frau Miller!«, rief er – so laut, dass die ganze Klasse es mitbekam. Die Kinder kicherten und Doris stammelte errötend: »D-d-das ist aber lieb von dir, Jeremy. Und jetzt setz dich wieder hin.«

Der Frühling zog ins Land, und die Kinder waren voller Vorfreude auf das bevorstehende Osterfest. Doris erzählte ihnen die Geschichte von Jesus, und um ihnen den Gedanken des neu entstehenden Lebens nahe zu bringen, drückte sie jedem von ihnen ein großes Plastik-Ei in die Hand. Die Kinder sollten es zu Hause mit irgendetwas füllen, das dieses neue Leben versinnbildlichte, und am nächsten Tag wieder mit in die Schule bringen. »Habt ihr das verstanden?«, vergewisserte sich die Lehrerin.

Die Kinder riefen begeistert: »Ja!« – alle, außer Jeremy. Dieser hörte nur aufmerksam zu und sah sie unverwandt an. Keines seiner üblichen Geräusche kam ihm über die Lippen.

Hatte er verstanden, was sie von Jesus' Tod und Wiederauferstehung erzählt hatte? Hatte er die Hausaufgabe verstanden? Vielleicht sollte sie seine Eltern anrufen und ihnen erklären, was sie den Schülern aufgetragen hatte.

Als Doris an diesem Nachmittag nach Hause kam, stellte sie fest, dass der Abfluss ihrer Küchenspüle verstopft war.

Sie rief ihren Vermieter, doch es dauerte eine geschlagene Stunde, bis er kam und das Rohr gereinigt hatte. Danach musste sie einkaufen, eine Bluse bügeln und einen Vokabeltest für den nächsten Tag vorbereiten. Über all diesen Aktivitäten vergaß sie, Jeremys Eltern anzurufen.

Am nächsten Morgen waren alle 19 Kinder im Klassenzimmer versammelt. Lachend und schwätzend legte eines nach dem anderen sein Ei in den großen Weidenkorb, den Frau Miller auf ihrem Pult aufgestellt hatte. Nach der Mathestunde war es an der Zeit, die Eier zu öffnen.

Im ersten fand Doris eine Blume. »Oh ja«, nickte sie. »Eine Blume ist ganz sicher ein Symbol für das neue Leben. Wenn eine Pflanze ihr Köpfchen durch den Boden schiebt, dann wissen wir, dass der Frühling gekommen ist.« Ein Mädchen in der ersten Reihe meldete sich. »Das ist mein Ei, Frau Miller!«, rief es.

Aus dem zweiten Ei kam ein Plastikschmetterling zum Vorschein. Er sah fast wie ein echter aus. Doris hielt ihn hoch. »Wir alle wissen, dass sich eine Raupe irgendwann verpuppt und in einen wunderschönen Schmetterling verwandelt. Ja, auch er ist ein Symbol für das neue Leben.« Stolz strahlte die kleine Judy von einem Ohr zum anderen. »Er ist von mir, Frau Miller!«

Als Nächstes förderte Doris einen mit Moos bewachsenen Stein zutage, und sie erklärte, dass auch Moos eine Form von Leben sei. Aus der hintersten Bank rief Billy: »Mein Papa hat mir geholfen!«

Als Doris das vierte Ei öffnete, stockte ihr einen Moment lang der Atem. Es war leer! *Es ist sicher das von Jeremy*, dachte sie. *Er hat also doch nicht verstanden, worum es ging. Wenn ich bloß nicht vergessen hätte, seine Eltern anzurufen.* Um ihn nicht bloßzustellen, legte sie das Ei ohne ein Wort in den Korb zurück und griff ein anderes heraus.

Da auf einmal meldete sich Jeremy zu Wort: » Frau Miller, wollen Sie denn zu meinem Ei gar nichts sagen?«

Verstört erwiderte Doris: »Aber Jeremy – dein Ei ist doch leer!« Er sah ihr direkt in die Augen und entgegnete mit sanfter Stimme: »Ja, aber Jesus' Grab war auch leer!«

Die Zeit schien stillzustehen. Es dauerte eine Weile, bis Doris die Sprache wiedergefunden hatte. Dann fragte sie: »Weißt du, warum das Grab leer war?«

»Oh ja«, rief Jeremy. »Jesus wurde getötet und hineingelegt. Aber dann hat sein Vater ihn wieder auferstehen lassen!«

In diesem Augenblick klingelte es, und die Kinder stürmten zur Pause auf den Hof. Doris aber weinte. Die Kälte in ihr wich dahin.

Drei Monate später starb Jeremy. Bei seiner Beerdigung wunderte man sich, warum auf seinem Sarg 19 Eier lagen – sie waren allesamt leer. *Ida Mae Kempel*

HIER!

Wer siegt, wird ebenso mit weißen Gewändern bekleidet werden.
Nie werde ich seinen Namen aus dem Buch des Lebens streichen,
sondern ich werde mich vor meinem Vater
und vor seinen Engeln zu ihm bekennen.

Offb 3, 5

Die Rogers sind fromme Christen und haben in ihrer Familie immer Wert auf starken Zusammenhalt gelegt. Aus einer besonderen Besorgnis um das spirituelle Wohl seiner Kinder heraus hatte es sich der Vater zur Angewohnheit gemacht, sich von Zeit zu Zeit persönlich zu vergewissern, wie es um deren Seelenheil bestellt sei. Bei solchen Gelegenheiten forderte er sie dann auf, ihm mit eigenen Worten ihre Beziehung zu Jesus Christus zu beschreiben.

Eines Tages war der siebenjährige Jimmy an der Reihe. Er sollte erklären, woher er wisse, dass ihm das ewige Leben zuteil würde. Hier die Antwort des Jungen: »Den Himmel stelle ich mir ungefähr so vor, wie es hier ist. Wenn wir eines Tages alle dorthin kommen, kommt der große Engel und liest aus dem dicken Buch die Namen von allen Leuten vor, die da sind. Wenn die Familie Rogers dran ist, sagt er: ›Papa Rogers?‹ und Papa sagt: ›Hier!‹ Dann ruft der Engel: ›Mama Rogers?‹ und Mama sagt: ›Hier!‹ Danach ruft er Susie Rogers und Mavis Rogers auf. Und sie sagen beide: ›Hier!‹«

An dieser Stelle legte Jimmy eine Pause ein. Er holte tief Luft, bevor er weitersprach. »Und zuletzt wird der große Engel mich aufrufen, Jimmy Rogers. Ich bin klein, und vielleicht sieht er mich nicht. Darum springe ich hoch und rufe so laut ich kann: ›HIER!‹, damit er auch ganz sicher mitbekommt, dass ich da bin.«

Nur wenige Tage danach passierte ein tragischer Unfall. Der kleine Jimmy Rogers wurde auf dem Weg zur Schulbushaltestelle von einem Auto überfahren. Er wurde mit dem Krankenwagen ins Krankenhaus gebracht, und die ganze Familie wurde zu ihm gerufen. Sein Zustand war kritisch.

Dort standen sie nun um sein Bett versammelt, in dem Jimmy reglos lag – bewusstlos und ohne Hoffnung auf Genesung. Die Ärzte hatten alles getan, was in ihrer Macht stand. Der Junge würde aller Voraussicht nach die Nacht nicht überleben.

Die Rogers beteten und warteten. Es war schon spät in der Nacht, als sich Jimmy ein klein wenig zu rühren schien. Sie traten dichter ans Bett heran und sahen, wie sich seine Lippen bewegten. Nur ein einziges Wort sprach er noch, bevor er aus dem Leben schied. Aber wie viel Trost und Hoffnung spendete es den trauernden Angehörigen, die er zurückließ. Mit der klaren Stimme eines kleinen Jungen sagte Jimmy

Rogers laut und deutlich, sodass alle es hören konnten: »HIER!« Und dann begab er sich auf den Weg in eine Welt jenseits von hier, in der ein großer Engel die Namen all derer verlas, die in seinem dicken Buch standen.

Aus »Moments for Mothers«

Dem Ruf folgen

Pater Johns kleine Gemeinde war absolut angetan und erfreut über die aufrichtige und fürsorgliche Art, mit der er sein Amt in dem Ort am Rande der Wüste versah. Während des Friedensgebets rief er stets alle Kinder in der Kirche zu sich an den Altar und schloss jedes einzelne von ihnen einen Moment lang in die Arme. Ganz sicher bereitete ihm dieses selbst große Freude, aber er tat es auch für die Kinder. Ungeduldig warteten sie darauf, selbst an die Reihe zu kommen und dort vor aller Augen den gar nicht so alten, etwas korpulenten Priester zu umarmen.

An einem solchen Sonntag, nachdem – wie es schien – jedes der Kinder umarmt war und das »Lamm Gottes, nimm hinweg die Sünden der Welt« begonnen hatte, erhob sich ein zartes Stimmchen aus einer der mittleren Reihen und sagte: »Und was ist mit mir?« Pater John hielt in seinem Gebet inne und winkte ihn zu sich. Die Stimme gehörte einem kleinen Jungen mit sommersprossigem Gesicht, ordentlich zurückgekämmtem Haar, blank geputzten Cowboystiefeln und Shorts. Weinend lief er den Gang entlang zum Altar, denn er hatte schon gedacht, man habe ihn vergessen. Pater John aber streckte die Arme aus, hob den Jungen hoch und drückte ihn fest an sich.

Als ich drei Wochen später wieder zu der kleinen Gemeinde am Rand der Wüste kam, las dort ein anderer Priester die

Messe, den ich noch nie gesehen hatte. Ich saß neben einer Frau, und wie wir uns die Hände reichten und das Vaterunser beteten, da liefen ihr die Tränen übers Gesicht. Erst später erfuhr ich, dass Pater John am Sonntag zuvor an genau dieser Stelle seinen Platz auf dieser Welt verloren hatte. Er hatte zu seinen Gläubigen gesagt: »Lasset uns beten, wie es der Herr uns gelehrt hat…« und die Gemeinde antwortete mit dem Vaterunser. Und nachdem sie es gesprochen hatte, sagte er abermals: »Lasset uns beten, wie es der Herr uns gelehrt hat…«, und auch wenn es sie wunderte – die Anwesenden hoben erneut an, das Vaterunser zu sprechen. Als sie geendet hatten, sprach Pater John noch einmal: »Lasset uns beten, wie es der Herr uns gelehrt hat…« Doch noch bevor die Gläubigen willig ein drittes Vaterunser beten konnten, stutzte er einen Moment, bevor er zusammenbrach und noch an Ort und Stelle verstarb. Wieder hatte der Pater mitten im Gebet innegehalten und die Arme ausgestreckt, um dem zu folgen, der ihn gerufen hatte.

Edward B. Mullen

Jason und Tommy

Jason und Tommy hatten nicht das typische Verhältnis, wie es zwischen Brüdern üblich ist. Jason war 14 und Tommy zehn. Aber Jason war nicht nur Tommys älterer Bruder, er war gleichzeitig der allerbeste Freund, den er auf der ganzen Welt hatte. Während die älteren Geschwister meistens nichts mit den jüngeren zu tun haben wollen, fragte Jason bei allem, was er tat, ob Tommy nicht mitmachen wolle. Der Kleine liebte seinen großen Bruder. Sie gingen zusammen durch dick und dünn.

Außer seinem Bruder hatte Tommy nicht viele Freunde. Oft

fragte er sich, was er wohl ohne Jason machen würde. Tommy war nämlich mit einem angeborenen Herz-Lungen-Defekt zur Welt gekommen und darum im Wachstum zurückgeblieben. Auch hatte er weniger Energie als die anderen Kinder. Nicht, dass er nicht beim Baseball, Fangen und all den anderen Spielen mitmachen wollte, die Gleichaltrige spielten – er hatte dazu einfach keine Ausdauer. Und weil die anderen dies wussten, wollte keiner von ihnen Tommy in seiner Mannschaft haben. Sie stritten darum, welche Mannschaft Tommy aufnehmen musste, und von den gesunden Jungen wurde er oft als Schwächling oder Feigling bezeichnet.

Aber wenn er mit seinem großen Bruder zusammen war, war alles anders. Manchmal spielten Tommy und Jason ganz allein Baseball. Jason war gut in Sport, und alle wollten ihn in ihrer Mannschaft haben. Er aber war nur dann zum Mitmachen bereit, wenn auch Tommy in die Mannschaft mit aufgenommen wurde. Wenn die anderen Jungen damit nicht einverstanden waren, kehrten beide Brüder den anderen den Rücken, um zusammen etwas anderes zu unternehmen.

Es war Sommer, und die Schulferien hatten gerade begonnen. Curt, Nathan und Ron hatten vor, über Nacht zum Zelten in die Berge zu gehen. Natürlich wollten sie Jason mit dabeihaben.

»Kommt, wir fragen ihn, ob er morgen Zeit hat«, meldete sich Ron zu Wort.

»Aber was ist, wenn er Tommy mitnehmen will?«, gab Curt zu bedenken. »Wenn wir den dabeihaben, werden wir ewig brauchen, bis wir am Lagerplatz sind. Habt ihr etwa Lust, die ganze Zeit unterwegs zu sein?«

Als die drei bei Jason klingelten, trug Nathan ihre Pläne vor: »Hi, Jason, wir drei wollen zum Zelten rauf in den Adams Canyon. Kommst du mit?«

»Na klar!« Jason war Feuer und Flamme. »Bis heute Abend habe ich Tommys und meine Sachen gepackt.«

Die drei Jungen sahen sich unschlüssig an. Einer von ihnen musste Jason beibringen, dass sie Tommy nicht dabeihaben wollten. Am Ende erhob Curt das Wort. »Also, äh, Jason … Wir haben eigentlich vor, nur zu viert zu gehen. Wenn wir Tommy dabeihätten, würden wir einfach zu lange brauchen. Nichts gegen Tommy. Aber dieses eine Mal kannst du ihn doch zu Hause lassen, oder?«

Aus den Augenwinkeln sah Jason seinen Bruder an seiner Zimmertür stehen. Er hatte alles genau mit angehört und kämpfte mit den Tränen, weil ihn wieder einmal keiner haben wollte.

Da stand Jason auf und sagte: »Tut mir Leid, Jungs. Aber wenn Tommy nicht mit kann, dann komme ich auch nicht mit. Viel Spaß bei eurer Tour!«

»Hey, warte mal«, entgegnete Ron. »Mir macht es nichts aus, wenn Tommy mitkommt. Dann gehen wir halt ein bisschen früher los. Es bleibt uns immer noch genug Zeit im Camp.«

Damit war alles geregelt. Die Jungen einigten sich darauf, sich am nächsten Morgen um sechs Uhr zu treffen, und machten sich auf den Weg nach Hause.

Vor Aufregung konnte Tommy kaum ein Auge zutun. Schon um halb sechs stand er fix und fertig bereit. Dies sollte seine erste richtig große Wanderung werden.

Sie waren kaum ein paar hundert Meter gelaufen, da wurde ihnen klar, dass sie mit Tommy sehr langsam vorankommen würden. Um seinem großen Bruder zu gefallen, bemühte er sich so, mit ihnen Schritt zu halten. Aber je schneller er lief, desto eher brauchte er Rast. Die anderen Jungen wollten so schnell wie möglich ins Lager, und so fielen Jason und Tommy immer wieder weit zurück.

»Mein Rucksack wiegt nicht viel, Tommy. Gib mir deinen, ich trag ihn für dich«, erbot sich Jason, als er sah, wie schlecht es seinem Bruder ging.

Und obwohl es Tommy peinlich war, gab er seine schwere Last ab. »Es tut mir Leid«, entschuldigte er sich. »Aber ich bemühe mich, so gut es geht.«

»Ich weiß, Tommy«, beruhigte Jason ihn und fuhr ihm liebevoll mit der Hand durchs Haar. Nach drei Kilometern war Tommy völlig erschöpft. Er war schweißgebadet und schnappte nach Luft. Auch fühlte er einen schrecklichen Druck auf der Brust. *Diesmal halte ich lange durch, bevor ich das nächste Mal Pause mache*, nahm er sich dennoch vor.

Von den anderen Jungen war nichts mehr zu sehen.

Kaum fünf Minuten später sank Tommy auf die Knie. »Ich muss Pause machen«, japste er, und Tränen der Verzweiflung wuschen Rinnsale in sein staubiges Gesicht.

»Ist schon in Ordnung«, beruhigte ihn Jason. »Nimm dir so viel Zeit, wie du brauchst.« Besorgt sah der große Bruder mit an, wie Tommy nach Atem rang.

»Jason!«, rief der Kleine plötzlich. »Irgendwas stimmt nicht mit mir. Meine Brust! Es tut so schrecklich weh!« Tommy krümmte sich auf dem Boden vor Schmerzen. Jason setzte die Rucksäcke ab und rollte seinen kleinen Bruder auf den Rücken. Wie Tommy ihn ansah, wich mit einem Mal alle Anspannung aus seinem Körper. Auch Jason standen jetzt die Tränen in den Augen.

»Ich hab dich furchtbar gern, Jason.«

Der Kampf war zu Ende. Tommys kleiner Körper hatte aufgegeben. Schluchzend drückte Jason ihn an sich.

»Ich werde dich vermissen, Tommy«, flüsterte er.

Als die drei anderen nach einer Dreiviertelstunde zurückkamen, weinte Jason immer noch.

»Hey, Jason, wir dachten schon, ihr beiden…« Ron hielt

mitten im Satz inne. Eiskalt lief es den Jungen über den Rücken. Jason saß wortlos da und hielt Tommys Kopf im Schoß. Liebevoll streichelte er ihm über das tränenverschmierte Gesicht.

»Ist er… ist er tot, Jason?«, fragte Ron mit brüchiger Stimme.

»Ja«, gab Jason zurück, und eine weitere stille Träne fiel auf Tommys Gesicht. »Er hat sich so bemüht, um mir ja nicht zur Last zu fallen.« Ein paar Minuten sagte keiner etwas. »Ich werde ihn ins Tal tragen«, sagte Jason dann und hob sanft den leblosen kleinen Körper vom Boden auf.

Gut 20 Minuten stiegen sie schweigend ab. Dann legte Curt seinem Freund die Hand auf die Schulter. »Komm, ich löse dich jetzt ab. Lass mich Tommy ein Stück tragen. Es ist doch bestimmt anstrengend für dich…«

»Nein«, gab Jason zurück, ohne seinen Schritt zu verlangsamen. »Er ist nicht schwer. Er ist doch mein Bruder.«

Verfasser unbekannt

Das größte aller Opfer

Die beiden Särge standen Kopf an Kopf in der Aufbahrungshalle der Friedhofskirche. Die Familie Stokes hatte gleich zwei Todesfälle zu beklagen. Nicht Altersschwäche hatte die beiden dahingerafft. Die Verstorbenen waren in jungen Jahren aus dem Leben gerissen worden – als Jugendliche, die noch alles vor sich hatten. Und noch dazu waren sie Geschwister. Die beiden waren einem tragischen Autounfall zum Opfer gefallen.

Viele waren gekommen, um den beiden Jugendlichen die letzte Ehre zu geben und den trauernden Eltern – Reverend Paul Stokes und seiner Frau – ihre Kondolenzwünsche zu überbringen. Wie würden die beiden reagieren? Was würden sie wohl im Anblick dieser Tragödie sagen, die ihnen nicht nur eines, sondern gleich zwei ihrer über alles geliebten Kinder genommen hatte?

Sie waren beide ausgesprochen aktive junge Leute gewesen und hatten einen großen Freundeskreis gehabt. Paul junior hatte das nahe gelegene Coastal Carolina College besucht. Becky war in die zehnte Klasse der Aynor Highschool gegangen. Die beiden Geschwister hatten sich richtig gut verstanden.

Für den Abend, an dem sich der tragische Unfall ereignete, hatte Becky mit einigen ihrer Freunde in der Baptistenkirche von Aynor in South Carolina, in der ihr Vater Pastor war, eine Geburtstagsparty für ihren Bruder organisiert.

Nach der Feier beschlossen Becky und ihr Freund Tommy, mit Paul junior nach Mullins zu fahren, um dessen Freundin Barbara abzuholen. Der Weg dorthin führte durch das Sumpfgebiet von Little Pee Dee. Die Straße war auf einem Damm angelegt, der zu beiden Seiten von Wasser führenden Kanälen gesäumt war. Die Strecke war nicht mit Leitplanken gesichert, obwohl es immer wieder passierte, dass ein Auto von der Straße abkam und über die Böschung in den Kanal rutschte. In der Vergangenheit war es so manchem Fahrer gelungen, sich aus seinem Wagen zu retten. Andere aber hatten sich nicht aus ihrem Auto befreien können und waren ertrunken.

Was genau in jener folgenschweren Nacht geschah, nachdem Barbara zu ihnen in den Wagen gestiegen war, ist nicht bekannt. Sie waren auf dem Rückweg durch den Sumpf, als das Fahrzeug aus irgendeinem Grund von der Fahrbahn abkam, die Böschung hinunterrutschte und ins Wasser stürzte. Das Auto sank und die beiden Stokes-Geschwister ertranken.

Ein tragischer Unfall ist an und für sich schon schlimm genug, doch wenn gleich zwei aus ein und derselben Familie gerissen werden, ist das doppelt schlimm. Die Schüler der Aynor Highschool, des Coastal Carolina College und der umliegenden Orte waren tief betroffen, und auch in der Kirchengemeinde, in der die Familie beheimatet war, herrschte allgemeine Trauer. Hunderte von Menschen nahmen persönlich am Tod der beiden Jugendlichen Anteil.

Als Reverend Stokes und seine Frau die Halle betraten, in der ihre über alles geliebten Kinder aufgebahrt lagen, waren sie von ihrem Leid gezeichnet. In angespannter Stille warteten die versammelten Trauergäste, wie die Eltern ihrem Sohn und ihrer Tochter gegenübertreten würden. Ob sie die Zeremonie überhaupt durchstehen konnten? Reverend Stokes und seine Frau traten an die Särge hin. Eine ganze Weile schwiegen sie. Dann erhob Reverend Stokes die Stimme, und mit gebrochenem Herzen sprach er jene Worte, die vor vielen hundert Jahren schon einmal von einem Mann gesprochen worden waren, der seine Familie verloren hatte. Tränenüberströmt zitierte er den Vers von Hiob: »Der Herr hat gegeben, der Herr hat genommen; gelobt sei der Name des Herrn.« Mehr sagte er nicht.

Just in diesem Augenblick aber wurde die Stärke des menschlichen Geistes und der unerschütterliche Glaube an Gott offenbar. Der Gottesmann, im Herzen getroffen, ein Mensch aus Fleisch und Blut, fing nicht an, das Schicksal zu verfluchen oder den Herrn, den er über alles liebte. Stattdessen legten er und seine treue Frau sich und ihre toten Kinder demütig in die Hand Gottes. Und im selben Augenblick begriffen die anwesenden Trauernden, dass dieser Priester und seine Frau aus eben jenem Stoff gemacht waren, aus dem Helden sind.

Doch es gibt noch etwas anderes, das des Erzählens wert

ist. Der wahre Held dieses Zwischenfalls lag an jenem Tag in einem der beiden Särge. Ja, Paul junior war an jenem Tag gemeinsam mit seiner Schwester mit dem Wagen von der Fahrbahn abgekommen und in das tiefe Wasser gestürzt, und er war in jener Nacht ertrunken. Aber er, Tommy und Barbara hatten sich aus dem Auto befreit. Er und Tommy hatten die Windschutzscheibe des Wagens eingetreten und die drei hatten es bis an die Wasseroberfläche geschafft. Als sie aber oben angekommen waren und einander zugerufen hatten, merkte Paul junior, dass seine Schwester Becky noch unten in dem Wrack eingesperrt war. Ohne einen Moment des Zögerns holte er tief Luft und tauchte noch einmal hinunter, um seine Schwester zu befreien. Inzwischen schwammen Tommy und Barbara ans Ufer und warteten in der Dunkelheit darauf, dass ihre Freunde auftauchen würden. Die Zeit schien stehen zu bleiben, während sich unter Wasser in völliger Finsternis ein verzweifelter Kampf abspielte. Am Ende wurde klar, dass nicht nur Becky, sondern auch Paul junior vor ihren Augen auf tragische Weise ums Leben gekommen war.

Noch mehrere Stunden nach dem Unfall herrschte Unklarheit darüber, was sich da unten eigentlich abgespielt hatte. Paul junior war ausgebildeter Rettungsschwimmer, und er bewegte sich mit großer Sicherheit im Wasser. Ungeachtet der Dunkelheit hatte er das gesunkene Fahrzeug gefunden. Aber um hineinzukommen, musste er sich erst zu der eingeschlagenen Windschutzscheibe vortasten. Nachdem er das geschafft und in das Wageninnere vorgedrungen war, fand er Becky bewusstlos auf dem Rücksitz. Doch in völliger Finsternis das Auto zu finden, den Einstieg zu suchen und sich zu seiner Schwester vorzuarbeiten – das alles dauerte einfach zu lange.

Als die Rettungskräfte Paul junior und Becky später in

dem Wagen fanden, hatte der Junge seiner Schwester wie im Rettungsschwimmerkurs gelernt den Arm um die Schulter gelegt. In dieser Haltung hatte ihn der Tod ereilt. Statt sich selbst in Sicherheit zu bringen, hatte er sich entschlossen, sein Leben zu geben, um seine Schwester zu retten. Der eigentliche Held war der Bruder. Damit stand er ganz in der Tradition seiner Familie.

Später war zu erfahren, dass Becky kein Wasser in der Lunge hatte. Das Mädchen war demnach schon vor dem Sturz ins Wasser tot gewesen – es hatte sich bei dem Unfall entweder das Genick gebrochen oder einen schweren Schlag auf den Kopf bekommen.

Was hat Jesus in solchen Fällen gesagt? »Größer kann eine Liebe nicht sein, als wenn ein Mensch sein Leben für das eines Freundes gibt« – vielleicht doch, wenn es die eigene Schwester ist.

Die beiden Särge standen Kopf an Kopf in der Aufbahrungshalle, und in einem lag ein echter Held, der das größte aller Opfer gebracht hatte.

Als Reverend Paul Stokes vor ein paar Monaten im Sterben lag – der Unfall lag etwa 30 Jahre zurück –, da dachte er an Psalm 23 und die »Wanderschaft durch finstere Schlucht«. Und er sagte zu seiner geliebten Frau: »Ebendiesen Weg werde ich jetzt beschreiten. Mach das Licht aus, damit ich zu unseren beiden Kindern hinauf in den Himmel gehen kann. Bleib du bei den anderen zweien hier unten.« Und mit diesen Worten ging er in die Ewigkeit ein, um ein Wiedersehen mit Paul junior und Becky zu feiern. *Ray L. Lundy*

Das Wunder der Freundschaft

Es gibt ein Wunder, das Freundschaft heißt.
Es wohnt in unserem Herzen.
Keiner weiß, wie es geschieht
oder was der Auslöser dafür ist ...
Doch das Glück, das es uns bringt,
erfüllt unser Leben mit Licht.
Und wir erkennen, dass Freundschaft
das kostbarste Geschenk Gottes ist.

Verfasser unbekannt

Das Brautkleid

Es war eine herrliche Hochzeit, die wir in jenem Dezember eine Woche vor Weihnachten bei klirrender Kälte feierten. Das Brautkleid aus cremeweißem, mit winzigen Perlen bestickten Satin brachte meine zierliche Figur und meine kastanienfarbenen Zöpfe wunderbar zur Geltung, und ich fühlte mich wie eine Königin. Was für ein Fest der Freude und Hoffnung!

Aber die Jahre, die auf dieses Ereignis folgten, sollten für mich alles andere als freud- und hoffnungsvoll werden. Wie können wir je die Geheimnisse, Kämpfe und inneren Stürme eines anderen Menschen verstehen? Hilflos musste ich mit ansehen, wie mein geliebter Mann in den Griff seiner sich ständig verschlimmernden Alkoholsucht und die damit einhergehende Spirale aus Lug und Trug geriet. Von den Demütigungen und Beleidigungen, die ich tagtäglich zu ertragen hatte, war ich wie gelähmt, doch als mein Mann seinen Hass dann auch noch gegen unsere beiden kleinen Kinder richtete, rüttelte mich das wach. Freude und Hoffnung waren dahin, meine Ehe ein Scherbenhaufen. Das Brautkleid, das ich zum Andenken an glücklichere Zeiten sorgsam aufbewahrt hatte, wurde zu einem Symbol des Schmerzes.

Auch eine andere Frau musste Schmerzen erleiden. Mit 27 Jahren lag die krebskranke Teresa im Sterben. Die Freude, die Hoffnung, die sie hätte im Herzen tragen sollen, waren dabei zu versiegen. Ihr Geliebter stand an ihrem Bett, erschüttert angesichts der Erkenntnis, dass ihr gemeinsames Leben, ihre bevorstehende Hochzeit, nichts als ein Traum bleiben sollte.

Ich war längst nicht mehr die junge Braut im Satinkleid von damals. Als allein erziehende Mutter hatte ich alle Hände voll zu tun, mich und meine Kinder durchzubringen. Gott sei Dank hatte ich eine gute Ausbildung. Mit meinem Job als Krankenschwester konnte ich nicht nur den Lebensunterhalt für meine Familie erwirtschaften, sondern zugleich meinen Patienten und meiner eigenen verwundeten Seele Heilung zukommen lassen. Während ich dabei war, Teresa für eine Zeit lang Ruhe vor ihren Schmerzen zu verschaffen, dankte ich Gott für die bittersüßen Segnungen meines eigenen Lebens.

Während das Morphium durch den Tropf in Teresas Vene floss, griff sie nach meiner Hand. »Mein Verlobter und ich haben beschlossen, vor meinem Tod zu heiraten«, flüsterte sie. »Ich weiß, dass viele das nicht verstehen werden. Aber wir wollen vor Gott eins sein, und sei es nur für kurze Zeit. Ich weiß nur nicht, wie wir es bewerkstelligen sollen, hier zu heiraten.«

»Ich frage unseren Kaplan«, versprach ich ihr.

An den darauf folgenden beiden Tagen herrschte Feststimmung auf unserer Station. Die Hochzeitskapelle des Krankenhauses wurde gerichtet, der Kaplan klärte das junge Paar über den tieferen Sinn und die Segnungen der Ehe auf, unsere Sozialarbeiterin – eine begnadete Violinistin – erbot sich, bei der Feier zu spielen, und die Leute von unserer Cafeteria versprachen, einen festlichen Empfang auszurichten.

»Ich werde wohl eine ziemlich komische Figur abgeben, wenn ich im Krankenhausnachthemd vor den Altar trete«, sinnierte Teresa. Die Behandlungskosten hatten ihre finanziellen Reserven völlig aufgezehrt, und mittlerweile zahlte die staatliche Sozialkasse der Mittellosen ihren Krankenhausaufenthalt. *Mein Kleid*, dachte ich. *Mein schmal geschnittenes Brautkleid. Es würde Teresa bestimmt wie angegossen passen.*

»Ich habe da ein wunderschönes Kleid, das Sie tragen könnten«, eröffnete ich ihr. »Ich habe es bei meiner eigenen Hochzeit getragen, und ich glaube, es hat genau die richtige Größe für Sie.« Als ich ihr das Kleid und den dazugehörigen Schleier beschrieb, funkelten Teresas Augen.

Am Tag der Hochzeit war es klar und sonnig. Während die Ärzte und wir Krankenschwestern unsere allmorgendlichen Aufgaben erledigten, herrschte eine ganz eigenartige Stimmung auf der Station. Wir waren so aufgeregt und freuten uns so für die beiden. Das Brautkleid hing schon am Fußende von Teresas Bett bereit, und die Braut wartete geduldig auf ihren großen Moment. Ein seliges Lächeln erhellte ihr ausgezehrtes Gesicht.

Um 13 Uhr kam ich, um sie anzukleiden. Vor dem Zimmer stand ein Brautstrauß aus rosa Rosen und Schleierkraut bereit – eine Spende des hauseigenen Blumenhändlers. Als ich den Raum betrat und mein Blick auf das cremeweiße Satinkleid mit der Perlenstickerei fiel, dachte ich wieder an jenen klirrend kalten Dezembertag vor so vielen Jahren. Ich strich über den Stoff. Wie wunderbar glatt er war! Dann nahm ich es vom Bügel und wandte mich Teresa zu. Sie sah so unglaublich friedlich aus.

»Teresa, Sie werden eine so schöne Braut sein! Sind Sie bereit? Teresa? Teresa!« *Oh, nein. Bitte, Gott, nicht jetzt! Bitte lass sie jetzt nicht sterben!* Für einen Moment schlug Teresa die Augen auf, bevor sie sich mit einem Lächeln auf den Lippen verabschiedete.

Die allgemeine Freude schlug in Trauer um. Teresas Verlobter war untröstlich. Schluchzend warf er sich über ihren zerbrechlichen Körper. Ihre Mutter brach an ihrem Bett zusammen. Ich selbst drückte das Brautkleid fest an mich, und meine Tränen benetzten die winzigen Perlen, die darauf gestickt waren.

Zwei Tage später kamen Teresas Mutter und ihr Verlobter zu mir, um mich zur Beerdigung einzuladen. »Teresa hat Sie so gern gehabt«, meinte ihre Mutter. »Es wäre uns eine Ehre, wenn Sie zur Beerdigung kommen würden. Sie wäre so gerne Braut gewesen, und Sie haben das verstanden.«

Sie wäre so gerne Braut gewesen. Im Leben war ihr diese Freude versagt geblieben. »Meine Teresa wäre so schön gewesen in dem wundervollen Kleid«, fuhr die Mutter fort.

Wenn nicht im Leben, warum dann nicht im Tode? Nein, Herr, nein! Nicht das, das geht zu weit!

»Dadurch sollen sie getröstet werden; sie sollen in Liebe zusammenhalten, um die tiefe und reiche Einsicht zu erlangen und das göttliche Geheimnis zu erkennen, das Christus ist.« (Kol 2, 2)

»Was ist dein Wille, Herr?«, betete ich.

»Tröste sie und zeige ihnen meine Liebe, indem du ihnen einen Liebesdienst erweist.«

Mir versagte fast die Stimme, als ich fragte: »Was wird Teresa bei ihrer Beerdigung tragen?« Sie blickten zu Boden. Dann die Antwort: »Wir wissen es noch nicht. Die Sachen, die sie hat, sind alle furchtbar alt und außerdem passen sie ihr nicht mehr. Sie ist ja so schmal geworden.«

»Dadurch sollen sie getröstet werden ...«

»Wie wäre es, wenn Teresa in ihrem Brautkleid zu Grabe getragen würde?«

»Aber es ist doch *Ihr* Brautkleid«, wandte der Verlobte ein.

»Nein, es *war* einmal mein Brautkleid. Jetzt sollte sie es tragen. Es gehört ihr. Sie können es haben.«

Und so wurde Teresa in dem cremeweißen, perlenbestickten Brautkleid beerdigt. Ein passender Schleier aus zarter Spitze verbarg ihr Gesicht, das auch im Tode noch edle Züge aufwies. Ich stand an ihrem Grab und versuchte, das göttliche Geheimnis zu erkennen. *»O Tiefe des Reichtums, der Weisheit und der Erkenntnis Gottes! Wie unergründlich sind seine Entscheidungen, wie unerforschlich seine Wege! Denn wer hat die Gedanken des Herrn erkannt?«* (Röm 11, 33–34)

Barbara Frye, Ph.D.
Eingereicht von Ruby Hinrichs

Helens Geschichte

… Ich lasse dich nicht fallen und verlasse dich nicht.
HEBR 13, 5

Als ich Helen Packer zum ersten Mal begegnete, war sie 17 Jahre alt. Sie war gläubige Christin und ein behütetes Kind. Und es war das letzte Mal, dass sie ins Krankenhaus kam. Sie hatte Lymphdrüsenkrebs, und die Ärzte hatten alles versucht, doch vergeblich.

Helen vertraute mir, ihrer Krankenschwester, an, dass sie alles aushalten könne, bloß nicht den Gedanken, allein sterben zu müssen. Irgendein Mensch, der ihr nahe stand, sollte bei ihr sein und mit ihr beten. Das war ihr einziger Wunsch. Helens Mutter saß von morgens bis abends an ihrem Bett. Nur zum Schlafen fuhr sie nach Hause, doch in der Früh war sie pünktlich wieder auf ihrem Posten. Helens Vater war beruflich viel unterwegs, doch wann immer er es einrichten konnte, löste er seine Frau bei der Betreuung der Tochter ab.

Wir Krankenschwestern wussten ebenso wie Helen und ihre Eltern, dass der Tod unmittelbar bevorstand. Die junge Frau hatte bereits Krampfanfälle und verlor gelegentlich das Bewusstsein.

Als ich eines Abends gegen 23 Uhr das Krankenhaus verließ, lief mir Helens Mutter über den Weg. Auch sie war auf dem Weg zur Tiefgarage, und so unterhielten wir uns ein wenig. Mitten in unser Gespräch platzte eine Lautsprecherdurchsage: »Ferngespräch. Helen Packer, bitte bei der Vermittlung melden.«

Frau Packer reagierte besorgt. »Alle wissen doch, wie krank sie ist«, entfuhr es ihr. »Ich gehe noch mal zurück, um zu sehen, wer sie sprechen will.« Mit diesen Worten machte sie auf dem Absatz kehrt. Als sie sich bei der Vermittlung meldete, hatte der Anrufer bereits aufgelegt, jedoch nicht, ohne eine Botschaft zu hinterlassen: »Richten Sie Helen aus, dass ihr Besuch sich verspätet. Aber kommen wird er ganz bestimmt.«

Frau Packer wunderte sich, wer der ominöse Besucher wohl sein könnte, und so blieb sie an Helens Bett sitzen, um auf ihn zu warten. Helen starb um 1.13 Uhr. Ihre Mutter saß neben ihr, hielt ihre Hand und betete.

Als wir am nächsten Tag nachfragten, konnte sich die Frau von der Vermittlung noch nicht einmal daran erinnern, ob es sich bei dem Anrufer um eine Frau oder einen Mann gehandelt hatte. Es gab keine andere Helen Packer im Haus, weder unter den Angestellten noch unter den Patienten oder Besuchern. Für diejenigen unter uns, die Helen in ihr Herz geschlossen und für sie gebetet hatten, gab es nur eine Antwort.

Sandy Beauchamp

Süßer Abschied

Amen, das sage ich euch:
Wenn ihr nicht umkehrt und wie die Kinder werdet,
könnt ihr nicht in das Himmelreich kommen.

Mt 18, 3

Meine Tochter Whitley war erst zwei Jahre alt, als sie das erste Mal mit dem Tod in Berührung kam. Er trat in Form einer Krebserkrankung in Erscheinung und raubte ihr die »adoptierte« Oma, »Miss Betty«. Whitleys eigentliche Großeltern lebten noch, aber »Miss Betty« und »Mr. Bill« wohnten gleich nebenan, und weil der Weg zu ihren eigenen Enkeln mehrere Stunden dauerte, erlebten sie Whitley als willkommene Bereicherung ihres Alltags. Das Miteinander war ein Genuss für alle Beteiligten.

Als ich im Sommer drei Wochen lang in einer Ferienschule unterrichtete und »Miss Betty« – eine überaus gepflegte Dame mit silbernem Haar – meine Kleine betreute, hatte das ihre Beziehung noch einmal vertieft. Betty war noch sehr aktiv, und die beiden hatten lange Streifzüge unternommen, um die heimische Blumenwelt zu erkunden. Augenzwinkernd berichtete sie allabendlich, was Whitley tagsüber wieder Tolles vollbracht hatte, gerade so wie eine stolze Oma es tun würde.

Beiläufig erwähnte Betty eines Tages, dass sie einen Arzttermin habe. »Ich habe da so ein komisches Stechen in der Seite«, erklärte sie mir.

Danach riss die Serie der Termine, Untersuchungen und Operationen nicht mehr ab – 16 Monate lang.

Als wir sie besuchten, konnte Whitley nicht begreifen, warum »Miss Betty« die ganze Zeit in ihrem Sessel sitzen musste. Oder warum sie jetzt ein Kopftuch aufhatte. Oder

warum »Mr. Bill« so traurig dreinschaute. Irgendwann verschlechterte sich Bettys Zustand auf so dramatische Weise,
dass ich Whitley nicht mehr mit zu ihr nahm.

Als ich sie im August zum letzten Mal sah, sprach sie so
herzlich von der Kleinen. Mit brüchiger Stimme erklärte sie
mir, dass Whitley ein ganz besonderes Kind sei und Gott
Großes mit ihr vorhabe. Mir liefen die Tränen übers Gesicht,
während ich nickte. Da lag die Frau im Sterben und fand dennoch tröstende Worte für andere.

In der hektischen Zeit unmittelbar nach Bettys Tod verfiel
Bill zusehends, und innerhalb kürzester Frist war der vor-
mals so stabile, forsche Mann nur noch ein Schatten seiner
selbst. Sogar seine Kinder waren schockiert über die Verän-
derung. Er, der immer wie ein Fels in der Brandung gewirkt
hatte, erschien jetzt wie ein Blatt im Wind. Bill und Betty hatten eine klare Rollenverteilung gehabt: Er traf die Entscheidungen und sie nickte. Er verbuchte alle Lorbeeren für sich
und sie freute sich für ihn. Jetzt, wo sie nicht mehr da war,
wurde offensichtlich, dass er zwar das Gebäude, sie aber das
Fundament gewesen war.

In den Monaten nach Bettys Tod hatten wir Bill oft zum
Essen zu Gast. Er gehörte zu den Männern, die nicht mal
einen Topf mit Wasser aufsetzen konnten, doch er hatte einen
guten Appetit und konnte eine kräftige Portion Hausmanns-
kost vertragen.

Auch hatte er jedes Mal großen Spaß mit Whitley. Zuerst
machte ich mir Gedanken, weil sie ihm so viele Fragen stellte:
»Ist Miss Betty im Himmel?« »Vermisst du sie?« »Wirst du sie
wiedersehen?« Aber in Wirklichkeit wartete Bill nur auf eine
Gelegenheit, über seine Frau reden zu können, und meine
Tochter gab ihm mit ihrer Fragerei das Stichwort dazu.

An einem Sonntagnachmittag im Oktober fing Whitley an,
von Mr. Bill zu sprechen. Sie wollte ihn zum Abendessen ein-

laden, aber wir hatten schon etwas anderes vor. Ich versprach ihr, dass wir ihn bald sehen würden, aber damit ließ sie es nicht bewenden. Sie machte sich regelrecht Sorgen um ihn. »Was wird er bloß essen?«, fragte sie, und ihre schokoladenbraunen Augen waren vor Schreck geweitet. »Und was ist, wenn er einsam ist, Mama?«

Die Fragerei dauerte den ganzen Abend, und als ich sie schließlich ins Bett brachte, fing sie an zu weinen. »Ich will mit Mr. Bill reden!« Um ganz ehrlich zu sein, ging sie mir langsam auf die Nerven. In meiner Verzweiflung schlug ich ihr vor, ihn doch einfach anzurufen.

Als Bill abhob, erklärte ich ihm entschuldigend, dass Whitley ihn unbedingt habe sprechen wollen. Dass sie sich solche Gedanken um ihn machte, rührte ihn zutiefst. Sie sprachen kurz miteinander und erzählten sich, was es zum Abendessen gegeben hatte und wie ihr neuer Pyjama und ihre neuen Anziehsachen aussahen.

Als ich den Hörer übernahm, vertraute mir Bill an, dass er ganz allein im Dunkeln dagesessen und sehr niedergeschlagen gewesen sei. Whitleys Anruf war für ihn wie »heller Sonnenschein« gewesen. Ja, er war einsam gewesen. Ich schämte mich, dass es der ganzen Hartnäckigkeit einer Zweijährigen bedurft hatte, um ihn anzurufen.

Am nächsten Tag erlitt Bill einen schweren Herzanfall. Er verstarb noch auf dem Weg ins Krankenhaus. Ich kann nicht zählen, wie oft ich mich daran erinnert habe, was Whitleys letzte Worte an ihn waren: »Tschüs. Ich hab dich lieb, und bald werden wir uns wiedersehen.« Wenn unsere Abschiede nur immer so süß wären. *Jeanine Marie Brown*

Gute Nacht, träum was Schönes, ich liebe dich!

Mein Vater war schon seit fast drei Monaten im Krankenhaus. Er hatte einen inoperablen Hirntumor und litt unter den schweren Folgen der Strahlentherapie, die er hinter sich hatte. Mit seinen 76 Jahren war er einfach nicht mehr fit genug gewesen, um solche körperlichen Strapazen durchzustehen.

Obwohl er bei seiner Einweisung in die Klinik unendlich schwach war, war er während der ersten zwei Monate seines Aufenthalts bei klarem Bewusstsein und guten Mutes, wieder gesund zu werden und nach Hause gehen zu können. Dennoch hatte er Angst, denn instinktiv spürte er den nahenden Tod. Ich glaube, er fürchtete sich mehr davor, seine Familie zurücklassen zu müssen, als vor dem Sterben selbst. Ganz sicher aber weiß ich das nicht, weil wir nie darüber gesprochen haben; weil wir nicht darüber sprechen konnten. Wenn auch in der Vergangenheit nicht immer alles rosig zwischen uns gewesen war, eines stand fest: Mein Vater liebte seine Familie mehr als alles andere im Leben.

Gegen Ende des zweiten Monats, den er in der Klinik verbrachte, entdeckten die Ärzte bei ihm einen zweiten Tumor im Gehirn. Die Aussichten, dass er eine weitere Strahlentherapie überstehen würde, waren gering, doch man überließ die Entscheidung uns Angehörigen. Zu diesem Zeitpunkt war mein Vater bereits nicht mehr bei klarem Verstand, sodass er selbst nicht mehr darüber bestimmen konnte. Darum waren meine Mutter (damals 52), meine Schwester, mein Bruder und ich gefragt. Nach langen, tränenreichen Diskussionen beschlossen wir, ihm die mit einer solchen Behandlung verbundenen Schmerzen nicht noch einmal zuzumuten. Er hatte bereits so viel gelitten und es gab keine wirkliche

Chance auf Heilung. Die Bestrahlungen – sofern er sie überhaupt überleben würde – hätten seinen Tod allenfalls ein paar Monate hinauszögern können. So sagten wir ihm noch nicht einmal, dass er einen weiteren Tumor hatte.

Während des dritten Monats, den mein Vater im Krankenhaus verbrachte, schlief er viel. Er konnte sich mittlerweile nicht mehr allein versorgen. Wenn er überhaupt sprach, dann war seine Stimme so schwach, dass wir ihn kaum verstehen konnten. Wir ermunterten ihn, seine Gedanken für uns aufzuschreiben, und er versuchte es auch, aber seine Schrift war nicht zu entziffern. Das Ganze war ausgesprochen frustrierend für ihn und für uns – und unendlich traurig.

Meine Mutter war jeden Tag von morgens bis abends bei ihm. Nur über Nacht fuhr sie nach Hause. Ich besuchte Vater fast jeden Abend und am Wochenende, wenn ich nicht zur Arbeit musste. Ich fütterte ihn oder saß einfach bei ihm, erzählte ihm, was es an Neuigkeiten in der Familie gab oder was es sonst so zu berichten gab. Er antwortete nur selten, und wenn er doch einmal etwas sagte, dann waren es immer nur wenige Worte, die keinen Sinn machten. Und doch verabschiedete er mich allabendlich mit dem gleichen Satz: »Gute Nacht, träum was Schönes, ich liebe dich!« Ich hatte keine Mühe, das zu verstehen, denn ebendiese Worte hatte er während meiner Kindheit jeden Abend zu jedem von uns Kindern gesagt.

Gegen Ende des dritten Monats geriet er in einen Dämmerzustand, in dem er nicht mehr wahrzunehmen schien, was rings um ihn vorging. Wenn er nicht schlief, starrte er die Decke an. Er hatte sich entsetzlich wund gelegen, doch wenn die Krankenschwestern ihn behandelten, dann verzog er keine Miene. Nie habe ich ihn über Schmerzen klagen gehört.

Ich gab mir alle Mühe, nicht vor den Augen meines Vaters

zu weinen, denn ich wollte ihn nicht beunruhigen oder traurig machen. Aber an einem Abend – ich war allein mit ihm –, da konnte ich mich einfach nicht mehr zurückhalten. Ich stand mit dem Rücken zu ihm und starrte aus dem Fenster, und die Tränen liefen mir übers Gesicht. Mir fielen all die guten Zeiten ein, die ich mit meinem Vater verbracht hatte, und ich war traurig, dass ich ihm nicht schon viel früher gesagt hatte, wie viel er mir bedeutete und wie sehr ich ihn liebte. Auch bedauerte ich, dass wir in unseren Gesprächen nie auf seinen bevorstehenden Tod eingegangen waren. Mir war klar, dass ihm das Thema auf der Seele gebrannt haben musste, doch keiner von uns hatte es je angesprochen. Wir hatten einfach nicht die richtigen Worte gefunden. Und jetzt war es zu spät: Ich wusste, dass er mich nicht mehr verstehen würde.

In diesem Augenblick hörte ich, wie mein Vater klar und verständlich zu mir sprach: »Weine nicht, mein Kind. Ich weine ja auch nicht. Es wird Zeit, dass ihr mich gehen lasst.«

Die Deutlichkeit seiner Worte überraschte mich so sehr, dass ich mich, immer noch weinend, zu ihm ans Bett setzte und ihn in die Arme schloss. Er drückte mich mit der wenigen ihm noch verbliebenen Kraft an sich und sagte: »Ich wünschte, ich wäre euch ein besserer Vater gewesen. Ich wollte so viel für dich und deine Geschwister tun. Und ich wünschte, ich wäre eurer Mutter ein besserer Ehemann gewesen.«

Dieser völlig unverhoffte Moment der Klarheit gab mir die Gelegenheit, die ich schon verpasst zu haben glaubte, und so ergriff ich sie beim Schopf: »Wenn es nach mir ginge, würde ich dich überhaupt nie loslassen«, sagte ich. »Aber ich weiß, dass ich es trotzdem tun muss. Ich will nicht, dass du dir Sorgen machst, weil du uns allein zurücklassen musst. Natürlich wirst du eine große Lücke in unserem Leben hinterlassen, weil du der allerbeste Vater warst, den wir uns wünschen konnten. So wie du liebt kaum einer seine Familie. Natürlich ist nicht immer alles rosig gewesen, aber wir haben dich immer genauso lieb gehabt wie du uns.«

Dann erzählten wir uns allerhand Geschichten, an die wir uns erinnerten: kleine, alltägliche Dinge wie etwa, dass ich als Krabbelkind mit Vorliebe Dreck aß – nicht irgendwelchen x-beliebigen, es musste schon der richtige sein. Ich kostete mal hier und mal da, bis ich mich schließlich für eine ganz bestimmte Hand voll entschied. Während er sprach, musste er unweigerlich lächeln, so wie jedes Mal, wenn er es mir erzählt hatte. Uns fiel der Käfig ein, den er für die Krötenechsen gebaut hatte, die mein Bruder und ich früher einmal hatten; und auch, wie wir zwei Kleineren unsere ältere Schwester geärgert hatten, als sie zum ersten Mal verliebt war. Wir lachten und weinten, während wir gemeinsam in Erinnerungen schwelgten.

Er sagte, er habe keine Angst vor dem Tod. Was ihm Schwierigkeiten bereite, sei der Gedanke, uns zu verlassen. Auf meine Frage, ob es etwas gebe, was ich für ihn tun könne, meinte er: »Sorge dafür, dass ihr euch auch in Zukunft gut versteht und dass die Familie zusammenhält. Das ist alles, was ich mir wünsche.«

Nach einer Zeit merkte ich, wie sehr ihn unser Gespräch angestrengt hatte, und so küsste ich ihn und sagte ihm gute Nacht, obwohl sich alles in mir wehrte, diesen Augenblick enden zu lassen. »Gute Nacht, träum was Schönes, ich liebe dich!«, mit diesen Worten verabschiedeten wir uns, und ich hatte noch nicht die Tür erreicht, da war er schon eingeschlafen.

Während des Heimwegs vom Krankenhaus ging mir nicht aus dem Kopf, was für ein Geschenk dieser Abend gewesen war – dass wir nach so vielen Wochen der Kommunikationslosigkeit noch einmal richtig miteinander hatten reden können. Es war, als hätte er noch einmal die letzten Kraft- und Energiereserven in seinem Körper mobilisiert, um sich in dieser Klarheit zu konzentrieren. Es war ein echtes Wunder!

Noch in derselben Nacht starb mein Vater friedlich im Schlaf. Der Arzt rief uns gegen sechs Uhr morgens an und bat uns, sofort in die Klinik zu kommen. Es dauerte keine halbe Stunde, bis wir alle an seinem Bett versammelt waren, doch er war schon gegangen. Beim Anblick seines friedlichen Gesichtsausdrucks wurde ich unsäglich traurig. Gleichzeitig aber wusste ich, dass ich mit unserer Begegnung am Abend zuvor etwas ganz Außergewöhnliches hatte erleben dürfen.

Als wir zu meiner Mutter nach Hause fuhren – sie wohnt nur ein paar Häuserblocks von der Klinik entfernt –, da braute sich ein Gewitter zusammen. Wir waren zu sehr mit uns und unserer Trauer beschäftigt, um auf das Wetter zu achten. Plötzlich aber fuhr ein Blitz aus dem Himmel herab und spaltete die große Pinie im Vorgarten, die mein Vater dort als Setzling gepflanzt hatte. Mit einem lauten Krachen zersplitterte das Holz, und bald stand der Baum lichterloh in Flammen. Kurz darauf wurde das Feuer vom prasselnden Regen gelöscht. Es war ein so spektakuläres Naturschauspiel, dass wir eine Zeit lang wie gebannt dastanden und das Weinen vergaßen. Auf einmal verstand ich: Vater hatte ein letztes Mal die Hand nach uns ausgestreckt.

Als ich den Baum und die schnell dahintreibenden Wolken ansah, dachte ich wieder an das Gespräch, das wir beide am Vorabend gehabt hatten, und da überkam mich mit einem Mal ein Gefühl des unendlichen Friedens. »Ja, du warst ein ganz besonderer Mensch«, sagte ich. »Gute Nacht, träum was Schönes, ich liebe dich, Papa.«

Marilyn Dunham Ganch

Bande für die Ewigkeit

Im Haus meines Vaters gibt es viele Wohnungen.
Ich gehe, um einen Platz für euch vorzubereiten.
Und wohin ich gehe – den Weg dorthin kennt ihr.

JOH 14, 2–4

Als mein Vater 1973 in den Ruhestand ging, fing für meine Eltern ein neuer Lebensabschnitt an. Meine Mutter kümmerte sich weiter um den Haushalt und ihre liebevoll gestaltete Terrasse, mein Vater übernahm die Pflege des großen Gartens hinter dem Haus.

Auch ihre Essensgewohnheiten änderten sich. Statt des bisher üblichen reichlichen Abendessens aßen sie jetzt zu Mittag und am frühen Abend dann noch einmal eine kleine Mahlzeit. Wenn es Zeit für diesen Imbiss war, ging meine Mutter in die Küche, bereitete eine Kleinigkeit vor, ging dann ins Wohnzimmer und sagte liebevoll: »Komm, Pa, der Kaffee ist fertig.« Und dann setzten sich die beiden zusammen an den Tisch, um zu essen und sich zu unterhalten. Das Leben meinte es gut mit ihnen. Auch nach all den Jahren waren sie gern zusammen; sie freuten sich an ihren Kindern und Enkeln und darüber, miteinander alt zu werden.

Als die beiden auf die achtzig zugingen, setzte ein Prozess ein, in dessen Verlauf sich mein Vater sichtlich veränderte. Wir mussten mit ansehen, wie ihn die Alzheimerkrankheit nach und nach seiner Lebensenergie und seiner Würde beraubte. Dennoch waren meine Eltern weiterhin füreinander da, wie sie es in all den vielen Ehejahren gewesen waren.

Ein weiterer düsterer Schatten fiel auf die beiden, als meine Mutter einen Schlaganfall erlitt. Nach der Rückkehr aus der Reha-Klinik ging sie zwar am Stock, doch glücklicherweise litt sie nicht unter Sprachstörungen, und ihr Geist war wacher denn je. Kaum war sie wieder zu Hause, kümmerte sie sich um ihren Mann, der sie die meiste Zeit über noch nicht einmal richtig erkannte. Doch ihr abendliches Ritual erhielten die beiden die ganze Zeit aufrecht. Wie eh und je ging meine Mutter – wenn auch jetzt viel langsamer – in die Küche, deckte den Tisch, richtete eine Kleinigkeit zu essen und sagte: »Komm, Pa, der Kaffee ist fertig.« Und er stand auf und ging in die Küche, ohne recht zu wissen, warum. Über zwei Jahre ging das so. Und obwohl die Krankheit meinen Vater immer tiefer in die Verwirrung trieb, wäre es meiner Mutter nie in den Sinn gekommen, ihn ins Pflegeheim zu bringen, obwohl sie schon genug damit zu tun hatte, sich selbst zu versorgen. Wenn man heiratet, heißt es schließlich, in guten wie in schlechten Tagen, bis dass der Tod euch scheidet.

Im Sommer des Jahres 1995, kurz nach ihrem 61. Hochzeitstag, verschlechterte sich der Gesundheitszustand meiner Mutter zusehends. Und eines Tages erzählte sie uns von einem Traum. Über ihrem Bett schwebte ein wunderschön gedeckter Tisch. Zu essen stand nichts darauf, doch es lagen zwei Gedecke bereit. Als sie es uns beschrieb, dachten wir, er sei für sie und den Herrn gerichtet.

Im August wurde meine Mutter so krank, dass sie in die Klinik musste. Am Tag nach ihrer Aufnahme ging es meinem Vater so schlecht, dass er ebenfalls eingeliefert wurde. Unser Hausarzt sagte meiner Mutter, dass sie in ihrem Zustand auf keinen Fall weiter für meinen Vater sorgen könne. Das Unausweichliche war gekommen: Er war auf Rund-um-die-Uhr-Betreuung angewiesen. Eine Woche danach war ein Pflegeheim gefunden, das Alzheimerpatienten aufnahm, doch es war 100 Kilometer von zu Hause entfernt. Meine Mutter war am Boden zerstört, doch es blieb uns keine andere Wahl. In der darauf folgenden Woche nahm meine Schwester unsere Mutter bei sich auf. Kein gemeinsames Kaffeestündchen mehr, keine Gelegenheit, mit dem anderen gemütlich zusammenzusitzen…

Kaum einen Monat später wurde meine Mutter sehr krank. Ihre letzte Woche hier auf Erden verbrachte sie im Kreise ihrer Kinder, Enkel und Urenkel. Sie kamen von weit her, um noch einmal mit ihrer geliebten Mutter und Oma zusammen sein zu können. Am Abend vor ihrem Tode hielt sie unablässig zwei Finger in die Höhe und fuchtelte damit in der Luft herum. Am Freitag, den 29. September 1995, holte der Herr sie heim zu sich. Am Nachmittag desselben Tages fuhren einige von uns Geschwistern ins Pflegeheim zu unserem Vater. Er lächelte uns spitzbübisch an, doch er erkannte uns nicht. Wir waren uns einig, dass es wenig Sinn machte, ihn zur Trauerhalle zu bringen.

Am Montag, den 2. Oktober 1995, wurde meine Mutter frühmorgens zu Grabe getragen. Am selben Abend erhielten wir gegen 20 Uhr einen Anruf des Pflegeheims. Man teilte uns mit, dass unser Vater verstorben war. Auf einmal verstanden wir, warum sie die ganze Zeit über zwei Finger hochgehalten hatte: Sie hatte dem Herrn sagen wollen, dass sie einen Tisch für zwei Personen brauchten. Einmal mehr war sie vorausgegangen, um sicherzustellen, dass an dem wunderschön gedeckten Tisch auch er einen Platz hatte. Und dann hatte sie ihn gerufen: »Komm, Pa, der Kaffee ist fertig.«   *Virginia Jarvis*

Das Wunder des Rings

Wo große Liebe ist, sind Wunder allgegenwärtig.
WILLA CATHER

Ich weiß nicht, warum ausgerechnet jener Ring solche Bedeutung für mich bekam. Es ist schon merkwürdig, wie manche ganz alltäglichen Dinge mit dem Tod eines Menschen für uns auf einmal besonderen Wert gewinnen. Aber dass Ronnies Ring verloren ging, war wie ein Anker, an dem ich meine Trauer festmachen konnte. Ich glaube, Gott muss das gewusst haben.

Als ich den Ring für meinen Sohn Ronald Gene Johnson kaufte, war er 14 Jahre alt. Er war aus seinen Initialen RGJ geformt. Für meinen Mann erstand ich gleich einen mit, so dass sie etwas Gemeinsames hatten. Ronnie steckte sich seinen gleich an. »Danke, Mama«, sagte er und drückte mich fest an sich. Von da an legte er ihn nie wieder ab.

Ronnie war ein wunderbarer Sohn. Er war ein begeisterter Sportler, liebte es aber gleichzeitig, eine Beethovensonate auf dem Klavier zu spielen. Er war Klassensprecher, beliebt und bewundert, und er schämte sich nie, mich in aller Öffentlichkeit zu umarmen. Wir waren so stolz auf ihn, als er ein Football-Stipendium des Wichita State College gewann.

Und dann stand eines Abends im Oktober eine Freundin von mir vor der Tür und meinte, sie habe in den Nachrichten gehört, dass das Flugzeug, in dem Ronnies Mannschaft saß, am Gebirgsmassiv des Colorado zerschellt sei.

Seine Leiche war eine der ersten, die geborgen wurden, doch der Ring war verschwunden. Nicht viel von jenen schrecklichen Tagen ist mir in Erinnerung geblieben. Meine Tochter Vickie Lynn meint, ich habe dauernd gefragt: »Aber wo mag bloß der Ring hingekommen sein?« Dass Ronnie für immer von uns gegangen war und wir mit ihm all unsere Hoffnungen und Träume begraben mussten, konnte ich einfach nicht begreifen.

Immer wieder hatte ich das Gefühl, dass Ronnie bei mir sei. Ich hörte seine Stimme und wandte mich um in der Erwartung, ihn leibhaftig vor mir stehen zu sehen. Ja, manchmal glaubte ich, er sei wirklich da. Aber im Laufe der Monate wurden diese Momente immer seltener, und die Bilder von ihm verblassten.

Die Jahre vergingen, doch wann immer ich die Schublade aufzog und mein Blick auf die Schachtel fiel, in der jetzt nur noch ein einzelner Ring lag, da fing ich an zu weinen, denn ich wusste, dass es noch einen zweiten dazu gab, der für immer verloren war – genau wie mein Ronnie.

Was war nur an dem Ring, dass er mich dermaßen verfolgte? Ich weiß es nicht. Vielleicht lag es daran, dass er kostbar war und verloren ging – ebenso wie das Leben des Jungen. Allein der Gedanke, dass er irgendwo im Verborgenen liegen musste, ließ mich nicht los. Und dass es nicht möglich war, ihn zu finden, machte mir zu schaffen.

Eines Nachmittags – seit dem Unglück waren über zehn Jahre vergangen – lag ich auf dem Sofa im Wohnzimmer und ruhte mich aus, als das Telefon klingelte. Es war eine Frau namens Kathy am Apparat, und sie sagte: »Ich bin an der Absturzstelle auf dem Mount Trelease gewesen, und ich habe da etwas, das Ihnen gehören könnte.«

Wie bitte? Hatte ich richtig gehört? Meine Augen füllten sich mit Tränen.

»Sie haben Ronnies Ring!«, rief ich.

Am anderen Ende der Leitung blieb es stumm.

»Ja«, brachte die Frau schließlich hervor. »Ich weiß gar nicht, wie ich Ihnen das erzählen soll«, begann sie ihre Geschichte: Kathys Mann interessierte sich für alles, was mit Luftfahrt zu tun hatte – und ganz besonders für die Erforschung von Flugzeugabstürzen. Wie schon in anderen Fällen hatte er sich darum die Unglücksstelle im Colorado-Massiv näher ansehen wollen. Sie hatten sich darum in einem nahe gelegenen Hotel einquartiert und sich einen Bergführer gesucht, der ihren Mann zwei Tage später zur Unglücksstelle hinaufbringen sollte. In der ersten Nacht war der Frau im Traum ein junger, blonder Mann erschienen und dann wieder gegangen. Als sie aufwachte, stand sein Bild noch immer zum Greifen nahe vor ihr.

Als ich das hörte, schlug mir das Herz bis zum Halse. Ronnie hatte blondes Haar gehabt.

Der Traum hatte Kathy derart verstört, dass sie ihren Mann überredete, das Hotel zu wechseln. Doch in der nächsten Nacht war ihr der junge Mann noch einmal erschienen. Diesmal aber hatte sie ihn nicht fortgehen lassen, sondern war ihm im Traum gefolgt.

Am nächsten Morgen war sie mit ihrem Mann und dem Führer zum Fuß des Berges gefahren. Sie hatte ursprünglich keine Absicht gehabt, mit aufzusteigen, sondern wollte im Auto sitzen bleiben und lesen. Doch kaum waren die anderen aufgebrochen, da hatte sie das untrügliche Gefühl, ihnen folgen zu müssen.

Der Aufstieg war mühsam und schwierig. Er dauerte etwa drei Stunden. Als sie sich auf einen Felsen setzte, um Luft zu schöpfen, sah sie etwas Glitzerndes aus der Erde herausschauen. Sie zog es heraus, wischte es ab und hielt den Ring in Händen.

»Ich wusste gleich, dass er dem blonden Jungen gehörte«, erklärte sie mir.

»Ja«, stammelte ich und konnte nur mit Mühe die Tränen zurückhalten.

Kathy war von der Sache derart berührt – und beängstigt –, dass sie unbedingt mehr erfahren wollte. Darum stattete sie dem örtlichen Fernsehsender einen Besuch ab und sah sich im Archiv alles an, was sie über den Absturz finden konnte. »Das ist er!«, rief sie, als sie Ronnies Bild sah. Und so hatte sie mich gefunden.

Wenige Tage nach unserem Gespräch kam Kathy zu uns nach Hause. Da stand sie vor der Tür: Wie schön sie war, wie friedlich ihr Gesichtsausdruck! Lächelnd griff sie in ihre Handtasche, und mit zitternden Händen nahm ich den Ring entgegen. Wenngleich er von den Jahren und dem Kontakt mit den Naturelementen stumpf geworden war, glänzte er für mich strahlender denn je. Mit Tränen in den Augen schloss ich Kathy in die Arme. Sie war von Ronnies Seele berührt worden, und allein darum war sie mir nah.

Seit Jahren hatte ich gespürt, dass ich meinen Frieden finden könnte, wenn ich erst den Ring in Händen hielte. Und genauso war es. Ich wusste, dass Ronnie mir auf diesem Wege die Botschaft übermittelt hatte: *Mir geht es gut, Mama, und darum darf es dir auch gut gehen.* Gleichzeitig erschien es mir wie ein Wink Gottes. Mir war, als wolle er mir versichern, dass er mich liebte und ihm die Trauer einer Mutter am Herzen lag – die Trauer und das Wiederfinden des Lebensglücks.

Wenn ich Ronnie auch immer vermissen werde, wusste ich doch im Inneren, dass die Leidenszeit zu Ende war. Etwas von ihm war mir zurückgegeben worden. Als ich den Ring in Händen hielt und die Buchstaben im Licht funkeln sah, kamen mir all die herrlichen Erinnerungen ins Gedächtnis zurück: Geburtstage und Ferienerlebnisse; die Geschichten, die er erzählt hatte; Gesprächsfetzen. Liebevoll legte ich den Ring zu dem zweiten in die Schachtel. Dort ist er gut aufgehoben.

DER FAMILIENZIRKUS®   von Bil Keane

Der Himmel ist eine riesengroße Umarmung, die ewig dauert.

Kathy ließ am Fuß des Berges im Gedenken an Ronnie und all die anderen jungen Menschen, die dort vor so vielen Jahren ihr Leben lassen mussten, ein Kreuz errichten. Und endlich fanden wir unsere Seelenruhe wieder.

Auch heute noch vergeht kaum ein Tag, an dem ich nicht an Kathy und ihr bemerkenswertes Geschenk denke. Ich wäre so gerne mit ihr in Kontakt geblieben, doch ich konnte ihre Adresse nirgends in Erfahrung bringen. Es scheint, als habe sie sich in Luft aufgelöst. Manchmal frage ich mich, ob sie wirklich ein Mensch aus Fleisch und Blut war – oder ein Engel, den der liebe Gott in einer Herzensangelegenheit zur Erde geschickt hatte. *Virginia Johnson*
Nacherzählt von Meg Lundstrom
Aus der Zeitschrift »Woman's World«

7

Eine Frage der Betrachtungsweise

Macht es euch zum Grundsatz,
Menschen und Dinge zu jeder Zeit
und unter allen Umständen
im allergünstigsten Licht zu beurteilen.

HEILIGER VINZENZ VON PAUL

Wenn du den kleinen Finger reichst…

Zuneigung zu empfinden
liegt nicht in unserer Macht,
freundlich zu sein schon.

SAMUEL JOHNSON

Es war am Sonntag nach Weihnachten, und gerade fing die Sieben-Uhr-Messe an. Ein paar fröstelnde Spätankömmlinge eilten noch die Stufen hinauf und suchten sich einen Platz auf den hinteren Bänken, wo eigens montierte Heizkörper wohlige Wärme verbreiteten.

Der Pastor, der an jenem Morgen seinen Dienst in unserer Gemeinde versah, hatte gerade mit der uralten Zeremonie begonnen. Die Gläubigen waren still und mochten nicht recht mitmachen. Jeder war in seiner eigenen Welt. Das Weihnachtsfest war erst zwei Tage her und hatte seinen Tribut gefordert. Sogar die Kinder gaben keinen Laut von sich. Es war die erste Zeit der Einkehr nach all der hektischen Betriebsamkeit, und den Menschen war einfach nur danach zumute, sich zurückzulehnen und auszuruhen. Während Pater Johannes zu seiner Predigt anhob, ließ er seinen Blick über die schweigsame Menge schweifen. Er begann seine Rede mit einem gefälligen Exkurs über die Weihnachtszeit und ihre wahre Bedeutung. Dann holte er etwas weiter aus und sprach von Opferbereitschaft und Nächstenliebe und der Notwendigkeit, gute Werke an anderen zu vollbringen. Wir könnten nichts falsch machen, so meinte er, wenn wir einfach nur freundlich wären. Es war eine dieser Ansprachen, die wir alle schon einmal gehört hatten, und wir aalten uns in dem wohligen Gefühl, unseren Teil geleistet zu haben.

Nach einer kurzen Pause aber konfrontierte Pater Johannes seine Schäflein mit einem neuen, überraschenden Gedanken, der uns aus unseren Träumereien riss: Er redete von den Landstreichern, den »Rumtreibern«, den »Pennern« und Obdachlosen, die die Straßen der Stadt bevölkerten und von der neuen Armut zeugten. In leisen Tönen verwies er darauf, dass sie unsere Hilfe am allerdringendsten brauchten. Die Leute fingen an, unruhig auf ihrem Platz hin und her zu rutschen. Fragende Blicke wurden ausgetauscht. Ganz offensichtlich gab es da einige Vorbehalte gegen seine Äußerungen. Wir dachten an die Obdachlosen, die von außerhalb in die Stadt drängten, an die »Penner«, die unsere Parks, Einkaufszentren und Innenstädte belagerten. Ein Großteil der Kleinkriminalität ging auf ihr Konto, und sie wurden definitiv nicht mit offenen Armen empfangen.

Frau Scupp grauste es allein schon bei ihrem Anblick. In der Woche zuvor hatte sie ein in ein schmuddeliges Steppbett gewickelter, verwahrloster Mann mit Bartstoppeln im Gesicht um Geld angebettelt. Vor Schreck hatte sie ihre Einkaufstüten fallen gelassen und »Nein!« geschrien. Er hatte sich gebückt und ihr geholfen, ihre Pakete wieder aufzuheben. Daraufhin hatte sie sich bemüßigt gefühlt, doch in ihrem Portemonnaie zu kramen und ihm ein paar Münzen zu geben. Die Begebenheit hatte sie ziemliche Nerven gekostet, und allein bei dem Gedanken schüttelte es sie noch jetzt.

Joe Waldens dickliches Gesicht verzog sich zur Grimasse. *Na klar*, dachte er. *Wenn du denen den kleinen Finger reichst, dann machen sie dir dein Geschäft kaputt.* Zuerst hatte er sich nicht über die Gruppen beklagt, die vor seinem Laden Geige und Gitarre spielten und um Spenden für ihr Unterhaltungsprogramm baten. Doch die potenziellen Kunden fühlten sich gestört und liefen an seinem Geschäft vorbei. Seine Verkaufserlöse waren zurückgegangen, und das hatte er dem Straßenvolk zu verdanken. Und was sollte er nach Meinung dieses Pfarrers jetzt tun? Er rümpfte die Nase.

Margaret hatte solchen Horror vor den heruntergekommenen Typen, die auf dem Parkplatz des Lebensmittelmarkts herumlungerten, dass sie am liebsten woanders einkaufen gegangen wäre. Allein der Gedanke, an den Obdachlosen vorbeigehen zu müssen, war ihr widerlich. Aber es gab keinen anderen Laden in der Nähe, und so ging sie nachmittags hin, wenn möglichst viel Betrieb war.

Al lehnte sich zurück und machte sich seine eigenen Gedanken zu dem Thema. Er feilte gerade an seiner Karriere als Polizist, und es war sein Job, diejenigen in die Schranken zu weisen, die die öffentliche Ruhe störten oder anderen Bürgern in die Quere kamen. Angesichts der Animositäten zwischen der Normalbevölkerung und den Landstreichern hatte es in der Vergangenheit zahlreiche Festnahmen und Platzverweise gegeben. Waren diese wirklich immer gerechtfertigt gewesen? *Ob ich in dem Zusammenhang nicht ein bisschen mehr tun könnte?*, fragte er sich. Doch dann zupfte Al den kuschelig warmen Mantelkragen zurecht, steckte die Hände in die Taschen und ließ den Gedanken vorüberziehen.

Der Priester fuhr mit seiner Predigt fort und berührte so manchen wunden Punkt. Am Ende forderte er die Menschen auf, den weniger Begünstigten mit mehr Freundlichkeit zu begegnen, fair zu ihnen zu sein und jeden Mitmenschen so zu behandeln, wie Christus es tun würde. Als er schließlich von der Kanzel herabstieg, um mit der Messe fortzufahren, war den Gemeindemitgliedern die gute Laune vergangen.

Der Gottesdienst nahm seinen Lauf, bis auf einmal ein Geräusch die heilige Ruhe störte – eine Mischung aus Stöhnen und Pfeifen, das sich mit steter Regelmäßigkeit immer und immer wiederholte. Gekicher setzte ein. Da schnarchte jemand! Laut und vernehmlich! Gespannte Blicke in Richtung Altar zeigten, dass sich der Pater von dem Geräusch nicht irritieren ließ. Andere aber schon. Eine Frau in der ersten Reihe mit einem großen roten Hut auf dem Kopf drehte sich mal links und mal rechts herum, um die Lautquelle auszumachen. Drei Kindern gelang es nicht, ihr Lachen zu unterdrücken. Ihr Vater versuchte, sie zur Ruhe zu bringen, und ließ gleichzeitig seinen Blick über die Menge schweifen, um den Störenfried zu finden. Und auf halber Höhe des Ganges entdeckte er sie – die zusammengekauerte, in eine Decke gehüllte Gestalt. Das Geräusch kam ganz eindeutig aus ihrer Richtung. Und mit jedem Glöckchenklingeln fing das graue Plaid erneut zu vibrieren an, während ein neuerlicher Schnarcher durch das Gewebe nach außen drang.

Bei dem Schlafenden handelte es sich ganz offensichtlich nicht um ein Mitglied der Gemeinde. Vielleicht war er einer dieser Landstreicher auf Wanderschaft gen Süden; oder irgendeiner, der in der Kirche Schutz vor der Kälte suchte. Vielleicht war es ein Penner. Wer es auch sein mochte, eines stand fest: Sein Schnarchen war ungehörig. Mit nervösem Hüsteln lauschten die Gläubigen auf das nächste Geräusch.

»Ob er auch ein schönes Weihnachtsfest hatte, Mama?« Es war ein kleines Mädchen in einer neuen rosa Jacke, das da flüsterte und sogleich beruhigend in den Arm genommen wurde.

»Der liebe Gott hat ihn doch auch gern, oder?« Diesmal war es der Vater, der nickte und die Kleine hochnahm. Mit dem Kinn auf seiner Schulter schaute sie auf den reglos verharrenden Mann. Die Menschen wurden unruhig. War dies nicht ausgerechnet einer von den armen Leuten, von denen in der Predigt die Rede gewesen war? Was für ein unangenehmer Gedanke!

Pater Johannes war bei den Abschlussgebeten angelangt, als das kleine Mädchen seinem Vater mit einem Bühnenflüstern etwas zuraunte, das von der ersten bis zur letzten Bank klar und deutlich zu hören war: »Papa, können wir nicht unsere Weihnachtsgeschenke mit ihm teilen? Kannst du mir ein bisschen Geld geben? Ich wecke ihn auch bestimmt nicht auf. Versprochen!« Ein leises Rascheln und Trippeln war zu hören, als sie den Gang überquerte, um ein paar Geldscheine auf die Decke zu legen. Als Nächstes stand Al auf und tat es ihr gleich. Auch Joe Walden brachte sein Opfer dar. Und bis Pater Johannes die Messe fertig gelesen hatte, waren noch eine Reihe weiterer Scheine auf der schlafenden Gestalt deponiert worden. Er konnte gerade noch sehen, wie Frau Scupp mit zittriger Hand eine Fünfdollarnote auf der Decke niederlegte, die inzwischen mit Geldscheinen übersät war. Und Margaret sah das Grinsen auf Pater Johannes' Gesicht, als sie ihre Spende gab.

Die Gläubigen waren merkwürdig verwandelt, als sie Pater Johannes nach dem Gottesdienst die Hand schüttelten. Der Mann in der Decke hatte sie berührt, und obwohl nicht viel geredet wurde, grüßten die Menschen den Priester mit besonderer Herzlichkeit. *Geben ist eben doch seliger als Nehmen*, dachte dieser bei sich.

Als der Pater in die leere Kirche zurückkehrte und zu dem Schlafenden hinging, da sah er erst, wie viele grüne Scheine in den Falten der Decke steckten. Und auf dem Boden ringsum lagen noch weitere verstreut. Sanft rüttelte der Geistliche den Mann an der Schulter. Er hob den Kopf und sah den Priester einen Moment lang verwundert an. »Oh, ich muss wohl eingeschlafen sein… Was ist denn das?«, wunderte er sich, als lauter Geldscheine um ihn herumwirbelten, während er aufstand und die Decke zu Boden glitt. Überrascht stellte der Pater fest, dass es Chris Gregory war, der da vor ihm stand – ein Feuerwehrmann und Sanitäter, den er seit Jahren kannte. »Es tut mir furchtbar Leid, Pater Johannes!«

Während sich Chris daranmachte, die vielen Scheine aufzulesen und die Schätze zu zählen, berichtete ihm der Priester, was geschehen war. Dann war es an Chris zu erzählen: Bei der Feuerwache waren drei Notrufe eingegangen. Es hatte an der Lagune und an den Bahngleisen gebrannt, und er war die ganze Nacht auf den Beinen gewesen. In den dritten Brand war eine junge Frau verwickelt gewesen, die kurz vor der Entbindung stand. Sie hatte Feuer gemacht, um sich ein bisschen aufzuwärmen, und es war außer Kontrolle geraten. Noch bevor sie in die Klinik gebracht werden konnte, kam das Baby – ein kleiner Junge – zur Welt. Er war ihr als Geburtshelfer zur Seite gestanden, hatte sie dann ins Krankenhaus gefahren und war länger geblieben als erwartet. Er hatte eine lange Nacht hinter sich und beschlossen, zur Morgenmesse zu gehen, bevor er sich hinlegte und ausschlief.

Insgesamt waren 600 Dollar und 60 Cents zusammengekommen. »Ich schlage vor, wir machen halbe-halbe«, meinte Pater Johannes. »Meinen Teil verwende ich für die Suppenküche, und du nimmst den Rest und bringst ihn der jungen Mutter. Sie wird es brauchen. Und jetzt gehen wir erst mal frühstücken. Ach ja: Leg die Decke zusammen. In der Gemeinde muss schließlich niemand wissen, wer sich darunter verbarg.« *Jeanne Williams Carey*

Bobby oder:
Wenn deine eigene Kraft nicht reicht

Als Kinderarzt bin ich in der außerordentlich glücklichen Lage, Tag für Tag die erstaunliche Kraft und den Glauben mitzuerleben, die die körperlich Schwächsten unter uns an den Tag legen. Eines dieser Erlebnisse hatte ich mit Bobby, einem Jungen, der im Alter von vier Jahren an Leukämie erkrankte. Er war inzwischen fünf, der Krebs war auf dem Rückzug – er war frei von Symptomen – und er war ins Krankenhaus gekommen, um eine Serie von diagnostischen Tests zu durchlaufen, die Teil seines routinemäßigen Behandlungsplans waren. Bobby hatte leuchtend blaue Augen und ein scheues Lächeln, das auf den ersten Blick nichts von der Weisheit verriet, die er im Laufe seines einjährigen Kampfes gegen den Krebs gewonnen hatte.

Durch die fortdauernde Chemotherapie hatte Bobby alle Haare verloren. Nach der Behandlung war ihm oft übel, und er konnte nichts essen. Der Junge hatte eine Vielzahl von ausgesprochen unangenehmen Untersuchungen und Therapien hinter sich, und was er an jenem Tag zu erdulden hatte, bildete da keine Ausnahme. Die Untersuchung, der er sich unterziehen musste, war in der Tat mit ziemlichen Schmerzen verbunden, und nachdem er sie schon einmal hinter sich gebracht hatte, wusste er, was ihm bevorstand. Ich erklärte ihm, was wir tun würden und warum es notwendig war, und betonte noch einmal, wie wichtig es sei, dass er absolut still liegen blieb. Bobby versprach, dass er sich nicht rühren würde, und versicherte mir, dass ihn die Krankenschwestern und technischen Assistenten, die bei der Untersuchung zugegen waren, nicht festzuhalten brauchten.

Als wir gerade anfangen wollten, fragte der Junge: »Dr. Brown, würde es Sie stören, wenn ich den 23. Psalm aufsage, während Sie mich stechen?«

»Nein, natürlich nicht«, gab ich zurück, und dann begannen wir mit den Tests. Bobby rezitierte wunderbar, er weinte nicht, er zuckte nicht, die Untersuchung verlief reibungslos. Am Ende versicherte der Kleine tapfer: »Es hat kaum wehgetan, Dr. Brown«, obwohl jeder von uns wusste, dass wir ihm einiges zugemutet hatten. Dann erwischte er mich mit einer Frage auf dem linken Fuß: »Dr. Brown, können Sie eigentlich den 23. Psalm auswendig?«

»Na klar«, gab ich zurück.

»Können Sie ihn für mich aufsagen?«, bohrte er nach. Er schien mir nicht recht zu glauben.

»Also, ich weiß nicht recht. Ich glaube schon«, antwortete ich. Mir war bewusst, dass ich mich auf Glatteis bewegte.

»Dann probieren Sie es doch!«

Und so fing ich stockend zu rezitieren an. Verglichen mit Bobbys Vortrag legte ich nicht unbedingt eine Glanzleistung hin, und dabei hatte man mir keine Nadel ins Rückenmark gebohrt. Ich merkte, wie all die anderen weiß Bekittelten im Raum am liebsten im Boden versunken wären – aus Angst, als Nächste dran zu sein. Diese Aussicht schien ihnen offenbar mehr Angst einzuflößen, als wenn sie einen Vortrag im Auditorium maximum hätten halten müssen.

Dann sagte der wunderschöne, kahlköpfige Bobby zu uns allen: »Wisst ihr, ihr solltet wirklich den 23. Psalm auswendig lernen. Denn wenn man ihn laut aufsagt, dann hört Gott das und dann gibt er uns innen im Herzen zu verstehen, dass er für uns stark ist, wenn unsere eigene Kraft nicht reicht.«

»...denn solchen wie ihm gehört das Reich Gottes.«

Dr. James C. Brown

Eriks alter Freund

Wenn wir Menschen beurteilen, bleibt uns keine Zeit, sie zu lieben.

MUTTER TERESA

Es war der erste Weihnachtsfeiertag, und ich war mit meinem Mann und den Kindern von San Francisco nach Los Angeles unterwegs. Wir hatten das Fest, das in jenem Jahr auf ein Wochenende gefallen war, mit meinen Schwiegereltern verbracht und mussten am Montagmorgen wieder zu Hause sein.

Um die Mittagszeit machten wir bei einer Raststätte in King City Halt. Ich war gerade in meine Tagträume über das Glück und den Sinn des Daseins versunken, als mich Erik, unser Einjähriger, mit einem Freudenschrei abrupt in diese Welt zurückholte. »Hallohallo!«, jauchzte er und hämmerte – wummm! wummm! – mit seinen speckigen kleinen Babyfäusten auf das Blechtischchen des Hochstuhls. Er verzog seinen süßen, zahnlosen Mund zu einem breiten Lachen, strahlte mit großen Augen, rutschte aufgeregt hin und her, gurrte und gluckste. Und dann auf einmal sah ich, was ihn zu solchen Begeisterungsstürmen trieb:

Ein zerlumpter Mantel, schmierig und abgewetzt. Ausgebeulte Hochwasserhosen, die ein halb offener Reißverschluss nur mühsam an einem spindeldürren Körper hielt. Zehen, die aus Möchtegernschuhen staken. Ein Hemd, das nicht nur am Kragen speckig war, und ein Gesicht, das seinesgleichen suchte. Ein Mund ebenso zahnlos wie der von Erik. Ungewaschenes, ungekämmtes, unerträgliches Haar. Stoppeln zu kurz für einen Bart, doch jenseits des Schattenstadiums. Dazu eine vom Suff derart aufgedunsene Nase, dass sie einer Kraterlandschaft glich. Ich war zu weit

223

weg, um ihn riechen zu können, aber ich wusste, dass er stank.

Er winkte wie wild und seine Hände schlackerten an lockeren Handgelenken. »Hallo, hallo, Baby! Hallo, hallo, großer Junge! Ich kann dich sehen, kleiner Racker!« Erik kringelte sich vor Lachen und rief in einem fort: »Hallohallo!« Und jeder seiner Rufe wurde prompt erwidert. Ich hielt ihm einen Cracker hin, doch er zerbröselte ihn nur auf seinem Tischchen. Ich drehte den Hochstuhl um. Erik fing an zu schreien und verrenkte sich schier den Hals, um seinen »Kumpel« sehen zu können.

Die Bedienung zog schon die Augenbrauen hoch. Und der eine oder andere Gast hüstelte genervt. Der alte Kauz erregte öffentliches Ärgernis – und missbrauchte dazu mein herzallerliebstes Kind! Jetzt schrie er quer durch den Saal: »Ei, Kleiner, willst du mit mir Guckguck spielen? Schaut doch, er spielt Guckguck mit mir!«

Der Mann war eindeutig betrunken. Keiner fand die Sache auch nur in irgendeiner Weise komisch. Meinem Mann war die Sache sichtlich peinlich. Ich wäre am liebsten im Boden versunken. Sogar unser Sechsjähriger wollte wissen, warum der Mann so laut redete. Wir aßen schnell und ohne ein Wort zu sagen – alle, außer Erik, der mit dem Penner sein ganzes Repertoire abspulte.

Endlich stand mein Mann auf, um zu zahlen. Ich solle schon mal voraus zum Parkplatz gehen. So schnappte ich mir Erik und machte mich auf den Weg zum Ausgang. Der alte Mann saß schon in Habtachtstellung bereit. Sein Stuhl stand genau zwischen mir und der Tür. *O Herr, lass mich hier rauskommen, ohne dass er mich oder Erik anspricht!*

Ich machte einen Riesenbogen um den Kerl und wandte ihm den Rücken zu, um von Erik auch noch das letzte Luftmolekül fern zu halten, das die Lungen des Alten passiert haben könnte. Aber Erik hatte die Augen fest auf ihn geheftet und lehnte sich weit über mein Schulter hinaus. Dabei streckte er ihm die Ärmchen in babytypischer Heb-mich-hoch-Manier entgegen. Für den Bruchteil einer Sekunde geriet ich durch die Zappelei des Kleinen so ins Wanken, dass ich dem alten Mann wider Willen direkt ins Auge sah. Und da stand sie geschrieben – die Frage: »Darf ich Ihr Kind einen Augenblick halten?«

Ich brauchte nicht zu antworten. Erik katapultierte sich förmlich aus meinem Griff in die Arme des Mannes und legte seinen Kopf sogleich an dessen verdreckte Schulter. Der Alte schloss die Augen, und Tränen hingen an seinen Wimpern. Mit seinen runzeligen, schmutzigen, von Schmerzen und schwerer Arbeit gezeichneten Händen hielt er sacht, ganz sacht mein Baby fest und streichelte ihm über den Rücken.

Einen Moment lang schaukelte er Erik im Arm. Dann öffnete er die Augen, sah mich direkt an und sprach: »Passen Sie gut auf dieses Kind auf!«

Und ich erwiderte: »Das werde ich tun.«

Dann löste er die Umarmung – widerwillig, wehmütig, als würde es ihm Schmerzen verursachen. Ich streckte die Arme aus, um mein Baby in Empfang zu nehmen, und da wandte sich der Unbekannte wieder an mich: »Gott segne Sie, junge Frau. Danke für das schöne Weihnachtsgeschenk!«

Nancy Dahlberg
Eingereicht von Walfred Erickson

In Jesus' Augen

Unser Sohn sollte von Anfang an wissen, dass wir ihn adoptiert hatten, und so sagten wir es ihm, als er noch ganz klein war. Dabei versuchten wir, es ihm mit möglichst einfachen Worten begreiflich zu machen.

»Man hatte uns gesagt, dass ich kein Baby im Bauch haben könnte. Jesus wusste das«, erklärte ich ihm. »Und er kannte noch eine andere Frau, die ein Baby im Bauch hatte, die aber nicht Mama werden konnte. An dem Tag, an dem dieses Baby geboren wurde, schaute er vom Himmel herunter, und da fielen wir ihm ein. Er wusste ja, wie gerne wir Mama und Papa werden wollten, und so beschloss er, uns das Baby zu schenken. So bist du zu uns gekommen.«

Eines Tages fragte mich unser Sohn auf dem Heimweg vom Kindergarten, ob er als kleines Baby in Jesus' Bauch gewesen sei. »Nein«, sagte ich und erklärte ihm noch einmal, wie er zu uns gekommen war. Dann fragte ich ihn, ob er noch etwas wissen wollte.

Er schüttelte den Kopf: »Nein, nein. Jetzt erinnere ich mich wieder. Ich bin nicht in seinem Bauch, sondern in seinen Augen gewesen, bevor ich geboren wurde.«

Helen Montone

Engel auf Erden

Wenn jemand wie ich Vera Fortune heißt, ist es kein Wunder, dass andere oft »du Glückliche« zu mir sagen. Und irgendwie finde ich, dass sie Recht haben, besonders wenn ich mit den 14 Enkelkindern zusammen bin, die mir geschenkt wurden.

Die Kinder – sie sind zwischen zwei und 14 Jahren alt – sind meine Augensterne. Nichts ist mir lieber, als ihnen zuzuschauen, ganz gleich, ob mir der 13-jährige Jakob Kunststücke mit dem Mountainbike vorführt oder ob ich Danielle und Katie (beide sieben) zur Ballettstunde begleite. Wenn sie fröhlich sind, ist es eine Freude für mich, auf der Welt zu sein.

Heute aber habe ich noch mehr Anlass zum Glücklichsein. Denn vor nicht allzu langer Zeit, als es einmal so aussah, als sei das Glück von meiner Seite gewichen, da standen mir wildfremde Menschen als Retter in letzter Not bei.

Es regnete, und ich fuhr von der Arbeit direkt zu meinem Sohn Ron. Ich hatte es eilig, denn ich hatte versprochen, auf seine Kinder – Jacob, Michelle und Matthew – aufzupassen. An einer Kreuzung sah ich, wie ein Jeep von der Gegenfahrbahn direkt auf mich zukam. *Er wird schon stehen bleiben*, dachte ich.

Ich weiß nicht, ob mich der Fahrer beim Abbiegen zu spät gesehen hat, doch urplötzlich erkannte ich, dass der Wagen eben nicht anhielt.

»Nein!«, schrie ich, vor Angst wie erstarrt, als unsere Fahrzeuge aufeinander krachten. Der Aufprall von Metall auf Metall ist alles, was ich noch mitbekam, bevor ich ohnmächtig wurde. Später erfuhr ich, dass mein Auto durch die Wucht des Zusammenstoßes von der Straße auf eine Wiese geschleudert wurde.

Sekunden später kam ich wieder zu mir. Ich spürte, wie mir etwas über die Stirn lief: Blut! Aber mein Herz schlug noch. *Ich bin am Leben!*, atmete ich erleichtert auf.

Dann sah ich mich um. Vor der Windschutzscheibe sah ich Wasser. Entsetzt merkte ich, dass mein Auto in einen Teich rutschte.

»Nein!«, schrie ich abermals. Ich versuchte, auf die Bremse

zu treten, doch da fuhr mir der Schmerz wie ein Messer ins Bein. *Ich habe mir den Knöchel gebrochen!* Dann hörte ich ein schreckliches Klatschen, und der Wagen kippte nach vorne. *Gott, steh mir bei!* Panische Angst ergriff mich, als ich sah, wie das Wasser mit einem Mal bis über die Türen reichte.

Ruhig Blut!, schärfte ich mir ein. *Es ist wahrscheinlich nicht tief hier. Selbst mit einem gebrochenen Knöchel kommst du hier raus.*

Doch als ich die Tür aufdrücken wollte, rührte sie sich keinen Millimeter. *Dann halt durchs Fenster!*, schrie eine Stimme in meinem Kopf. Ich fing an, die Scheibe herunterzukurbeln. Wasser strömte ein. Ich wollte es wieder zumachen, doch die Scheibe klemmte und saß fest.

Was soll ich bloß tun? Meine Gedanken rasten fieberhaft, und Panik stieg in mir auf, während das eisige Wasser meine Knie umspülte und mir bald bis über die Taille reichte. Während es immer weiter stieg, wurde mir schlagartig klar, dass ich ertrinken würde.

Irgendjemand muss den Unfall doch gesehen haben, versuchte ich mich zu beruhigen. *Bestimmt ist längst Hilfe unterwegs.* Doch ich hörte keine Sirenen, keine Stimmen von Menschen, die mir zur Seite eilten – da war nur der Regen und das Wasser, das mich umströmte.

Verzweifelt versuchte ich, mich zu befreien und mich durch das halb geöffnete Fenster zu zwängen. Vergeblich! Mittlerweile stand mir das Wasser bis zum Hals.

»Hilfe!«, schrie ich.

Plötzlich hatte ich Wasser im Mund. Das Auto sank tiefer. Ich hustete und legte den Kopf in den Nacken, sodass die Nase in den wenige Zentimeter hohen Luftraum ragte. *Lass mich nicht sterben!*, betete ich.

Die Sekunden verstrichen. Das kalte Wasser lähmte meine Glieder. *Wie lange werde ich wohl die Kraft haben, meinen Kopf so hochzustrecken?*, fragte ich mich. In meinem Herzen breitete sich Verzweiflung aus.

Plötzlich tauchten Bilder von vertrauten Gesichtern vor mir auf. Ich dachte daran, was ich alles verpassen würde, wenn ich jetzt ginge. Ich würde nicht miterleben, wie Kelsey und Ellie, die beiden Fünfjährigen, in den Kindergarten gingen. Nie würde ich erfahren, ob sich die 14-jährige Jessica ihren großen Lebenstraum erfüllen und Gospelsängerin werden würde.

Die kleine Michelle stand im Karatetraining kurz vor der Prüfung zum schwarzen Gürtel. »Du kommst doch, Oma?«, hatte sie mich gefragt.

»Ich kann nicht sterben!«, heulte ich. »Jetzt noch nicht!«

Während ich meine Stoßgebete gen Himmel sandte, kam Michael Brown in seinem Lastwagen die Straße entlang und entdeckte das Wrack des Jeeps. Er sah nach dem Fahrer, der nur ein paar kleinere Verletzungen davongetragen hatte. Und dann fragte er sich: *Wo ist das andere Auto?*

Auf einmal entdeckte er ein Licht. Vielleicht war es nur eine Reflexion von meiner Windschutzscheibe. Vielleicht war es ein himmlisches Zeichen, das ihm den Weg zu mir weisen sollte.

Er rannte zu dem Teich und stürzte sich ins Wasser, doch seine Arbeitsstiefel zogen ihn in die Tiefe und so musste er zum Ufer zurück.

Aber da griff das Schicksal – oder Gott? – ein. Patrick Downey hatte an jenem Abend einen anderen Heimweg von seiner Arbeit bei United Way eingeschlagen. Und Ken LaPine, Direktor einer Parkanlage, hatte Überstunden gemacht. Es war ein Segen, dass sie beide just in dem Augenblick an der Unfallstelle vorbeikamen, als ich ihrer bedurfte.

Sie sahen Michael im Wasser stehen, und als er schrie:

»Da ist jemand drin!«, zogen sie Jacken und Schuhe aus und tauchten in die Tiefe.

Angst und Kälte hatten mein Wahrnehmungsvermögen derart blockiert, dass ich von ihren Rettungsversuchen nichts mitbekam. Ken versuchte, die Beifahrertür zu öffnen, doch sie war verriegelt. Patrick rüttelte an der Fahrertür. Wie durch ein Wunder ließ sie sich öffnen, und ich hörte eine Stimme sagen: »Reichen Sie mir den Arm.«

Mein Körper war zu steif, um sich zu bewegen. Doch Patrick, mein rettender Engel, befreite mich mit einem kräftigen Ruck aus dem Wagen und zog mich an die Oberfläche. »Ich bin frei!« Gierig schnappte ich nach Luft.

Patrick und Ken zogen mich zum Ufer, und dort wurde ich von Sanitätern in Empfang genommen und in den bereitstehenden Krankenwagen gebracht. Im Krankenhaus wurde ich wegen Unterkühlung, eines zerschmetterten Knöchels, einer gebrochenen Rippe und mehrerer Schnittwunden am Kopf behandelt.

»Ihr habt mir das Leben gerettet!« Unter Tränen bedankte ich mich bei meinen Engeln, als sie mich in der Klinik besuchten.

Aber als ich nach meiner Entlassung von meinen Enkeln mit Küssen begrüßt wurde, erschienen mir Worte einfach nicht genug. So lud ich meine guten Samariter zu einem Abendessen mit der ganzen Familie ein. Sie sollten selbst sehen, was sie für mich getan hatten. Als sich meine Kinder bei Michael, Patrick und Ken bedankten, lächelten die Helden stolz. Aber als meine 14 Enkelkinder eines nach dem anderen vor sie hintraten, ihnen die Hand schüttelten und sagten: »Danke, dass Sie meine Oma gerettet haben«, da blieb kein Auge trocken.

Ich glaube ganz fest daran, dass Gott diese Männer an der Unfallstelle vorbeigeschickt hat, um mich zu retten. Und diesen Abgesandten des Himmels ist es zu verdanken, dass es stimmt, wenn die Leute »du Glückliche« zu mir sagen. Schließlich habe ich eine zweite Chance bekommen, im Kreise meiner Familie zu leben.

Vera Fortune
Nacherzählt von Steve Baal
Auszug aus der Zeitschrift »Woman's World«

Beten ist der Schlüssel

Ein Missionar arbeitete als Arzt in einem kleinen Feldhospital in Afrika. Von Zeit zu Zeit musste er mit dem Fahrrad durch den Urwald in die nahe gelegene Stadt fahren, um für Nachschub zu sorgen. Er brauchte zwei Tage für den Weg, und so musste er für die Nacht ein Lager aufschlagen. Mehrmals schon hatte er die Tour ohne irgendwelche besonderen Zwischenfälle hinter sich gebracht. Eines Tages aber – er war gerade in der Stadt angelangt – sah er zufällig mit an, wie ein Mann einen anderen zu Boden schlug und ernstlich verletzte. Er behandelte ihn also und sagte als Zeuge für ihn aus, bevor er seine Besorgungen erledigte.

Als der Missionar einige Wochen später abermals in die Stadt kam, trat der Mann, dem er geholfen hatte, auf ihn zu und sprach: »Ich weiß, dass Sie Geld und Medizin dabeihaben. Ich bin Ihnen damals mit ein paar Freunden gefolgt, denn wir wussten, dass Sie im Dschungel übernachten würden. Sobald Sie eingeschlafen wären, wollten wir Sie umbringen und Sie ausrauben. Als wir uns aber Ihrem Lager näherten, sahen wir, dass Sie von 26 bewaffneten Wächtern umringt waren. Wir aber waren nur zu sechst und wussten, dass wir nicht an Sie herankommen konnten. Darum haben wir den Rückzug angetreten.«

Der Missionar lachte, als er das hörte. »Aber das ist doch

völlig unmöglich«, gab er zurück. »Ich war ganz allein im Camp.«

Der junge Mann aber ließ sich nicht überzeugen. »Nein, nein. Ich weiß es ganz genau! Ich war doch nicht der Einzige, der die Wächter gesehen hat. Meine Freunde haben sie auch gesehen, und wir haben sie gezählt. Wir hatten Angst. Und wenn die Wächter nicht gewesen wären, hätten wir Sie bestimmt nicht in Ruhe gelassen.«

Einige Monate später reiste der Missionar nach Michigan, um bei einer Kirchenveranstaltung von seinen Erfahrungen in Afrika zu berichten. Da sprang einer der Teilnehmer auf und unterbrach ihn. Er hatte etwas höchst Erstaunliches zu sagen:

»Wir sind bei Ihnen gewesen und haben Ihnen geistigen Beistand geleistet«, führte er aus. Der Missionar verstand nicht recht, was er meinte, doch der Mann fuhr fort: »Wenn es Nacht ist in Afrika, dann ist es nach unserer Zeit frühmorgens. Ich schaute an jenem Tag in der Kirche vorbei, um ein paar Dinge abzuholen, die ich für einen Besuch in einer anderen Gemeinde brauchte. Aber als ich die Sachen ins Auto einlud, fühlte ich mich vom Herr gedrängt, für Sie zu beten. Das Gefühl war so stark, dass ich alle Männer, die in der Kirche waren, zusammenrief und wir für Sie beteten.«

Mit diesen Worten wandte er sich um und sagte: »Würden die Männer, die damals mit mir zum Herrn gebetet haben, bitte aufstehen?«

Und da erhoben sie sich von ihren Plätzen: alle 26.

Verfasser unbekannt
Eingereicht von Murray Moerman

Weihnachtsgeschenk eines Matrosen

Tu, was du kannst, mit dem, was du hast, wo immer du bist.
THEODORE ROOSEVELT

Admiral David L. McDonald
United States Navy
Washington, DC

Sehr geehrter Herr Admiral,

dieser Brief kommt mit einem Jahr Verspätung. Trotzdem ist es wichtig, dass Sie ihn bekommen. Ich wurde von 18 Personen gebeten, ihn zu schreiben.

Letztes Weihnachten war ich mit meiner Frau und unseren drei Söhnen in Frankreich. Wir fuhren von Paris nach Nizza, und fünf schreckliche Tage lang war so ziemlich alles schief gegangen, was nur irgend schief gehen konnte. Unsere Hotels erwiesen sich als »Touristenfallen« und unser Mietwagen brach zusammen. Dazu war es für fünf Personen viel zu eng in dem kleinen Auto, und unsere Stimmung war gereizt. Als wir am Heiligen Abend in einem heruntergekommenen Hotel in Nizza Quartier bezogen, waren wir alles andere als in weihnachtlicher Stimmung.

Es war kalt und regnerisch, als wir zum Essen gingen. Wir fanden ein schäbiges kleines Lokal, das mit kitschigem Weihnachtsschmuck dekoriert war. Es roch nach altem Fett. Nur fünf der Tische waren besetzt – zwei deutsche Paare, zwei französische Familien und ein amerikanischer Matrose. In einer Ecke des Restaurants klimperte ein Mann lustlos Weihnachtslieder auf dem Klavier. Ich war zu verbohrt, zu müde und unlustig, um auf dem Absatz kehrtzumachen. Als ich mich umsah, fiel mir auf, dass die anderen

Gäste in eisiges Schweigen versunken waren. Der einzige, dem es gut zu gehen schien, war der amerikanische Matrose. Er schrieb beim Essen einen Brief, und dabei schmunzelte er.

Meine Frau bestellte unser Essen auf Französisch. Der Kellner brachte das Falsche, und ich warf meiner Frau Unfähigkeit vor. Sie brach in Tränen aus. Die Jungs ergriffen für sie Partei, was nicht unbedingt zur Besserung meiner Laune beitrug. In dem Augenblick gab der Vater der französischen Familie an dem Tisch zu unserer Linken einem seiner Kinder wegen irgendeiner Nichtigkeit eine Ohrfeige, und der Junge fing an zu heulen. Rechts von uns fing die dicke, blonde Deutsche an, ihren Mann zu beschimpfen.

In diesem Augenblick fegte ein unangenehm kalter Luftzug durch das Lokal, und eine alte Blumenverkäuferin kam zur Tür herein. Regen tropfte von ihrem abgetragenen Mantel, und die abgetretenen Schuhe hinterließen bei jedem Schritt kleine Pfützen auf dem Boden. Mit dem Blumenkorb im Arm ging sie von Tisch zu Tisch. »Blumen, Monsieur? Nur ein Franc!« Keiner kaufte ihr irgendetwas ab. Müde setzte sie sich an den Tisch zwischen uns und dem Matrosen. »Einen Teller Suppe, bitte«, bestellte sie beim Ober. »Ich habe heute noch keinen einzigen Strauß verkauft.« Und an den Klavierspieler gewandt fügte sie mit heiserer Stimme hinzu: »Kannst du dir das vorstellen, Joseph? Suppe am Heiligen Abend?« Er deutete achselzuckend auf seinen eigenen leeren Teller.

Der junge Matrose war mit dem Essen fertig und stand auf. Nachdem er seinen Mantel angezogen hatte, ging er zum Tisch der Blumenfrau hin. »Frohe Weihnachten!«, sagte er und griff sich zwei Sträußchen aus ihrem Korb. »Was macht das?«

»Zwei Francs, Monsieur.« Er drückte eines der Sträußchen flach und schob es in den Brief, den er geschrieben hatte. Dann gab er der Frau eine Zwanzigfrancsnote.

»Ich kann Ihnen nicht herausgeben, Monsieur«, erwiderte sie. »Der Kellner kann mir bestimmt wechseln.«

»Lassen Sie es gut sein!« Er beugte sich über sie und küsste sie auf die Wange. »Das ist mein Weihnachtsgeschenk für Sie.« Dann richtete er sich auf und kam an unseren Tisch. Er hielt mir das zweite Sträußchen entgegen und sah mich fragend an: »Würden Sie mir erlauben, Ihrer wunderhübschen Frau diese Blumen zu schenken?« Und ohne lang zu warten, drückte er sie ihr in die Hand, wünschte uns ein frohes Fest und wandte sich zum Gehen.

Alle Augen waren auf den Matrosen gerichtet. Keiner aß mehr. Alles war still. Und kaum war er zur Tür hinaus, da kehrte in dem Restaurant schlagartig Weihnachten ein.

Die alte Blumenfrau sprang von ihrem Stuhl auf, wedelte mit dem Zwanzigfrancsschein, legte ein paar Tanzschrittchen hin und rief dem Klavierspieler zu: »Joseph, schau, das ist mein Weihnachtsgeschenk! Und ich teil es mit dir, damit wir zusammen schlemmen können!« Der Klavierspieler stimmte das Lied vom guten König Wenzeslaus an. Seine Hände flogen nur so über die Tasten, und er nickte mit dem Kopf im Takt.

Meine Frau bewegte ihren Blumenstrauß im Rhythmus der Musik. Sie strahlte und sah mindestens 20 Jahre jünger aus. Die Tränen waren aus ihren Augen gewichen, und ihre Mundwinkel waren lachend nach oben gezogen. Als sie zu singen anfing, ließen sich auch unsere drei Söhne nicht bitten und erfüllten mit ihren Stimmen den Saal.

»Gut, gut!«, riefen die Deutschen. Sie sprangen auf die Stühle und stimmten deutsche Lieder an. Der Kellner umarmte die Blumenfrau und mit ausladenden Gesten sangen sie auf Französisch. Der Franzose, der seinen Sohn geohrfeigt hatte, schlug im Takt mit der Gabel eine Flasche an. Der Junge kletterte auf seinen Schoß und jubelte in kindlichem Sopran.

Die Deutschen bestellten Wein für alle und schenkten ihn selber aus. Dabei umarmten sie alle Gäste und riefen Weihnachtswünsche aus. Eine der französischen Familien ließ eine Flasche Champagner kommen, reichte Gläser herum und küsste uns alle auf die Wangen. Der Besitzer des Restaurants sang »Stille Nacht« und wir fielen mit ein, die Hälfte von uns mit Tränen in den Augen.

Von der Straße drängten immer neue Gäste herein, bis nur noch Stehplätze vorhanden waren. Die Wände bebten, weil so viele Hände und Füße im Takt der Weihnachtslieder klatschten und stampften. Kaum ein paar Stunden zuvor hatte eine Hand voll missmutiger Menschen in einem schäbigen Restaurant gesessen – bis sich daraus mit einem Mal das allerfröhlichste Weihnachtsfest entwickelte, das sie je erlebt hatten.

Davon, sehr geehrter Herr Admiral, wollte ich Ihnen berichten. Als oberster Befehlshaber der US-amerikanischen Seestreitkräfte sollten Sie wissen, was für ein ganz besonderes Geschenk uns ein Matrose der US Navy machte – mir, meiner Familie und den anderen Gästen des Restaurants. Weil Ihr Seemann den Geist des Weihnachtsfestes im Herzen trug, brach er der Liebe und Freude Bahn, die wir unter so viel Ärger und Enttäuschung begraben hatten. Er hat uns Weihnachten geschenkt.

Herzlichen Dank und ein gesegnetes Fest.

William J. Lederer

Einen guten Priester wählen

Eine der schwierigsten Aufgaben, denen sich eine Kirchengemeinde gegenübersehen kann, ist die Wahl eines guten Priesters. Eines der Mitglieder des offiziellen Gremiums, das sich dieser mühsamen Prozedur zu unterziehen hatte, verlor schließlich die Geduld. Er hatte mit ansehen müssen, wie das Komitee aufgrund irgendwelcher – imaginärer oder realer – Nichtigkeiten Bewerber um Bewerber abgelehnt hatte. Höchste Zeit, dass ein Teil der Honoratioren einmal in sich ging! Darum stand er auf und verlas den folgenden Brief, der angeblich von einem der Bewerber stammte:

»Sehr geehrte Herren,
nachdem ich erfahren habe, dass die Priesterstelle in Ihrer Gemeinde frei ist, möchte ich mich für diesen Posten bewerben. Ich habe zahlreiche Qualifikationen und kann nicht nur auf eine erfolgreiche Tätigkeit als Prediger, sondern auch als Schriftsteller verweisen. Man sagt von mir, ich sei ein guter Organisator. Wohin ich bislang auch kam, fast überall wurde mir eine führende Rolle übertragen.

Ich bin über 50 Jahre alt und habe nie länger als drei Jahre an einem Ort gepredigt. Diverse Male habe ich die Stadt verlassen, weil ich mit meiner Arbeit für Aufruhr und Unruhe in der Bevölkerung sorgte. Ich muss zugeben, dass ich drei oder vier Mal im Gefängnis saß, aber das hatte nichts mit irgendwelchen wirklichen Vergehen meinerseits zu tun.

Gesundheitlich bin ich etwas angeschlagen, wenngleich ich immer noch einiges zuwege bringen kann. Die Kirchen, in denen ich predigte, waren zwar klein, standen jedoch in diversen großen Städten.

Mit den Kirchenvertretern der Orte meines Wirkens bin

ich nie gut zurechtgekommen. In der Tat bin ich sogar mehrfach bedroht oder gar körperlich angegriffen worden. Aufzeichnungen zu führen liegt mir nicht. Es ist schon vorgekommen, dass ich vergaß, wen ich getauft habe.

Wenn Sie jedoch Verwendung für mich haben, dann verspreche ich Ihnen, mein Bestes für Sie zu tun.«

Das Gremiumsmitglied schaute in die Runde und fragte: »Nun, meine Herren, was denken Sie? Sollen wir ihn zum Vorstellungsgespräch bitten?«

Die Kirchenmänner waren entsetzt! Man stelle sich vor: ein kränklicher, aufrührerischer, desorganisierter Ex-Sträfling? War ihr Kollege denn völlig um den Verstand gekommen? Allein der Gedanke, ein solches Bewerbungsschreiben loszuschicken! Dazu gehörte schon kolossaler Mut! Wer mochte das wohl gewesen sein!

Der Mann, der den Brief verlesen hatte, sah jedem noch einmal in die Augen, bevor er fortfuhr: »Die Unterschrift unter dem Brief lautet: Apostel Paulus.«

Verfasser unbekannt
Aus »Dear Abby«
Eingereicht von Jean Maier

Hindernisse überwinden

Jesus sah sie an und sagte:
Für Menschen ist das unmöglich,
aber nicht für Gott;
denn für Gott ist alles möglich.

Mk 10, 27

Ich weiß, dass mir Gott nichts geben wird,
womit ich nicht umgehen kann.
Ich wünschte mir nur,
er würde mir nicht so viel zutrauen.

Mutter Teresa

Weihnachtsfrau

Hinter jeder Schwierigkeit schlummert eine Chance.
ROBERT H. SCHULLER

Wer wie ich seine Kindheit in Chicago verbracht hat, wird sich bestimmt an mehr als ein Weihnachten erinnern, bei dem die winterliche Witterung für den einen oder anderen unliebsamen Zwischenfall sorgte. Meinem Bruder und mir aber machte damals, im Jahre 1925, nicht nur das Wetter zu schaffen.

Unser Vater war drei Jahre zuvor gestorben und hatte unsere Mutter mit nichts anderem zurückgelassen als ihrem Stolz und ihrem starken Rücken.

Mein Bruder Ned war vier Jahre älter als ich und ging bereits zur Schule. Mich musste meine Mutter zu der einzigen Arbeit mitnehmen, die sie finden konnte: Putzen. An jenen Tagen war Arbeit rar und Geld noch rarer. Ich weiß noch, wie meine Mutter stundenlang auf den Knien Böden und gekachelte Wände schrubbte oder bei eisiger Kälte im vierten Stock draußen auf Fensterbrettern kauerte, um Scheiben zu putzen – und das alles für 25 Cent die Stunde!

Den Heiligen Abend des Jahres 1925 werde ich nie vergessen. Meine Mutter war gerade mit der Arbeit fertig, und wir waren mit einer der großen, roten, lauten, kalten Chicagoer Straßenbahnen auf dem Weg nach Hause. Für neun Stunden Arbeit hatte meine Mutter zwei Dollar fünfundzwanzig verdient und, weil Weihnachten war, noch ein Glas eingemachte Tomaten dazu geschenkt bekommen. Ich weiß noch, wie sie mich auf die hintere Plattform der Straßenbahn hob und zwischen den spärlichen Münzen in ihrem Portemonnaie fünf Einer und einen Fünfer herauskramte. Die Fahrt kostete sieben Cent für sie und drei für mich. Wie wir so auf den kalten Bänken nebeneinander saßen, hielt sie mich fest bei der Hand, und ihre Haut war so rau, dass sie mich kratzte.

Ich wusste, dass Weihnachten war. Doch mit meinen fünf Jahren hatte ich bereits genug Feste erlebt, um zu wissen, dass nichts Außergewöhnliches zu erwarten war, abgesehen vielleicht von einer etwas üppigeren Mahlzeit und einem Spaziergang zu den Schaufenstern von Marshall Fields, die mit mechanischen Spielzeugen, künstlichem Schnee und allerhand anderen Kinderträumen dekoriert waren.

Wie ich so die Hand meiner Mutter spürte und daran dachte, dass zu Hause der Essenskorb auf uns wartete, den wir alljährlich von einer Wohltätigkeitsorganisation bekamen, da überkam mich auf einmal ein wunderbares Gefühl der Sicherheit und Geborgenheit.

Wir hatten gerade eine große Kreuzung überquert, an der das Wieboldts – ein großes Kaufhaus – gerade die letzten Kunden entließ, bevor es an diesem Weihnachtsabend die Pforten schloss. Ihre Festtagsstimmung, ihr fröhliches Rufen und ihre Vorfreude schwappten wie eine Welle zu uns herüber, die wir in der kalten, lärmenden Straßenbahn saßen. Doch in meinem Herzen kam die Freude nicht an, denn wie ich meine Mutter ansah, spürte ich, dass ihr jeder Knochen im Leib wehtat. Tränen liefen ihr über das faltige Gesicht. Sie drückte mich noch einmal, bevor sie mich losließ, um sich mit den schrundigen, rissigen Händen die Augen zu trocknen. Ich werde sie nie vergessen, diese Hände – die geschwollenen Gelenke, die hervortretenden Adern, die raue Haut, die ihre ganze Opferbereitschaft, Aufrichtigkeit und Liebe auszustrahlen schienen.

Als wir aus der Straßenbahn ausstiegen, schlug uns eisige Kälte ins Gesicht. Während wir die verschneite, zugefrorene Straße entlanggingen, drückte ich mich auf der Suche nach ein bisschen Wärme eng an meine Mutter und betrachtete die funkelnden Weihnachtsbäume, die allenthalben durch die Fenster der Häuser zu sehen waren. Meine Mutter lief, ohne links und rechts zu schauen. Mit der einen handschuhlosen Hand hielt sie mich fest, in der anderen trug sie die Papiertüte mit ihrer schmutzigen weißen Uniform und den eingeweckten Tomaten.

Unsere Wohnung befand sich in einem Gebäude in der Mitte eines Häuserblocks. Wie jedes Jahr hatte Nick, der Friseur, auf einem unbebauten Grundstück neben seinem Laden eine Verkaufsstelle für Weihnachtsbäume eingerichtet. In jenen Tagen waren die Vorräte an Tannen spärlich bemessen und lang vor Heilig Abend ausverkauft, sodass nur noch ein paar abgebrochene oder trockene Äste übrig blieben. Als wir an dem Grundstück vorbeikamen, bückte sich meine Mutter und hob ein achtlos weggeworfenes Bündel geknickter Zweige auf.

Mit Ausnahme eines kleinen Kanonenofens in der Küche hatte unsere Wohnung im zweiten Stock keine Heizung. Ned und ich schürten das Feuer mit Kohlen, die entlang der Schienenstrecke unweit unserer Siedlung aus den vorbeifahrenden Waggons gefallen waren, und mit dem Holz von Obstkisten, die ab und zu im Durchgang neben unserem Haus herumstanden. Es war selbstverständlich für uns, alles Brennbare von unterwegs mit nach Hause zu bringen.

Als wir endlich die schmuddelige, kahle Holztreppe zu unserer Wohnung hinaufstiegen, verspürte meine Mutter bestimmt unendlich größere Erleichterung als ich. Sie schloss die Tür auf, und wir traten in die Diele, die so frostig wie ein

Eisschrank war. Irgendwie fühlte es sich hier drinnen noch kälter als draußen an.

Wir hatten ein Schlafzimmer nach vorne hinaus, das von der Diele abging, und Neds Zimmer neben der Küche, das auch nicht viel wärmer war. Die Küchentür hielten wir immer geschlossen, damit das bisschen Wärme in dem Badezimmer ohne Badewanne, dem hinteren Schlafzimmer und der Küche mit ihrem abgeschabten Linoleumboden blieb. Zwei Betten, ein Holztisch mit Löwenklauenfüßen und vier Stühle waren das einzige Mobiliar in unserer Wohnung. Auch Teppiche gab es nicht.

Ned hatte Feuer gemacht und saß direkt vor dem Ofen, um möglichst viel von der Wärme abzubekommen. Glücklicherweise war er in ein altes Heft von *Boy's Life* vertieft. Meine Mutter zog mir die Jacke aus und rückte mir auch einen Stuhl ans Feuer, bevor sie sich daranmachte, den Tisch für unser Weihnachtsessen zu decken.

Es wurde nur wenig gesprochen. Schließlich war es ein Fest, bei dem es um Freude, Geben, Nehmen und Liebe ging. Und außer Liebe war bei uns von alledem nicht viel zu haben. So saßen wir vor unserem kleinen Holzofen und aßen Schinken aus der Büchse, Gemüse und Brot, und unsere Gesichter glühten von der Hitze, während wir am Rücken erbärmlich froren.

Ich erinnere mich, dass mich an jenem Abend einzig die Hoffnung beschäftigte, länger aufbleiben zu dürfen, um nicht aus der warmen Küche geschickt zu werden und in mein eisiges Bett kriechen zu müssen.

Wie an jedem Abend wuschen wir uns Hände und Gesicht mit kaltem Wasser, putzten uns die Zähne und nahmen dann allen Mut zusammen, um zwischen die tiefgekühlten Laken zu kriechen. Ich rollte mich in Fötushaltung zwischen zwei Eisschichten ein. Meine Socken und meine Mütze behielt ich an. Es zog mir kalt auf den Rücken, weil an meiner dünnen, gebraucht gekauften langen Unterwäsche ein Knopf fehlte. Mich plagten keine Gedanken darüber, welche Weihnachtsüberraschungen wohl am nächsten Morgen auf mich warten oder nicht warten würden, und so schlief ich bald tief und fest.

Das Licht einer Straßenlaterne fiel direkt auf mein Bett, und Oscar Mayers Schlachthof war nur einen halben Block von uns entfernt, sodass die ganze Nacht große Lastwagen an unserem Haus vorbeidonnerten. Da war es ganz normal, dass ich mehrmals in der Nacht wach wurde. Doch angesichts meines zarten Alters und der Kälte fiel es mir nie schwer, schon bald wieder in meine Traumwelt zu entfliehen.

Die Morgendämmerung hatte noch nicht eingesetzt, als ich aufwachte. Im Licht der Straßenlaterne sah ich deutlich den tickenden Blechwecker meiner Mutter, von dem eines der Füßchen abgebrochen war. Der Milchmann war wohl noch nicht da gewesen; ich hatte weder das Klirren der Flaschen noch den Hufschlag seiner Pferde gehört, und so wusste ich, dass mir noch mehrere Stunden Schlaf blieben.

Als ich aber zur Bettseite meiner Mutter hinüberschaute, merkte ich, dass sie sich noch gar nicht hingelegt hatte. Vor Schreck war ich auf einmal hellwach. Ob sie wohl krank war? Oder ob sie so die Nase voll von allem hatte, dass sie über alle Berge gegangen war?

Die Lastwagen zogen vorüber, aber meine Panik blieb, wie ich so dalag und ins Licht der Laterne starrte, mit der Wollmütze auf dem Kopf und die dünne Decke bis zu den Ohren hochgezogen. Ein Leben ohne meine Mutter konnte ich mir einfach nicht vorstellen.

Reglos verharrte ich in der eisigen Stille, hatte Angst, aufzustehen und meine Befürchtung bestätigt zu sehen.

An Schlaf war nicht mehr zu denken. Da auf einmal hörte ich ein sonderbares schabendes Geräusch aus der Küche. Es wiederholte sich mit der Regelmäßigkeit eines Uhrwerks: ein paar Sekunden lang war es still, dann kam es wieder, dann war wieder Pause.

Es war schätzungsweise fünf Uhr morgens, so gut ich das in meinen jungen Jahren beurteilen konnte. Es war ja Winter und so dunkel, dass ich keine Ahnung hatte, wie spät es wirklich war. Ich wusste nur eins: Meine Mutter müsste eigentlich längst im Bett sein.

So sehr ich mich auch vor der Wahrheit fürchtete, wusste ich doch, dass ich sie herausfinden musste. Ich rutschte unter der Decke an den Rand des Bettes und ließ meine bestrumpften Füße auf den kalten, nackten Holzboden gleiten. Im Licht der Straßenlaterne sah ich meinen Atem ebenso klar und deutlich vor mir, als wäre ich draußen auf der Straße.

Als ich in der dunklen Diele stand, sah ich durch den Spalt unter der Küchentür Licht dringen. Wie ich näher kam, wurde das schabende Geräusch lauter. Das Feuer im Ofen war schon seit Stunden erloschen, und ich sah den Atem meiner Mutter so deutlich wie den meinen. Sie saß mit dem Rücken zu mir und hatte sich eine Decke um Kopf und Rücken geschlungen, um sich notdürftig vor der Kälte zu schützen.

Auf dem Boden zu ihrer Rechten lag ihr Lieblingsbesen, doch der Stiel war direkt über dem Teil mit den Borsten abgeschnitten. Sie saß über den alten Holztisch gebeugt und arbeitete: Nie zuvor hatte ich jemanden gesehen, der so konzentriert bei der Sache war wie sie. Vor ihr stand etwas, das Ähnlichkeit mit einem verkrüppelten Weihnachtsbaum hatte. Ehrfürchtig sah ich zu, als ich begriff, was sie vorhatte. Mit einem abgebrochenen Küchenmesser bohrte sie Löcher in den Besenstiel und steckte die Zweige hinein, die sie von Nicks verwaistem Weihnachtsbaumstand geholt hatte. Und mit einem Mal wurde ihr Konstrukt für mich zur allerschönsten Edeltanne, die ich je gesehen hatte. Viele der windschiefen Löcher boten den Zweigen keinen ausreichenden Halt, und so hatte meine Mutter sie mit Paketschnur zusätzlich festgezurrt.

Während sie dasaß und eifrig Löcher bohrte, wanderte mein Blick zu ihren Füßen, und da stand eine kleine Dose mit roter Farbe. Sie war noch offen, und ein nasser Pinsel lag daneben. Und auf der anderen Seite des Stuhles lagen zwei Handtücher, auf denen rot angemaltes Spielzeug stand: ein Feuerwehrauto, bei dem hinten zwei Räder fehlten und das Dach verbeult war; ein Springteufel, der nicht mehr springen konnte und der keinen Kopf mehr hatte; ein Puppenkopf ohne Körper. Ich fühlte die Kälte nicht, spürte weder Angst noch Schmerzen – alles war weggespült von der mächtigsten Welle der Liebe, die mich je in meinem Leben überrollt hat. Mucksmäuschenstill stand ich da, und die Tränen liefen mir übers Gesicht.

Nicht eine Sekunde lang hielt meine Mutter inne, bis ich leise kehrtmachte und wieder ins Bett ging. Ich habe in meinem Leben Liebe erfahren und im Laufe der Jahre so manches aufwendige Geschenk erhalten, aber wie könnte ich etwas Kostbareres bekommen, wer könnte mich aufopfernder lieben. Ich werde meine Mutter und jenes Weihnachtsfest im Jahre 1925 nie vergessen. *John Doll*

Ein Zufluchtsort, von Gott geschaffen

Der Herr behüte dich, wenn du fortgehst und wiederkommst,
von nun an bis in Ewigkeit.

Ps 121, 8

Die grünen Fliesen des Badezimmerbodens fühlten sich wohltuend kühl an meiner ausgedorrten Haut an. Ich saß an die Wand gelehnt mit angezogenen Knien, zusammengekauert, die Bibel fest an mich gepresst. Woher kam nur auf einmal diese Panik? Eine Panik, die mich so sehr im Griff hatte, dass ich mich ins Badezimmer eines wildfremden Motels geflüchtet hatte, damit meine nebenan schlafenden Söhne nichts von meinen geistigen Qualen mitbekamen.

Bis dahin hatte ich mich recht tapfer geschlagen. Wir hatten eine traurige Scheidung hinter uns, und irgendwie hatte Gott mir die Kraft gegeben, mich mit meinen zwei kleinen Kindern auf den Weg quer durchs Land zu machen, um an einem neuen Ort in einem neuen Haus und einem neuen Job noch einmal von vorn anzufangen. Ich hatte mich stark gefühlt, ja hatte fast so etwas wie Abenteuerlust verspürt.

Jetzt aber hockte ich mitten in der Nacht in einem gottverlassenen Nest und erkannte, was ich im tiefsten Herzen war: einsam. Und in Gefahr. Die Bedrohung war nicht nebulös und unfassbar. Sie hatte einen Namen: Mojave-Wüste. Und sie fing draußen vor der Tür an.

Drei Tage waren wir schon in sengender Julihitze quer durch den Süden unterwegs. Mein kleines Auto und ich hatten einige Meilen und gemeinsame Erfahrungen mit Keilriemenproblemen auf dem Buckel, doch bisher hatte uns nichts aus der Bahn werfen können. Aber die Reise, die so hoffnungsfroh begann, wurde langsam kritisch. Vielleicht lag es an der Monotonie der endlosen Fahrerei. Ich hatte unterwegs stundenlang nichts anderes zu tun, als meine Gedanken schweifen zu lassen, und dabei waren besonders am Tag zuvor all die Ängste wieder in mir hochgestiegen, die mich während der vergangenen schwierigen Monate geplagt hatten.

Als die Mojave-Wüste – die letzte Hürde auf unserem Weg nach Kalifornien – näher rückte, wurde mir mit einem Mal klar, wie gefährlich die Durchquerung war. Ein Gefühl des Ausgeliefertseins machte sich breit.

Ich hatte alle erdenklichen Horrorgeschichten gehört – überhitzte Kühler und geplatzte Reifen; gnadenlose Sonnenstrahlen, die die empfindliche Haut versengen; die absolute Eintönigkeit der Asphaltstraße, die sich endlos durch die öde Felslandschaft windet. Stunden ohne Toilette, ohne Wasser ... ohne alles. Und im Ernstfall keinerlei Aussicht auf Hilfe.

Das war es, was mir am meisten Angst machte. Sollten wir wirklich in Schwierigkeiten geraten, wer würde uns da helfen? Wie sollte ich meine Kinder beschützen, wenn wirklich das Allerschlimmste geschehen würde? Sie waren einzig und allein von mir abhängig, und zum allerersten Mal in meinem Leben hatte ich ... niemanden!

Meine Gedanken eilten weit voraus, wie ich dasaß, in jener Nacht, im Badezimmer des Motels.

Das ist doch lächerlich!, schalt ich mich. *Du musst dich hinlegen. Du brauchst Schlaf! Deine einzige Chance ist, morgen früh um fünf aufzustehen und so viel wie möglich von der Mojave hinter dich zu bringen, bevor die Sonne gnadenlos herunterbrennt. Reiß dich zusammen! Komm schon!*

Aber es ging einfach nicht. Ich hatte das Gefühl, alle Dämonen der Wüste seien mir auf den Fersen.

In dem Augenblick bemerkte ich die Bibel, die ich in der Hand hielt, und ich erinnerte mich, dass ich an diesem Tag noch nicht zum Beten gekommen war. Beinahe mechanisch blätterte ich bis zu der Stelle vor, an der ich am Vortag stehen geblieben war – irgendwo in der Offenbarung. Ich überflog die Verse. *Mal sehen, Kapitel 12.* Ich fing an zu lesen. *Ach ja, die Frau und der Drache.* Das war mir vertraut. Die Szene, in der ein Kind zu Gott und dessen Thron entrückt und damit auf spektakuläre Weise gerettet wurde.

Ich las weiter: »Die Frau aber floh in die Wüste, wo Gott ihr einen Zufluchtsort geschaffen hatte; dort wird man sie mit Nahrung versorgen…«

Auf einmal saß ich kerzengerade da. Das Herz schlug mir bis zum Halse. »*Die Frau aber floh in die Wüste, wo Gott ihr einen Zufluchtsort geschaffen hatte.*«

Genau betrachtet, war auch ich eine Frau auf der Flucht, die auf der Suche nach einem sicheren Ort in die Wüste geriet. Die Worte erschienen mir so lebendig, als würde ich sie hören und nicht lesen.

Konnte es sein, dass ich doch nicht allein war? Dass der himmlische Vater bereits dort draußen, in dieser Furcht einflößenden Gegend, auf mich wartete, um einen Zufluchtsort für mich zu schaffen?

Und mit einem Mal erschien mir die Wüste nicht mehr als finstere Bedrohung, sondern als schützender Hafen. Ich saß da, mit geschlossenen Augen, die aufgeschlagene Bibel in der Hand, und langsam löste sich der Kloß in meinem Hals.

Schon bald lag ich wieder im Bett und schlief tief und fest. Als der Wecker klingelte, waren meine Nerven stark. Ich weckte die Kinder auf, zauberte aus der Kühltasche ein Frühstück hervor und packte unsere Sachen zusammen. Ein langer Tag lag vor uns, 16 Stunden hinter dem Steuer. Ich war dankbar für die Rückenstärkung, die ich in der Nacht zuvor erhalten hatte. Zwar fühlte ich sie an jenem Morgen nicht mehr ganz so intensiv, aber ich klammerte mich dennoch an den Gedanken, dass die Wüste ein Ort sei, an dem irgendwie für mich gesorgt würde. Ich holte noch einmal tief Luft, und dann ging es los.

Eine Stunde lang kosteten wir noch die Kühle der Nacht. Dann ging die Sonne auf und verwandelte die Welt ringsum innerhalb kürzester Zeit in einen Glutofen. Nicht ein Wölkchen stand am Himmel. Und weit und breit kein anderes Auto. Ich schaute auf das Armaturenbrett, um zum x-ten Mal die Instrumente zu kontrollieren. Die Motortemperatur war noch immer im grünen Bereich, aber trotzdem spürte ich, wie mir die Hände feucht wurden.

Ich legte den Handrücken gegen die Windschutzscheibe. Knallheiß! Und das schon um diese Uhrzeit! *Dank sei Gott, dem Herrn, für die Klimaanlage! Bitte lass das Auto durchhalten! Bitte pass auf uns auf!*« »...*wo Gott ihr einen Zufluchtsort geschaffen hatte.*« Immer wieder sagte ich diese Worte still vor mich hin.

Zuerst nahm ich eher unterschwellig wahr, dass sich ein Schatten über das Auto gelegt hatte. Und in welchen Biegungen und Kurven auch immer die Straße verlief, er blieb uns treu. Der Himmel war strahlend blau – mit Ausnahme einer einzigen kleinen Wolke, deren Schatten unseren Wagen mit der Genauigkeit eines Zielpeilgerätes begleitete.

Nach einigen Stunden erreichten wir die kleine Oase mit der einzigen Tankstelle, die entlang der ganzen Route zu finden war. Die Wolke wartete über der Straße wie ein treuer Freund. Kaum hatten wir uns wieder auf den Weg gemacht, hüllte sie uns erneut in den willkommenen Schatten ein. Auch in den darauf folgenden zwei Stunden blieb sie über uns. Ich lehnte mich entspannt zurück. Laut lachend bedankte ich mich bei dem, der seine Hand schützend über uns hielt.

Als der Highway uns irgendwann in die Zivilisation zurückführte, wurde unsere Wolke zu einer von vielen. Sie verschwand, ohne dass ich es recht bemerkte. Doch ihre Gegenwart hat mich nie mehr verlassen. Denn jetzt weiß ich, dass ich an einem Zufluchtsort weile, an dem für mich gesorgt ist. Und ich habe keine Angst mehr. *Catherine E. Verlenden*

Das Medikament

Deswegen sage ich euch:
Sorgt euch nicht um euer Leben…
Denn euer himmlischer Vater weiß,
dass ihr das alles braucht.

Mt 6, 25, 32

Im September des Jahres, in dem mein zweites Kind geboren wurde, zogen mein Mann und ich vom Land in die Großstadt um. Wir waren jung und hatten kein Geld, und darum mieteten wir einen Wohnwagen, den wir in den Wäldern unmittelbar vor den Toren der Stadt parkten. Früher als geplant war mein Sohn Steven da. Er kam einige Wochen vor dem errechneten Termin zur Welt und wog nicht einmal vier Pfund. Als Frühgeborenes bedurfte das Baby ganz besonderer, extrem teurer Pflege. Als uns so kurz nach dem Umzug auch noch eine horrende Krankenhausrechnung ins Haus flatterte, wusste ich kaum, wie wir das finanziell verkraften sollten. Doch ich war überzeugt: Mit Gottes Hilfe würden wir es schon irgendwie schaffen.

Unser neues Zuhause war winzig und lag in der absoluten Einöde, aber ich fühlte mich unendlich wohl darin. Das Laub der Bäume zeigte sich in seiner ganzen herbstlichen Farbenpracht, und unsere einzigen Nachbarn waren Eichhörnchen und Waschbären. Ich genoss selbst die langen Wege zum Einkaufen, obwohl ich bis zur Hauptstraße anderthalb, zur Telefonzelle noch einmal einen und zum Supermarkt einen weiteren Kilometer laufen musste. Hin und zurück waren das immerhin sieben Kilometer! Wenn ich meine Kleinen in den Kinderwagen packte, um Milch und Brot zu holen, war das für mich jedes Mal wie ein kleines Abenteuer, denn nie wusste ich, welchen Vögeln oder Tieren wir unterwegs begegnen würden.

Als ich eines Morgens Anfang Dezember aufwachte, war die Welt ringsum plötzlich wie verwandelt. Es hatte über Nacht geschneit, und die Wälder waren verzaubert. Alle Zäune waren unter Schneewehen begraben, und glitzernde Eiskristalle funkelten mir von den Zweigen der Bäume entgegen. Ich weckte schnell meine Kinder auf, um ihnen die Schönheit des Winters zu zeigen. Meine zweijährige Tochter Evelyn war sofort hellwach. Sie konnte kaum abwarten, bis ich sie angezogen hatte. Doch als ich meinen winzigen Sohn aus seinem Bettchen heben wollte, merkte ich, dass er vor Fieber glühte.

Der Schreck fuhr mir in die Glieder, denn mir wurde schlagartig bewusst, wie isoliert wir hier draußen eigentlich waren. Wir hatten kein Telefon, und das nächste Haus, von dem wir Hilfe erwarten konnten, war über drei Kilometer entfernt. Zu allem Übel führte der Waldweg, der zu uns herführte, auch noch über privates Gelände, sodass kein Schneepflug zu uns kam.

Es war schlichtweg unmöglich, zwei Kinder durch den hohen Schnee zu tragen. Wenn ich bloß einen Schlitten hätte, um sie zur Bushaltestelle zu ziehen! Wenn bloß mein Mann da wäre! Wenn bloß die Busse fahren würden – wenn, wenn, wenn … Ich konnte den Säugling unmöglich zum Arzt bringen. Mir waren die Hände gebunden. Und ich spürte, wie mir die Angst den Magen zusammenschnürte.

Ich kniete nieder, um zu beten. »Gott im Himmel«, flehte

ich. »Bitte, hilf mir. Ich habe solche Angst um mein Kind und weiß nicht, was ich tun soll.« Während ich noch auf eine Antwort wartete, dämmerte mir mit einem Mal die Erkenntnis, dass ich das Problem genau falsch herum betrachtete. Es ging nicht darum, das Kind zum Arzt zu bringen, sondern darum, sein Wissen und seine Arznei hierher zu schaffen. Ich brauchte bloß bei ihm anzurufen und ihn zu bitten, mir das richtige Medikament zu nennen. Allein der Gedanke ließ mich etwas ruhiger werden, und ich machte mich sogleich daran, mich für den weiten Weg zur Telefonzelle warm einzumummen. Gerade wollte ich mir die Stiefel anziehen, als es an der Türe klopfte. Wer mochte das bloß sein? Nur mein Mann wusste, dass wir hier draußen waren, und er war in der Stadt. Ich machte auf und staunte nicht schlecht, den Fahrer vor mir stehen zu sehen, der immer den Supermarkt mit Milch belieferte. Ich wusste nicht, wie er hieß, aber wir waren uns mehrfach über den Weg gelaufen und hatten im Vorbeigehen ab und zu ein paar Worte gewechselt. Lächelnd fragte er mich: »Na, brauchen Sie Milch?«

Es hatte mir die Sprache verschlagen. Ich nickte nur und öffnete die Tür ganz, um ihn einzulassen. »Ich hatte schon überlegt, ob ich heute überhaupt kommen soll; da draußen herrscht das reinste Chaos.« Er machte eine weit ausladende Geste, die alles umfasste – die Wälder, den Schnee, die Straße … »Aber Sie sind mir einfach nicht aus dem Kopf gegangen. Dauernd musste ich daran denken, wie Sie hier draußen mit zwei kleinen Kindern ausharren müssen – ohne einen Tropfen Milch! Und da habe ich beschlossen, den Supermarkt doch anzufahren. Und wo ich schon hier draußen war, habe ich mir gedacht, dass ich Ihnen gleich selbst eine Lieferung vorbeibringen kann. Obwohl ich zugeben muss, dass ich den Weg unterschätzt habe, wo doch so viel

Schnee liegt. Die Fahrerei hat mich irgendwie geschafft. Sie haben doch nichts dagegen, wenn ich mich für einen Moment setze und mich ausruhe, bevor ich zurückfahre?«

Ich bot ihm einen Platz an und schenkte ihm eine Tasse Kaffee ein. Dann erzählte ich ihm von meinem Baby und sagte: »Ich weiß, dass Sie mir als Antwort auf meine Gebete geschickt wurden. Wenn Sie hier bei den Kindern bleiben, während ich zur Telefonzelle gehe, brauche ich mir keine Sorgen zu machen. Ich hatte Angst, die beiden ganz allein zu lassen, aber wenn Sie nicht vor der Tür gestanden hätten, wäre mir nichts anderes übrig geblieben.«

Einen Moment lang dachte er nach, dann nickte er: »Ich würde sie auch nicht hier allein lassen wollen. Am besten, Sie machen sich gleich auf den Weg.« Und lächelnd fuhr er fort: »Da bin ich aber froh, dass ich mit meinem Wagen eine Spur für Sie gezogen habe.«

Als ich die Tür hinter mir zuzog, hörte ich Evelyn ihre Lieblingsworte sagen: »Liest du mir was vor?«

Obwohl ich der Reifenspur folgen konnte, brauchte ich fast eine Stunde, bis ich an der Straße war. Dauernd rutschte ich aus, und mehrmals fiel ich hin. Als ich die Telefonzelle schließlich erreichte, war ich völlig erschöpft. Doch der Herr war mit mir, denn der Arzt war sofort am Apparat. Er erinnerte sich an mein Kind und erkannte sofort, wie ernst die Lage angesichts seiner ohnehin zarten Verfassung war. Durch fachkundiges Fragen fand er bald heraus, dass Steven an einer Mittelohrentzündung litt. Mit einem Antibiotikum, so versicherte er mir, ließe sich die Infektion schnell in den Griff bekommen.

»Aber er muss es so schnell wie möglich bekommen«, warnte er mich. »Morgen ist es zu spät.«

Er versprach mir, die Apotheke für mich anzurufen und das Medikament dort für mich zu bestellen. »Es ist neu auf dem Markt und ziemlich teuer, aber ich glaube, in dem Fall ist es notwendig«, erklärte er mir. Als er sich nach der nächstgelegenen Apotheke erkundigte, nannte ich ihm eine, die ich in einem Einkaufszentrum in einigen Kilometern Entfernung gesehen hatte. Dann fragte ich nach: »Und wie viel, glauben Sie, wird es kosten?«

Der Preis, den er mir nannte, war so horrend, dass es mir schier den Atem raubte. Ich brachte stammelnd ein Dankeschön heraus, bevor ich einhängte. *Woher soll ich nur so viel Geld nehmen?* So sehr ich mir auch den Kopf zermarterte, es fiel mir keine Antwort ein.

Ich kannte keine Menschenseele in der Stadt. Aus dem Telefonbuch suchte ich die Nummern verschiedener Wohltätigkeitsorganisationen heraus, doch wo ich auch anrief, überall erhielt ich die gleiche Auskunft: »Kommen Sie in unser Büro. Sie müssen ein Antragsformular ausfüllen. Erst wenn uns das vorliegt, können wir entscheiden, ob wir Ihnen einen Zuschuss geben können. Wenn Sie glauben, dass das zu lange dauert, dann bringen Sie Ihr Kind ins Distriktkrankenhaus.« Wo das sei? Natürlich am anderen Ende der Stadt!

Inzwischen hatte mich die nackte Panik ergriffen. Ich hatte nur noch eine Münze im Portemonnaie und wusste immer noch nicht, woher ich das Geld nehmen oder was ich sonst tun sollte. Da auf einmal fiel mir ein, dass es doch noch eine Möglichkeit gab, ohne Geld an das Medikament heranzukommen: Ich musste warten, bis die Apotheke Geschäftsschluss hatte, die Tür aufbrechen und es stehlen. Was war schon Schlimmes dabei? Schließlich stand das Leben meines Kindes auf dem Spiel!

Ich hatte noch nie im Leben gestohlen. Ich wusste, dass Stehlen eine Sünde war und dass Gott es uns ausdrücklich verboten hatte. Doch ich musste irgendwie an das Medikament herankommen, wenn mein Baby nicht sterben sollte. Gott würde es mir bestimmt verzeihen.

Und so betete ich: »Vater im Himmel, bitte führe mich. Ich will nicht stehlen, aber ich habe nichts unversucht gelassen und weiß mir keinen anderen Rat mehr.«

In diesem Augenblick hörte ich eine Stimme zu mir sprechen – so ruhig und deutlich, als stünde da jemand neben mir. Sie sagte: »Vielleicht schenken sie es dir ja …«

Es mir schenken?! Der Gedanke war so lächerlich, dass ich fast laut aufgelacht hätte. Doch ich sagte nur: »Ja, Herr, ich werde sie fragen.«

Nicht eine Minute lang glaubte ich daran, dass die Mitarbeiter einer großen Apotheke ausgerechnet mir – einer völlig fremden Person – ein so teures Medikament umsonst mitgeben würden. Aber bevor ich nicht gefragt hatte, konnte ich nicht guten Gewissens behaupten, dass ich alles versucht hätte.

Ich opferte also meine letzte Münze, rief in der Apotheke an und erkundigte mich, ob mein Arzt bereits angerufen und das Medikament bestellt habe. Der Mann am anderen Ende der Leitung bejahte meine Frage. Die Arznei liege zum Abholen bereit. Ich holte also tief Luft und stellte mich innerlich auf eine Ablehnung ein.

»Sie kennen mich nicht«, fing ich an. »Aber ich wohne ein paar Kilometer entfernt in einem Wohnwagen an der Sovereign Road. Ich habe kein Geld, aber mein Kind ist schwer krank. Könnten Sie mir das Medikament so geben. Ich würde es Ihnen bezahlen, sobald ich kann.«

»Kein Problem«, erwiderte der Apotheker. »Wollen Sie es abholen oder sollen wir es Ihnen vorbeibringen?«

»Sie können es vorbeibringen?«, fragte ich ungläubig.

»Ja«, gab er zurück. »Wir haben hier einen Mitarbeiter, der heute mit dem Jeep zur Arbeit kam. Er hat Vierradantrieb. Ich habe mich schon gefragt, warum er mit dem Wagen gekommen ist, aber jetzt ist es mir klar!«

»Gott sei Dank!«, rief ich.

»Ja«, stimmte der Apotheker zu. »Wir helfen gern, wenn es geht.« Nachdem ich mich bedankt und den Hörer aufgelegt hatte, stand ich da, bis zu den Hüften in Schnee eingesunken, staunend und ehrfürchtig, und pries den Herrn im Himmel. Mir war gerade das zuteil geworden, was man einen Akt der »wundersamen Gnade« nennt.

Dies war das erste Mal, dass mir das Wirken Gottes in meinem Leben bewusst wurde – doch wahrlich nicht das letzte. Mein Weg ist nicht immer einfach gewesen, doch wann immer ich an einem Punkt anlangte, an dem es nicht mehr weiterzugehen schien, tauchte irgendeiner auf, um mir über die höchsten Hindernisse hinwegzuhelfen. Wer diese Menschen waren, wusste ich nicht immer. Aber wer sie geschickt hatte, das war mir stets klar. *Jeanne Morris*

Überreichlich beschenkt

Ich bat Gott um Kraft, um mich durchsetzen zu können.
Er aber schenkte mir Schwäche, sodass ich Demut und Gehorsam lernte.
Ich bat ihn um Gesundheit, um Großes leisten zu können.
Er aber schenkte mir Krankheit, sodass ich mich wichtigeren Zielen zuwandte.
Ich bat ihn um Reichtum, um glücklich werden zu können.
Er aber schenkte mir Armut, sodass ich weise wurde.
Ich bat ihn um Macht, um die Bewunderung anderer zu erringen.
Er aber schenkte mir Schwäche, sodass ich spürte, wie sehr ich ihn brauchte.

Ich bat ihn um viele Dinge, um das Leben genießen zu können.
Er aber schenkte mir das Leben, sodass ich viele Dinge genießen konnte.
Ich habe nichts von dem bekommen, worum ich ihn bat –
doch alles, worauf ich gehofft hatte.
Beinahe gegen meinen Willen
wurden all meine unausgesprochenen Gebete erhört.
Und heute fühle ich mich im Vergleich zu allen anderen
überreichlich beschenkt.

Unbekannter Soldat der konföderierten Armee

Erntedank-Überraschung für Frau B.

Todd Zimmermann war alles andere als erbaut darüber, ausgerechnet am Erntedanktag arbeiten zu müssen. Er war einer von fünfen, die an jenem Tag den Notdienst bei der Anlaufstelle von EBT aufrechterhielten, einer sozialen Hilfseinrichtung, die der Bundesstaat Maryland als Alternative zur Verteilung von Lebensmittelgutscheinen gegründet hatte. Der Vormittag zog sich schier endlos hin, und je näher die Essenszeit rückte, desto schwerer war es, die Fantasien darüber zurückzudrängen, welches Festmahl zu Hause gerade aufgetischt wurde und wie fröhlich und gesellig es dort beim Essen zugehen würde.

Unmittelbar vor der Mittagspause erhielt Todd den Anruf einer älteren Frau, die völlig verzweifelt wirkte.

»Ich war im Supermarkt, um einzukaufen, aber an der Kasse haben sie meine Kreditkarte nicht genommen«, berichtete sie. »Die Kassiererin hat gesagt, sie bekäme die Meldung, dass die Transaktion ungültig sei.«

Todd wusste, welche Fragen er in solchen Situationen zu

stellen hatte, und schon bald war die Ursache des Problems geklärt: Die Kreditkarte war abgelaufen. Offenbar hatte sie vergessen, sie verlängern zu lassen.

»Ja, aber...«, stammelte die Frau. »Ich habe doch extra noch meine zehn Dollar vom Oktober auf dem Konto gelassen. Zusammen mit den zehn Dollar für diesen Monat ist das genau das Geld, das ich für das Erntedank-Essen brauche.«

»Es tut mir Leid«, erwiderte Todd verständnisvoll. »Haben Sie etwas zu essen im Haus?«

»Nein... Wissen Sie, ich habe doch für heute gespart. Meine Kinder hatten vor, zu mir zu kommen, und da wollte ich etwas Besonderes kochen. Aber dann ist ihnen doch etwas dazwischengekommen.« Sie stockte einen Moment. »Aber jetzt ist es wahrscheinlich besser so...«

Dann legte sie auf, doch das Gespräch wollte Todd einfach nicht aus dem Sinn gehen. Nicht nur, dass die Frau – sie hatte sich ihm als Frau B. vorgestellt – das Erntedankfest alleine verbringen musste. Wegen einer kleinen Formalie sollte sie noch dazu Hunger leiden. Und das alles wegen läppischer 20 Dollar. Entschlossen zückte er seine eigene Kreditkarte, griff zum Hörer und rief bei dem Supermarkt an, in dem ihre Kreditkarte abgewiesen worden war.

»Tut uns Leid«, sagte die Angestellte. »Aber wir nehmen keine telefonischen Bestellungen entgegen.« Außerdem lieferten sie generell keine Ware aus. An einem Tag wie diesem könnten sie da erst recht keine Ausnahme machen. Auch bei ihnen sei schließlich nur eine reduzierte Belegschaft im Einsatz, und die wenigen Mitarbeiter könnten den Kundenandrang ohnehin kaum bewältigen.

Als die Mittagspause schließlich anfing, machte es Todd auf einmal nichts mehr aus, sich mit Kantinenessen begnügen zu müssen. Wir saßen zu dritt am Tisch – Todd, Kim

Twito und ich – und beschlossen, alles in unserer Macht Stehende zu tun, um Frau B. zu helfen. Als wir wieder an unserem Platz waren, schilderten wir unseren beiden anderen Kollegen, Julie Simon und Mark Liessmann, das Problem. Und wir alle waren uns einig, dass wir es zu fünft doch wohl schaffen müssten, den Telefondienst zu bewältigen und Frau B. zu ihrem Essen zu verhelfen.

Kaum stand unser Entschluss fest, stellte sich uns ein neues Problem in den Weg: Mittlerweile waren so gut wie alle Supermärkte, die es im Umkreis von Frau B. gab, entweder schon zu oder kurz vor dem Schließen. Und kein einziger war bereit, Ware auszuliefern.

Nachdem wir uns quer durch die gelben Seiten telefoniert hatten, fiel einem unserer Kollegen »Chesapeake Beef« ein, ein Supermarkt, bei dem wir von EBT gute Kunden waren. Doch »Chesapeake Beef« hatte wegen des Feiertags geschlossen.

»Die Besitzer, Stas und Mary Witezak, sind ausgesprochen nette Leute«, meinte ich. »Vielleicht kennen sie einen Laden, der noch offen hat. Sie haben bestimmt nichts dagegen, wenn ich sie unter ihrer Privatnummer anrufe, obwohl heute Feiertag ist.«

»Tut mir Leid«, meinte Mary, »aber ich wüsste nicht, wer jetzt noch offen hat. Aber wissen Sie was? Ich habe eine bessere Idee. Frau B. wohnt offenbar nur 25 Kilometer von hier. Wir haben gerade fertig gegessen, und es ist so viel übrig geblieben. Wie wäre es, wenn wir ihr ein Erntedank-Essen bringen würden? Die Kinder könnten eine schöne Karte für sie malen, während Stas und ich etwas für sie einpacken. Aber bitte sagen Sie ihr Bescheid, dass wir kommen. Sie kennt uns schließlich nicht, und wenn wir unangemeldet vor der Tür stehen, könnte sie das erschrecken.«

Das aber war leichter gesagt als getan. EBT behandelte

alle Anrufe anonym, und darum hatten wir Frau B.s Telefonnummer nicht gespeichert. Die Vermittlung erklärte sich jedoch bereit, bei der Frau anzurufen und sie zu bitten, sich bei Todd vom EBT-Notfalltelefon zu melden.

Kurz darauf klingelte tatsächlich das Telefon, und Todd konnte Frau B. mitteilen, dass bald ein paar Freunde mit einer Überraschung bei ihr vorbeikämen.

Ein paar Stunden später rief Stas Witezak bei uns an. »Ich wollte mich bei Ihnen bedanken«, meinte er. »Es hat uns so viel Freude gemacht, Frau B. helfen zu können! Sie hat sich sehr über das Essen gefreut. Aber was sie am meisten gerührt hat, waren die Karten, die unsere Kinder gemalt haben. Sie hat fast geweint, als sie sie gelesen hat. Und als sie fragte, ob sie sie zum Dank einmal drücken dürfte, haben sie das gern geschehen lassen.«

Auch Frau B. meldete sich noch einmal, um sich für die Erntedank-Überraschung zu bedanken.

Als unsere Schicht endete, strahlten wir fünf, die wir an jenem Tag so widerwillig zur Arbeit gekommen waren, von einem Ohr zum anderen. Auch wenn keiner von uns es sagte – wir hatten noch alle Frau B.s Worte im Ohr: »Ich bin schon immer Christin gewesen – aber jetzt weiß ich ganz sicher, dass es einen Gott gibt!«

»Frohes Fest!«, wünschte uns Todd, als wir auseinander gingen. Um ehrlich zu sein: Es war das frohste, das wir je gefeiert haben.   *Suzanne L. Helminski*

Genau so muss sich Musik anhören!

Der Herr ist meine Kraft und mein Schild,
mein Herz vertraut ihm. Mir wurde geholfen.
Da jubelte mein Herz;
ich will ihm danken mit meinem Lied.

Ps 28, 7

Ich hatte solch großartige Pläne für mein Leben, und alles schien perfekt zu laufen. Damals, im März des Jahres 1988, sah es so aus, als ob nichts, aber auch gar nichts schief gehen könnte. Nie wäre ich auf den Gedanken gekommen, dass mir dieser Tag schon einen Monat später wie die Erinnerung an ein anderes Leben vorkommen sollte, das ein völlig fremder Mensch gelebt hatte.

»Meine Kinder« hatten sichtliches Lampenfieber, als sie aus dem Bus ausstiegen und die Stufen zum Kulturzentrum von Orange County hinaufstiegen. Wir hatten so auf diesen Tag hingearbeitet. Dies war der Höhepunkt ihres musikalischen Jahres und mein »fulminanter« Abschied.

In gewisser Weise war es ein Wunder, dass wir überhaupt hier waren. Gesang war lange Zeit mein Lebensinhalt gewesen, doch gleichzeitig hatte es mich seit Jahren zum Lehrberuf hingezogen. Als ich dann in der San Clemente Highschool eine Stelle als Chorleiterin bekam, stand ich vor einer großen Herausforderung: Aus allen Klassenstufen zusammengenommen zählte der Chor nur 18 Mitglieder. Mit Engagement und Beharrlichkeit gelang es mir, die Zahl im Laufe der Zeit auf 150 anzuheben. Selbst viele der »coolen« Schüler traten bei, und auf einmal war Singen »angesagt«. Die Kinder waren gern im Musikraum. Sie fühlten sich wohl dort. Sie spürten, wie viel sie mir bedeuteten, und als Ausdruck ihrer Wertschätzung wählten sie mich zur Lehrerin des Jahres.

Doch so sehr mir meine Schüler auch am Herzen lagen, 1988 sollte mein letztes Jahr in San Clemente sein. Ich hatte vor, im Frühling zu heiraten und danach zu meinem Mann nach Denver zu ziehen. Ich war bereits dabei, mich nach einer Lehrerstelle in Colorado umzusehen, und als Abschiedsgeschenk an meine Schüler hatte ich unseren Chor zur Teilnahme an diesem Wettbewerb angemeldet.

Wir wussten, dass dies kein gewöhnliches Festival war. Dr. Howard Swan, der Grandseigneur der Chormusik, saß mit in der Jury. Und es hieß, er sei ein strenger Kritiker.

Wir wurden zu einem großen Raum geführt, in dem wir uns umziehen und einsingen konnten. »Brahms?! Aber der ist doch so schwer!«, hatten meine Schüler damals geklagt, als ich ihnen meine Musikauswahl für den Wettbewerb bekannt gegeben hatte. »Und dann noch auf Deutsch! Bitte, Miss Lacouague, ersparen Sie uns das!« Ich aber erklärte ihnen, dass sie bei der Auswahl der Lieder nicht immer das letzte Wort haben könnten. Doch sie sollten mir vertrauen, dann käme am Ende bestimmt etwas Großartiges heraus!

Ich hatte mich für Brahms entschieden, weil er emotional und leidenschaftlich, komplex und doch schlicht ist. Seine Melodien fließen und schwellen an, sind mal kraftvoll und dann wieder ganz sanft. Das Liebeslied, das ich im Auge hatte, würde dem Chor das Letzte abfordern; es wäre ein Test für unser Können. Und so stand mein Entschluss fest.

Wir arbeiteten lange, hart und diszipliniert, doch wir hatten auch großen Spaß. Um vor Dr. Swan bestehen zu können, mussten wir alle unser Bestes geben. Das gemeinsame Ziel schweißte uns zusammen, und nach monatelangen Proben war es jetzt endlich an der Zeit, unser Können unter Beweis zu stellen.

Tausende von Gästen füllten die Ränge jenseits des Rampenlichts. Es wurde still im Theater, auch das letzte Flüstern verstummte. Ganz in Schwarz gekleidet standen meine Schüler in Reih und Glied da, und als sie von der Bühne zu mir herabschauten, da spürte ich, wie aufgeregt sie waren. Nur einen Tag zuvor hatten wir beschlossen, das Tempo des Brahmsliedes zu ändern, um die darin mitschwingende Leidenschaft noch stärker zum Ausdruck zu bringen. Es war uns nicht mehr viel Zeit zum Proben geblieben. Und als ich jetzt vor ihnen stand, versuchte ich ihnen allein mit meinem Augenausdruck zu vermitteln, dass es schon klappen würde, wenn sie mir nur folgten.

In aller Bescheidenheit möchte ich sagen, dass sie eine absolute Spitzenleistung brachten. Sie waren einfach großartig! Und doch wollten wir unserer Begeisterung nicht freien Lauf lassen, bevor wir nicht das Urteil der Jury bekommen hatten. So flüchteten sich die Schüler schon einmal in die Sicherheit des Busses, während ich nervös zurückblieb, um auf die Ergebnisse zu warten.

Als ich schließlich in den Bus stieg, konnten es die Kinder kaum noch abwarten. »Was haben sie gesagt, Miss Lacouague? Wie haben wir abgeschnitten? Auf welchem Platz sind wir gelandet?«

Mit einem flauen Gefühl in der Magengrube öffnete ich den Umschlag mit der Bewertung. »Genau so muss sich Brahms anhören!«, stand da als einziger Kommentar. Und als Note hatten wir ein »Ausgezeichnet« bekommen – besser ging's nicht! Wir jubelten vor Freude und fielen uns in die Arme. Was für ein voller Erfolg! Wenn bloß meine Hochzeit und die Suche nach einer neuen Stelle ebenso gut laufen würden!

Einen Monat später – es war ein Sonntagabend – stand ich vom Küchentisch auf, wo ich den Unterricht für die kommende Woche vorbereitet hatte. Ich war glücklich, aber erschöpft: Wir hatten eine Musical-Aufführung gehabt, und ich hatte den ganzen Tag mit Chor und Orchester zugebracht.

Außerdem hatte ich noch einiges für die Hochzeit, den bevorstehenden Umzug und all die vielen Abschiede zu planen.

Gegen zwei Uhr morgens wachte ich plötzlich auf – ich spürte, wie ich aus dem Bett rutschte! Und ich schlug direkt mit dem Kopf auf dem Boden auf. Dabei hörte ich es im Nacken krachen. Wie ich so dalag, flach auf den Rücken gestreckt, mit den Füßen halb im Schrank und dem Kopf auf dem Bettvorleger, wusste ich zuerst nicht recht, wie ich dorthin gekommen war. *Was ist bloß passiert?*, fragte ich mich schlaftrunken, während ich versuchte, mich auf die Seite zu drehen und aufzurichten. Aber es ging nicht. Stattdessen hörte ich ein weiteres *Kraaaaaack* und spürte einen stechenden Schmerz. Ich biss die Zähne zusammen und versuchte, mich auf die andere Seite zu drehen. *Krrraack.* Der Schmerz nahm mir den Atem. Es tat so weh, dass mir nicht einmal mehr die Tränen kamen. Ich wusste, dass ich nicht aufstehen konnte. Ich brauchte dringend Hilfe!

Ich wollte nach meiner Mitbewohnerin Dorothy rufen, die ihr Zimmer im ersten Stock hatte. Doch alles, was ich herausbrachte, war ein heiseres Flüstern. Ich konnte nicht einmal mehr sprechen!

»Sie wird mich nie finden! Ich muss bis zum Morgen so hier liegen bleiben!« Mit Macht versuchte ich, die aufkommende Panik zu unterdrücken.

Es waren erst wenige Minuten vergangen, als wie durch ein Wunder die Tür aufging und Dorothy hereinkam. Sie machte das Licht an. »Renée?«, fragte sie. »Ist alles in Ordnung?«

»Mein Nacken tut mir furchtbar weh«, flüsterte ich. »Ruf den Rettungswagen.«

Sie las die Verzweiflung in meinen Augen und stürzte sofort zum Telefon.

Als ich in der Intensivstation des Krankenhauses aufwachte, war ich benommen und verunsichert. Die dunklen Augen des Arztes wirkten ernst. Er redete nicht lang um den heißen Brei herum.

»Renée«, teilte er mir mit. »Sie haben sich das Genick gebrochen. Sie sind vom Nacken abwärts gelähmt. Sie haben eine Tetraplegie.«

»Eine was?«, fragte ich, denn ich hatte das Wort noch nie gehört.

»Eine Lähmung aller vier Extremitäten. Das heißt, Sie werden nie wieder gehen, sitzen oder Ihre Arme und Beine bewegen können«, klärte er mich auf. »Und mit dem Singen ist es leider auch vorbei.«

Ich war am Boden zerstört. Alles, was ich getan hatte, war, mich ins Bett zu legen. Ich konnte doch nicht gelähmt sein! Das war doch alles bloß ein böser Traum!

Es ist schwer, vor der Wahrheit die Augen zu verschließen, wenn der Körper eine so eindeutige Sprache spricht, und so grübelte ich bald darüber nach, wie sich diese Diagnose auf meinen Alltag auswirken würde. Das Ergebnis war so niederschmetternd, dass ich mich fragte, wozu ich überhaupt am Leben bleiben sollte. Es lag klar auf der Hand, dass alle meine Pläne zusammen mit meiner Wirbelsäule zu Bruch gegangen waren: Ich konnte nicht mehr in die Schule gehen, ich konnte nicht singen und ich konnte auf keinen Fall erwarten, dass Mike eine vollständig gelähmte Frau heiraten würde, wo er die Ehe doch einer Gesunden versprochen hatte.

Mein Leben war zu Ende. Alles war aus. »Gott«, schluchzte ich. »So hatte ich mir mein Leben nicht vorgestellt! Ich kann das nicht aushalten! Warum? Warum konntest du nicht einen einfacheren Weg für mich wählen?«

In diesem Augenblick hörte ich eine zarte Stimme in mir

sagen: *Bei der Auswahl der Lieder kannst du nicht immer das letzte Wort haben. Aber vertraue mir, dann kommt am Ende bestimmt etwas Großartiges heraus!*

Ob ich wohl selbst das Vertrauen aufbringen konnte, das ich meinen Schülern abverlangt hatte?

Die Antwort kam mir schwer über die Lippen: »Ja, Herr, ich vertraue dir. Ich vertraue dir.«

Mit dem ersten »Lied«, das er für mich auswählte, machte er mir die allergrößte Freude. Mein geliebter Mike bestand darauf, mich zu heiraten. Er bestärkte mich in dem Entschluss, auch nach meinem Unfall als Lehrerin weiterzuarbeiten. Von selbst wäre mir das nie in den Sinn gekommen, doch allein der Gedanke an Gott, an Mike und meine künftigen Schüler gab mir die Kraft zu diesem Entschluss. Ich schwor mir sogar, eines Tages wieder zu singen.

Seither sind neun Jahre vergangen, und Gott hat es gut mit mir gemeint. Ich habe zwar keine Stelle an einer Schule angetreten, aber im kirchlichen Rahmen drei Jugendchöre gegründet und geleitet. Ich habe eine CD mit Liedern für Menschen aufgenommen, die Mut, Kraft und Hoffnung brauchen, so wie ich damals. Ich konnte Konzerte geben und selbst dabei singen, und ich habe meine Geschichte vor Sträflingen, vor Jugendlichen und in Kirchen- und Frauengruppen erzählt.

Nein, mein Leben ist nicht so, wie ich es mir vorgestellt habe. Aber gelegentlich höre ich ringsum die geglückten Harmonien und fließenden Kaskaden von Gottes Arpeggio, und in solchen Momenten denke ich: *Genau so muss sich Musik anhören!*   *Renée Lacouague Bondi*

Die Geschichte von Raoul Wallenberg

... dem Mutigen hilft Gott.

FRIEDRICH VON SCHILLER
(Wilhelm Tell)

Ich bin Berufsfotograf. Mein Atelier liegt nur drei Häuserblocks vom Gebäude der Vereinten Nationen entfernt in einer Straße, die nach Raoul Wallenberg benannt ist – einem
Mann, der in den letzten Tagen des Zweiten Weltkriegs in
Budapest fast hunderttausend Menschen das Leben gerettet
hat. Doch Raoul Wallenberg hat ihnen nicht nur das Leben
gerettet, sondern sie zudem nachhaltig geprägt. Ich weiß
das aus eigener Erfahrung. Er hat in mein Herz und meinen
Verstand ein Zeichen eingebrannt, das all meine Gedanken
und Taten seither beeinflusst hat.

Zum ersten Mal begegnete ich Wallenberg am 17. Oktober
1944. Ich war damals noch ein junger Mann. Zu dem Zeitpunkt hatten die Nazis das Staatsgebiet Ungarns bereits
von der jüdischen Bevölkerung »gesäubert«. Über 430 000
Männer, Frauen und Kinder waren auf Nimmerwieder-
sehen verschwunden, 12 000 pro Tag. In den letzten Tagen
des Krieges machten sich die Nazis daran, die letzte große
jüdische Gemeinde in Europa – die von Budapest – auszu-
löschen.

Der junge schwedische Architekt Raoul Wallenberg war
einzig mit dem Ziel nach Budapest geschickt worden, Men-
schenleben zu retten. Er arbeitete von der schwedischen
Gesandtschaft aus, obwohl er kein gelernter Diplomat war.
Da er im Import-Export-Geschäft tätig gewesen war, kannte
er sich gut in Europa aus. Seine einzigen Waffen waren seine
Geistesgegenwart, seine Entschlossenheit und sein Glaube
an den Wert eines jeden Menschenlebens – einen Wert, den

er so hoch einschätzte, dass er dafür sein eigenes Leben aufs Spiel zu setzen bereit war.

Ich hatte das Fotografieren bei meinem Vater gelernt. Er war offizieller Hof-Fotograf der Habsburger, persönlicher Fotograf des ungarischen Regenten, Admiral Miklos Horthy, und Starfotograf der Budapester High Society gewesen. Auf ausdrückliche Ausnahmegenehmigung von Admiral Horthy hin waren wir bis dahin von den gegen die Juden erlassenen Gesetzen verschont geblieben. Durch meinen Vater kannte ich einen der schwedischen Diplomaten, Per Anger. Da ich wusste, dass mein Leben in unmittelbarer Gefahr war, machte ich mich auf den Weg zur schwedischen Gesandtschaft. Entgegen allen Erwartungen schaffte ich es tatsächlich, an den langen Schlangen von Hilfesuchenden vorbeizukommen und eingelassen zu werden.

Ich berichtete Per, in welch schwieriger Lage ich war. »Ich möchte dir jemanden vorstellen«, sagte er. Er lehnte sich zur Tür hinaus. »Raoul?«

Es dauerte nicht lang, da trat Wallenberg ein, ein junger Mann Anfang dreißig, schlank, mit braunem Haar. Er wirkte wie einer, der mit beiden Füßen fest auf dem Boden der Tatsachen steht. Er war wie das ruhige Auge im Zentrum des Sturms. »Darf ich dir Tom Veres vorstellen? Er ist Fotograf, ein Freund von mir. Vielleicht kannst du etwas mit ihm anfangen.«

»Gut«, nickte Wallenberg. »Ich kann einen Fotografen gebrauchen, um unsere Arbeit zu dokumentieren. Sie können gleich anfangen und sind mir ab sofort direkt unterstellt.« Sogleich wurden die offiziellen Papiere fertig gemacht.

Einen Großteil meiner Zeit brachte ich damit zu, Passfotos für die Schutzpässe zu machen, die Wallenberg zu der Zeit tausendfach ausgab. Darin wurde bestätigt, dass der Passinhaber nach Ende des Krieges nach Schweden einreisen durfte und er ab dem Zeitpunkt der Ausstellung unter dem Schutz der schwedischen Regierung stand.

Es sollte noch etwa ein Monat vergehen, bis ich begriff, was es wirklich hieß, Wallenbergs Fotograf zu sein: Am 28. November übergab mir seine Sekretärin einen Zettel mit seinen Anweisungen: »Ich erwarte Sie am Jozsefvarosi-Bahnhof. Bringen Sie Ihre Kamera mit.«

Jozsefvarosi war eine Güterverladestation in den Außenbezirken von Budapest. Ich schnappte mir meine Leica und stieg in die Straßenbahn, ohne zu wissen, was mich erwartete. Um der Wahrheit die Ehre zu geben: Alle – und ganz besonders jene, die auf den schwarzen Listen der Nazis standen – waren peinlich darauf bedacht, für eine Weile von der Bildfläche zu verschwinden. Bloß still sein, bloß nicht auffallen, sich bloß nirgendwo einmischen. Für einen wie mich gehörte schon eine gute Portion Leichtsinn dazu, an jenem kalten Novembermorgen hinaus nach Jozsefvarosi zu fahren.

Der Bahnhof war umstellt von ungarischen Nazis und Gendarmen, die vom Land zum Dienst in die Stadt abkommandiert waren. Wer bei klarem Verstand war, versuchte aus Budapest herauszukommen. Aber Wallenberg erwartete offenbar, dass ich schon irgendwie durchkommen würde. So schob ich meine Kamera in die Tasche, ging auf einen der Gendarmen zu und erklärte ihm mit furchtbar gekünsteltem schwedischen Akzent in einer Mixtur aus gebrochenem Ungarisch und Deutsch: »Ich bin schwedischer Diplomat! Ich muss da rein, denn ich bin mit Raoul Wallenberg verabredet!«

Der Gendarm starrte mich zwar ungläubig an, ließ mich aber passieren. Das, was ich auf dem Gelände des Bahnhofs zu sehen bekam, war ein Bild des Grauens. Tausende von Männern wurden in Viehwaggons verladen. Wallenberg war da. Neben ihm sein Studebaker samt seinem Fahrer Vilmos Langfelder. Als mich Raoul entdeckte, kam er auf mich zu und flüsterte eindringlich: »Machen Sie so viele Aufnahmen, wie Sie können.«

Aufnahmen? Hier sollte ich fotografieren? Gesandtschaft hin oder her – würde man mich dabei erwischen, dann säße ich selbst mit im Zug. Ich setzte mich auf den Rücksitz des Wagens und zog mein Taschenmesser heraus. Damit schnitt ich einen schmalen Schlitz in meinen Schal und versteckte die Kamera dahinter. Dann stieg ich aus, bewegte mich so gelassen wie möglich über das Bahnhofsgelände und knipste.

Wallenberg hielt sein schwarzes Buch in der Hand. »Alle meine Leute hierher!«, rief er. »Sie müssen mir bloß Ihren Schutzpass vorweisen!«

Er trat auf die Schlange der »Reisenden« zu. »Sie! Ja, Sie. Ich habe Ihren Namen auf der Liste. Wo ist Ihr Pass?« Der Mann schaute verwirrt, griff sich in die Tasche, um nach einem Papier zu suchen, das er niemals hatte. Dann zog er einen Brief hervor. »Gut! Der Nächste!«

Die Männer begriffen sofort, worum es ging. Briefe, Rezepte für Brillengestelle, ja selbst Deportationserlasse wurden zum Passierschein in die Freiheit. Raoul und seine Assistenten hakten sorgfältig jeden einzelnen Namen in ihrem Buch ab – oder fügten neue ein. Ich versuchte, mich unsichtbar zu machen und das ganze Ausmaß der Ungeheuerlichkeit auf Zelluloid zu bannen, das hier geschah.

»Tommy! Tommy!«

Ich hörte, wie jemand meinen Namen rief, und drehte mich um. War ich etwa erkannt worden?

»Tommy!« Ganz vorne in der Reihe, kurz vor dem Einstieg, stand mein bester Freund George. Wir kannten uns seit unserer Kindheit, waren in der Schule vom Lehrer nebeneinander gesetzt worden und hatten nachher Jahr für Jahr freiwillig die Bank geteilt. Er war ein brillanter Kopf, der Primus unseres Gymnasiums. Und jetzt stand er in der Warteschlange des Todes. Mir blieb nur der Bruchteil einer Sekunde Zeit zum Nachdenken.

Ich ging auf ihn zu, griff ihn beim Kragen und schimpfte: »Du dreckiger Jude. Da rüber mit dir!« Und deutete auf die Schar, die Wallenberg um sich herum versammelt hatte. »Geh schon! Oder bist du taub?« Ich trat ihm in den Hintern. Er verstand und setzte sich in Bewegung.

Hunderte von Männern hatte Wallenberg aussortiert, als er spürte, dass die Nazis langsam die Geduld verloren. »Und jetzt zurück nach Budapest. Ihr alle!«, verkündete er.

Die frisch gebackenen »Schweden« spazierten als freie Männer aus dem Bahnhof heraus. Während sie auf dem Weg zur Pforte waren, wandte sich Wallenberg noch einmal an die Wachen und hielt ihnen einen ausschweifenden Vortrag über die Überbelegung der Züge und die hygienischen Bedingungen – oder was ihm sonst noch in den Sinn kam, um die Aufmerksamkeit von seinen Schützlingen abzulenken.

Erst als sie einen guten Vorsprung hatten, stiegen Raoul und ich in den Wagen, in dem Vilmos schon auf uns wartete. In diesem Augenblick wurde mir schlagartig klar, in welcher Gefahr wir gewesen waren. Dieser Mann – ein Schwede, der in aller Seelenruhe das Ende des Krieges hätte abwarten können – marschierte aus freien Stücken geradewegs in die Höhle des Löwen und verlangte von anderen, es ihm gleichzutun!

Kaum waren wir zurück in der Stadt, begab ich mich zu George, brachte ihn zu einem von Wallenbergs Asylhäusern und machte ein Passbild von ihm. »Rühr dich nicht von der Stelle, bis ich dir den Schutzpass bringe!«, schärfte ich ihm ein.

Am nächsten Tag gab es wieder Arbeit: weitere Deportationen von Jozsefvarosi. Auch diesmal sollte ich mit dabei sein. Es bot sich uns das gleiche Schreckensszenario wie am Vortag. Gendarmen mit Maschinengewehren im Anschlag; Tausende von Menschen, die auf Züge getrieben wurden. Wallenberg mit seinem Stand und seinem schwarzen »Buch des Lebens«.

Diesmal war meine Leica schon beim Eintreffen am Bahnhof zwischen den Falten meines Schals verborgen. Während Wallenberg anfing, möglichst geläufige Namen aufzurufen, damit sich auch ja möglichst viele der Männer melden würden, machte ich mich ans Fotografieren.

An jenem Tag waren mein Cousin Joseph ebenso wie ein in ganz Ungarn bekannter Schauspieler unter den Todeskandidaten. Ich zerrte sie aus der Schlange der Wartenden und schob sie Wallenbergs Schützlingen zu.

In diesem Augenblick witterte ich meine Chance: Ich lief unmittelbar vor den Augen der bewaffneten Wachen um den Zug herum. Von der anderen – vom Bahnhof abgekehrten Seite – aus kletterte ich auf den Waggon, der bereits voll belegt war. Die Tür war noch nicht mit Vorhangschlössern gesichert worden, und so sprang ich mit meinem ganzen Gewicht auf den Bolzen, der sie zuhielt. Die Feder klickte, und die Tür glitt zur Seite.

Die Männer, die noch einen Moment zuvor in der Dunkelheit gefangen waren, blinzelten jetzt in den Novemberhimmel. »Schnell, bewegt euch!«, sagte ich. Und einer nach dem anderen sprang aus dem Zug und rannte zu Wallenberg hinüber, der weiterhin Pässe ausstellte.

Von seinem Stand aus sah Raoul, dass seine Zeit eindeutig abgelaufen war. »Alle Mann in dieser Reihe sind auf Anordnung der ungarischen Regierung wieder auf freiem Fuß. Zurück in die Stadt! Abmarsch!« In diesem Augenblick merkte ein ungarischer Polizeibeamter, was ich da tat. Er deutete mit dem Revolver auf mich. »Sie! Lassen Sie das!«

Raoul und sein Fahrer sprangen in den Studebaker und fuhren auf mich zu. Raoul riss die Tür auf und lehnte sich nach draußen: »Tom! Spring!«

Mir blieb keine Zeit zum Denken. Ich machte den größten Satz meines Lebens.

Raoul zerrte mich in den Wagen, und Vilmos trat aufs Gaspedal. Während der Bahnhof hinter uns verschwand, meinte der Schwede grinsend: »Ich glaube nicht, dass wir uns hier so bald wieder sehen lassen können!«

Ein paar Tage später kam Georges Mutter in Wallenbergs Büro in der Ulloi-Straße und verlangte nach mir. Sie war in Tränen aufgelöst. George hatte sich zwei Tage zuvor aus seinem Unterschlupf geschlichen, um seine Verlobte zu sehen, die nur zwei Häuserblocks entfernt wohnte – weit genug, um unterwegs von zwei Pfeilkreuzlern aufgegriffen zu werden. Ich habe meinen besten Freund nie wiedergesehen.

Im Januar rückte die sowjetische Armee bis an die Grenzen der Stadt vor, doch in Budapest selbst hatten die Nazis und Pfeilkreuzler noch immer das Sagen. In einem unermüdlichen Kampf setzte sich Wallenberg dafür ein, dass die 30 000 Menschen, die in seinen Asylhäusern untergebracht waren, nicht auch zu den 70 000 geschafft wurden, die bereits im Hauptghetto eingesperrt waren. Er tat alles in seiner Macht Stehende, um die Pläne zur Auslöschung des Ghettos zu verhindern.

Inzwischen wurde Budapest Tag und Nacht bombardiert, sodass wir zu Hunderten in den Büroräumen in der Ulloi-Straße kampierten. In der Nacht zum Montag, den 8. Januar, klopfte es plötzlich an der Tür der Gesandtschaft. Unmittelbar danach traten Pfeilkreuzler die Tür ein und leuchteten uns einzeln mit der Taschenlampe ins Gesicht.

Die Eindringlinge wussten nicht, dass Edith Wohl in der Vermittlung im ersten Stock saß und in aller Eile einen Anruf tätigte. »In einer Reihe aufstellen!«, schrie uns der Offizier an. »Sofort! Oder wir erschießen euch auf der Stelle!«

Nun war es also doch so weit gekommen. Ich stand in einer Reihe mit den anderen, von Wachen umringt, den sicheren Tod vor Augen.

»Na dann! Zeit für einen kleinen Spaziergang zum Fluss!«, höhnte einer der Soldaten. Er wandte sich einigen seiner Kumpane zu. »Diesmal seid ihr dran!«

»Wir haben doch erst die letzte Gruppe hingebracht«, protestierte einer. »Wir haben noch den Schnee an den Stiefeln!«

In diesem Augenblick flog die Tür auf und Wallenberg stand im Raum. »Was tun Sie da? Es handelt sich hier ausnahmslos um schwedische Staatsbürger. Es ist Ihnen ein grober Fehler unterlaufen! Die Herrschaften sind unverzüglich auf freien Fuß zu setzen!«

Den Pfeilkreuzlern blieb der Mund offen stehen, als eine Lastwagenladung von Budapester Polizisten mit gezogener Waffe in die Büros stürmte.

Raoul Wallenberg bedachte den Nazi-Offizier mit einem vernichtenden Blick. »Haben Sie nicht gehört? Geben Sie die Leute frei! Jetzt! Sofort!«

Der Hauptmann starrte auf die Läufe der Maschinengewehre, die auf ihn gerichtet waren, schaute den Schweden an... und ließ uns laufen.

Das Kriegsende stand unmittelbar bevor, als mich eine Hiobsbotschaft erreichte: Alle Bewohner des Mietshauses meiner Familie – egal ob Juden oder Christen – waren von Pfeilkreuzlern abgeführt worden, weil das riesige Lebensmittellager aufgeflogen war, das der stadtbekannte Konditormeister Zserbo im Keller eingerichtet hatte. Meine Eltern wurden auf direktem Wege zur Donau geschafft, wo sie erschossen und ihre Leichen in den Fluss gestoßen wurden. Ihnen konnte Raoul nicht mehr helfen. Es war schon zu spät.

Aber für Tausende von Menschen, die er aus Zügen oder von Todesmärschen gerettet hat, kam seine Hilfe rechtzeitig. Sie kam nicht zu spät für die Menschen im Ghetto, die Wallenberg und seine Gehilfen vor dem letzten Pogrom retteten, obwohl die Erschießungskommandos schon für ihren Einsatz zusammengezogen worden waren.

Zum letzten Mal sah ich Raoul Wallenberg kurz vor seiner Abfahrt nach Debrecen, wo er sich mit Vertretern der neuen Übergangsregierung treffen wollte, um ein Wiederaufbauprogramm ins Leben zu rufen. Er fragte mich, ob ich mitfahren wolle, doch ich hatte noch nichts über den Verbleib meiner Eltern erfahren und wollte erst Klarheit haben. In Begleitung einer sowjetischen Eskorte brachen Wallenberg und sein Chauffeur Vilmos Langfelder am 17. Januar auf. Kurz vor Debrecen wurden sie vom NKVD – einer Vorgängerorganisation des KGB – verhaftet. Keiner von beiden wurde seither je wieder außerhalb von sowjetischen Gefängnismauern gesehen.

Oft habe ich darüber nachgedacht, wie mich der Zeitpunkt des tragischen Todes meiner Eltern davor bewahrt hat, gemeinsam mit Wallenberg in der Versenkung zu verschwinden. Manchmal glaube ich, dass ich vom Schicksal verschont blieb, um Raouls Geschichte zu erzählen.

Was genau mit ihm passierte, ist bis heute ein Rätsel geblieben, aber was er für die Tausenden von Männern, Frauen und Kindern tat, das wird stets als leuchtendes Fanal weithin sichtbar vor uns stehen. In der Bibel heißt es: »Es gibt keine größere Liebe, als wenn einer sein Leben für seine Freunde hingibt.« (Joh 15, 13) Die Menschen, die er gerettet hat, waren genau genommen nicht seine Freunde. Es waren einfach Mitmenschen, und als solchen fühlte er sich ihnen verpflichtet. Er war kein Übermensch, wenngleich sein Handeln heldenhaft war. Er war ein ganz normaler Mensch, der andere Menschen kraft seiner Ausstrahlung dazu brachte, es ihm gleichzutun.

So sei es also: Ich erzähle seine Geschichte.   *Tom Veres*

Ein alter irischer Segen

Möge der Weg sich erheben und dir entgegengehen.
Mögest du immer den Wind im Rücken
und den warmen Sonnenschein auf deinen Wangen spüren.
Möge der Regen sanft auf deine Felder fallen,
und bis wir uns das nächste Mal wiedersehen,
möge Gott dich auf Händen tragen.

Verfasser unbekannt

Danksagung

Wir haben über zwei Jahre gebraucht, um *Hühnersuppe für Christen* zu schreiben, das Material dafür zusammenzutragen und zu bearbeiten. Auch nach der Fertigstellung ist und bleibt es für uns alle ein echtes Werk der Liebe und des Glaubens. Ganz besonders möchten wir uns bei folgenden Menschen bedanken, ohne die das Buch nie hätte entstehen können:

Peter Vegso und Gary Seidler von *Health Communications*, die mit ihrem unablässigen Einsatz dazu beitragen, die *Hühnersuppe* am Köcheln zu halten. Vielen Dank, Peter und Gary. Wir mögen euch mehr, als ihr ermessen könnt.

Unseren Familien, die uns weiterhin den Raum, die Liebe und Unterstützung geben, die wir brauchen, um solch wundervolle Bücher entstehen lassen zu können. Ganz besonders dankbar sind wir für euren Beistand, wenn es wieder einmal so aussieht, als würden wir es nie schaffen – was uns dann durch eure Ermunterungen und euren Glauben an uns doch immer gelingt. Tag für Tag wart ihr wie Hühnersuppe für unsere Seele!

Heather McNamara, die wieder einmal unzählige Stunden damit zugebracht hat, Geschichten zu redigieren und im Internet nach Autoren und Texten zu fahnden. Wir danken ihr nicht zuletzt auch dafür, dass sie uns in der heißen Endphase der Manuskriptbearbeitung immer wieder auf den Teppich geholt und uns geholfen hat, die Nerven zu behalten.

Patty Hansen, die immer eine Antwort hat, wenn wir uns

keinen Rat mehr wissen. Wie immer hatte sie auch bei diesem Projekt ein untrügliches Gespür für die »Juwelen« unter den eingesandten Geschichten. Über all die Zeit hinweg ist auf sie immer Verlass gewesen.

Marsha Donohoe und Sharon Linnéa, die das komplette Manuskript gelesen, jede einzelne Geschichte redigiert, den einen oder anderen Text neu geschrieben und uns, wann immer es nötig war, mit Rat und Tat zur Seite gestanden haben. Wir schätzen euch mehr, als ihr ahnt!

Diana Chapman für ihren unermüdlichen Einsatz. Nicht nur, dass sie die erste Leserin ist, die uns einen Kommentar geschrieben hat; wir verdanken ihr außerdem viele herrliche Geschichten, die Eingang in unsere Bücher gefunden haben. Wann immer wir ganz schnell eine bestimmte Art von Beitrag brauchen, hatte sie den idealen Text zur Hand.

Taryn Phillips Quinn, die Redakteurin der Zeitschrift *Woman's World*, die uns viele wunderbare Geschichten geschickt hat und uns beratend zur Seite stand, wann immer wir es brauchten. Danke, Taryn. Es ist eine echte Freude, mit dir zusammenzuarbeiten.

Jonathan Moynes, der uns in allen Zweifelsfällen als »wandelndes Lexikon« diente, während Nancy und Patty das Projekt zu Hause fertig stellten. Danke, Jonathan!

Joanne Duncalf, die uns viele großartige Geschichten zusandte, die sie in aller Welt zusammengetragen hat, und die sieben ihrer Freunde und Freundinnen dazu brachte, das fertige Manuskript zu lesen, während sie selbst im Rahmen ihres Engagements für bosnische Kinder zwischen den USA und Bosnien hin und her pendelte.

Christine Kimmich, die das gesamte Manuskript gelesen und zahlreiche Bibelstellen und Gebete beigetragen hat.

Kimberley Kirberger und Linda Mitchell, die Tausende von Geschichten gelesen haben, um die »optimalen zehn«

herauszufiltern und ein möglichst gutes Buch entstehen zu lassen. Auch waren sie uns eine moralische Stütze, wann immer wir es brauchten.

Leslie Forbes, den jüngsten Neuzugang unserer *Hühnersuppen*-Familie, die Wochen damit zugebracht hat, Stapel von Geschichten zu sichten, zu kategorisieren und zu bewerten. Du bist eine echte Bereicherung für unser Team.

Veronica Romero, die sich um das Tagesgeschäft der *Canfield Training Group* gekümmert hat, sodass Jack, Patty und Nancy sich auf das Schreiben und Redigieren konzentrieren konnten. Nicht zuletzt wissen wir auch ihre weisen Worte zu schätzen, mit denen sie uns – wenn wir wieder einmal kurz davor waren, den Verstand zu verlieren – daran erinnerte, dass uns Gott nie eine Aufgabe überträgt, der wir nicht gewachsen sind.

Rosalie Miller, die uns in den letzten Monaten vor Projektfertigstellung so manches Telefonat und so manche Alltagspflicht abgenommen hat, zu der wir selbst nicht gekommen sind.

Teresa Spohn, die Jacks und Pattys Terminkalender betreut und beiden die zeitlichen Spielräume verschaffte, schreiben und redigieren zu können!

Lisa Williams, die sich so gut um Mark und ihr gemeinsames Unternehmen gekümmert hat, dass dieser rund um die Welt reisen und die Werbetrommel für unsere Buchserie rühren konnte. Wir danken ihr nicht zuletzt auch dafür, dass sie Mark den Rücken freihielt, sodass er in der letzten Phase mit uns arbeiten konnte.

Anna Kanson, die für Rechte und Genehmigungen zuständige Managerin bei *Guideposts*, die uns immer und jederzeit bereitwillig in unserem Unterfangen unterstützt hat, das Beste aus unseren Büchern zu machen. Sie hat uns unschätzbaren Rat gegeben, unglaublich gute Geschichten für uns entdeckt und all die Geschichten beurteilt, die wir ihr vorgelegt haben.

Katherine Burns, Leiterin der Abteilung Rechte und Lizenzen bei *Reader's Digest*, die uns so viel Zeit gewidmet und uns mit Informationen weitergeholfen hat, wenn es darum ging, schwer auffindbare Autoren zu kontaktieren.

Unseren anderen Mitautorinnen und Mitautoren – Patty Hansen, Diana von Welanetz Wentworth, Barry Spilchuk, Marci Shimoff, Jennifer Reed Hawthorne, Martin Rutte, Maida Rogerson, Tim Clauss, Hanoch und Meladee McCarty, Marty Becker und Carol Kline –, die permanent Geschichten bei uns einreichten und uns immer dann moralisch zur Seite standen, wenn wir es brauchten.

Elinor Hall, die bei der Produktion von *Hühnersuppe für die Seele – Für Frauen* mitgewirkt und im Rahmen dieser Arbeit so manchen Text an uns weitergeleitet hat, der besser in unser Projekt hineinpasste.

Larry und Linda Price, die für den reibungslosen Betrieb der *Foundation for Self-Esteem* und des Projekts *Suppenküchen für die Seele* sorgten, sodass wir uns voll und ganz auf die Arbeit an diesem Buch konzentrieren konnten.

Terry Burke, stellvertretender Vertriebs- und Produktionsleiter bei *Health Communications*, der immer ein Wort der Ermunterung auf den Lippen hatte.

Den über 7000 Christen, die Geschichten, Gedichte und andere Texte eingereicht haben. Ihr wisst selbst, wer ihr seid. Die meisten Stücke waren großartig, doch nicht alle ließen sich im Rahmen des Projekts verwenden. Bestimmt werden viele davon in künftige Bände der Serie *Hühnersuppe für die Seele* einfließen. Geplant sind *Hühnersuppen*-Bände *für Trauernde, für Eltern, für Schwangere, für Lachende* und *für Menschen vom Lande.*

Unser Dank gilt auch folgenden Menschen, die die ersten,

noch sehr rudimentären Entwürfe von über 200 Geschichten gelesen, uns bei der endgültigen Auswahl geholfen und wertvolle Hinweise zur Verbesserung des Buches gegeben haben: Diane Aubery, Jeff Aubery, Susan Burhoe, Diana Chapman, Nancy Clark, Marsha Donohoe, Joanne Duncalf, Jo Elberg, Thales Finchum, Leslie Forbes, Beth Gates, Patty Hansen, Anna Kanson, Kimberly Kirberger, Carol Kline, Marianne Larned, Sharon Linnéa, Donna Loesch, Heather McNamara, Ernie Mendes, Rosalie Miller, Linda Mitchell, Monica Navarrette, Dorothy Nohnsin, Cindy Palajac, LuAnn Reicks, Veronica Romero, Catherine Valenti, Diana von Welanetz Wentworth, Rebecca Whitney, Martha Wigglesworth, Maureen Wilcinski und Kelly Zimmerman.

Und folgenden Menschen, die auf andere Weise einen wichtigen Beitrag geleistet haben:

Randee Goldsmith, Produktmanagerin des *Hühnersuppen*-Projekts, die ihre Aufgabe mit hoher Professionalität erfüllt. Wir lieben und schätzen dich, Randee!

Arielle Ford, unsere Verlegerin, die sich ständig neue Vertriebsmöglichkeiten für unsere Serie einfallen lässt und die uns mit unschätzbarem Rat zur Seite steht. Kim Weiss und Ronni O'Brien von *Health Communications*, unsere Presseleute, die uns immer wieder ins Radio und ins Fernsehen gebracht haben, um die nötige Öffentlichkeit für unser Projekt zu erlangen, und die uns mit Worten der Ermunterung und Inspiration immer wieder neu motiviert haben. Irene Xanthos und Lori Golden, die dafür sorgen, dass unsere Bücher ein größtmögliches Publikum erreichen. Teri Miller Peluso, die stets zur Stelle ist, wenn wir sie brauchen.

Angesichts des Umfangs dieses Projekts haben wir sicher den Namen des einen oder anderen Menschen, der uns wichtige Hilfestellung gegeben hat, ausgelassen. Wir möchten uns an dieser Stelle für das Versehen entschuldigen und versichern, dass wir jedem Einzelnen von euch von ganzem Herzen für eure Unterstützung und Hilfe dankbar sind. Wir wissen all die vielen Hände zu schätzen, die dieses Buch möglich gemacht haben. Wir lieben euch alle!

Schreiben Sie uns

Viele der Geschichten und Gedichte, die Sie in diesem Buch gelesen haben, wurden von Lesern wie Ihnen nach der Lektüre anderer Ausgaben von *Hühnersuppe für die Seele* eingereicht. Jedes Jahr geben wir etwa fünf oder sechs neue Bücher der Serie heraus. Wir würden uns freuen, wenn auch Sie uns eine Geschichte zusenden würden, von der Sie meinen, dass sie gut in eine künftige Ausgabe hineinpassen würde.

Die Texte sollten nicht mehr als 1200 Worte umfassen und auf irgendeine Weise erbaulich oder inspirierend sein. Es kann eine Original-Erzählung ebenso gut sein wie ein Ausschnitt aus Ihrer Lokalzeitung, einer Zeitschrift, einem Gemeindebrief oder einem Firmenrundschreiben. Es kann sich auch um Ihren Lieblingsspruch handeln, den Sie an die Kühlschranktür gepinnt haben, oder um die Schilderung eines persönlichen Erlebnisses, das Sie tief berührt hat.

Die genauen Textanforderungen und eine Liste der geplanten *Hühnersuppe*-Bücher können Sie brieflich oder per Fax anfordern oder sich auf einer unserer Internet-Seiten ansehen:

Chicken Soup for the Soul
P.O. Box 30880 – Santa Barbara, CA 93130, USA
Fax 001-805-563-2945
E-Mail und Internet-Seiten:
www.chickensoup.com
www.clubchickensoup.com

Bitte senden Sie Ihre Lieblingsgeschichte und andere Texte an die oben genannte Anschrift. Wir garantieren, dass bei einer Veröffentlichung sowohl Sie als auch der Autor genannt werden.

Informationen über Vorträge, weitere Bücher, Kassetten, Workshops und Seminare erhalten Sie direkt bei den Autoren.

Wer ist Jack Canfield?

Jack Canfield ist einer der führenden US-amerikanischen Experten, wenn es um die Entfaltung des menschlichen Potenzials und der persönlichen Effizienz geht. Er ist ein brillanter Referent und viel beachteter Trainer. Jack hat die wundervolle Gabe, seinem Publikum Inhalte zu vermitteln und sie zu mehr Selbstvertrauen und Höchstleistungen zu inspirieren.

Er ist Autor und Sprecher zahlreicher Bestseller-Audio- und -Videokurse, darunter *Self-Esteem and Peak Performance, How to Build High Self-Esteem, Self-Esteem in the Classroom* und *Chicken Soup for the Soul – Live*. Er ist regelmäßig in Fernsehshows wie *Good Morning America, 20/20* und *NBC Nightly News* zu sehen. Jack ist Co-Autor zahlreicher Bücher, darunter die Reihe *Hühnersuppe für die Seele* sowie *Dare to Win* und *The Aladdin Factor* (jeweils gemeinsam mit Mark Victor Hansen), *100 Ways to Build Self-Concept in the Classroom* (gemeinsam mit Harold C. Wells) und *Heart at Work* (gemeinsam mit Jacqueline Miller).

Jack hält regelmäßig Vorträge auf Einladung von Berufsverbänden, Schulbezirksverwaltungen, Regierungsbehörden, Kirchen, Krankenhäusern, Verkaufsorganisationen und Firmen. Zu seinen Klienten gehören unter anderem: American Dental Association, American Management Association, AT&T, Campbell Soup, Clairol, Domino's Pizza, GE, ITT, Hartford Insurance, Johnson & Johnson, die Million Dollar Roundtable, NCR, New England Telephone, Re/Max, Scott Paper, TRW und Virgin Records. Darüber hinaus lehrt Jack an der privaten Unternehmerschule Income Builders International.

Jack veranstaltet ein jährliches Acht-Tage-Trainingsprogramm für Seminarleiter, die Kurse zur Entfaltung des menschlichen Potenzials und der persönlichen Effizienz anbieten. Zu den Teilnehmern gehören Pädagogen, Berater, Leiter von Elternkursen, Firmentrainer, professionelle Vortragsredner, Pfarrer und andere, die an einer Weiterentwicklung ihrer Sprach- und Seminarleiterfähigkeiten interessiert sind.

Wenn Sie weitere Informationen über Jacks Bücher, Kassetten und Trainingsprogramme anfordern oder ihn für eine Veranstaltung buchen möchten, wenden Sie sich an folgende Anschrift:

The Canfield Training Group
P.O.Box 30880 – Santa Barbara, CA 93130, USA
Tel. 001-805-563-2935 – Fax 001-805-563-2945
E-Mail und Internet: *www.chickensoup.com*

Wer ist Mark Victor Hansen?

Als professioneller Vortragsredner hat Mark Victor Hansen in den vergangenen 20 Jahren bei mehr als 4000 Veranstaltungen vor über zwei Millionen Menschen in 32 Ländern gesprochen. Zu seinen Themenschwerpunkten gehören Verkaufsoptimierung und -strategien, Stärkung der Eigenverantwortlichkeit und Persönlichkeitsentwicklung sowie das Aufzeigen von Möglichkeiten, wie man dreimal so viel verdient, aber nur halb so viel arbeitet.

Mark hat sich sein Leben lang der Mission gewidmet, andere Menschen zu tief greifenden, positiven Veränderungen hinzuführen. Im Laufe seiner Karriere hat er Hunderttausende dazu angeregt, die Gestaltung ihrer Zukunft in die Hand zu nehmen. Dabei hat er den Verkauf von Waren und Dienstleistungen im Wert von mehreren Milliarden Dollar ermöglicht.

Als versierter Schriftsteller ist Mark Autor von *Future Diary*, *How to Achieve Total Prosperity* und *The Miracle of Tithing*, Co-Autor der Serie *Hühnersuppe für die Seele* und der Werke *Dare to Win* und *The Aladdin Factor* (jeweils gemeinsam mit Jack Canfield) sowie *The Master Motivator* (gemeinsam mit Joe Batten).

Darüber hinaus hat Mark eine komplette Bibliothek von Audio- und Videokursen zur Stärkung der Eigenverantwortlichkeit produziert, die Wege zur Entfaltung der angeborenen Fähigkeiten und Talente im beruflichen und persönlichen Umfeld weisen. Seine Botschaft hat ihn in Radio und Fernsehen populär gemacht, und er ist in den Sendern

ABC, NBC, CBS, HBO, PBS und CNN aufgetreten. Sein Porträt erschien auf dem Titel zahlreicher Zeitschriften, darunter *Success*, *Entrepreneur* und *Changes*.

Mark ist ein Mann mit Herz und Verstand – eine Inspiration für alle, die nach persönlicher Entwicklung streben.

Weitere Informationen über Mark erhalten Sie unter folgender Anschrift:

P.O. Box 7665
Newport Beach, CA 92658, USA
Tel. 001-949-759-9304 oder 001-800-433-2314
Fax 001-949-722-6912
Internet: *http://www.chickensoup.com*

Wer ist Patty Aubery?

Patty Aubery ist Vizepräsidentin der Firma The Canfield Training Group and Self-Esteem Seminars, Inc. und arbeitet seit 1989 mit Jack Canfield zusammen, als dieser das Geschäft noch von seinem Haus in Pacific Palisades aus führte. Bei dem Projekt *Hühnersuppe für die Seele* war sie von Anfang an mit dabei, und sie erinnert sich gut an die Anfangsschwierigkeiten, die es bei der Vermarktung des ersten Buchs gegeben hat. »Ich weiß noch genau, wie ich bei 30 Grad im Schatten auf dem Flohmarkt saß und versuchte, das Buch an den Mann zu bringen – und wie die Leute stehen blieben, guckten und dann zum nächsten Stand weitergingen. Man hielt mich für verrückt und glaubte, ich würde meine Zeit verschwenden«, so berichtet sie. »Und jetzt? Von den ersten elf Büchern sind inzwischen 14 Millionen Exemplare verkauft worden, und ich habe selbst als Autorin an zwei Büchern der Serie mitgewirkt!«

Patty ist Mitautorin von *Chicken Soup for the Surviving Soul: 101 Stories of Courage and Inspiration from Those Who Have Survived Cancer.*

Sie ist mit Jeff Aubery verheiratet, und die beiden haben einen zweijährigen Sohn namens J.T. Aubery. Patty lebt mit ihrer Familie im kalifornischen Santa Barbara und ist zu erreichen über:

The Canfield Training Group
P.O.Box 30880 – Santa Barbara, CA 93130, USA
Tel. 001-800-237-8336 – Fax 001-805-563-2945

Wer ist Nancy Mitchell?

Nancy Mitchell ist Leiterin der Verlagssparte der Canfield-Gruppe und verantwortlich für sämtliche Abdruckrechte und Genehmigungen. Sie ist Absolventin der Arizona State University, wo sie 1994 ihren Abschluss als Erzieherin machte. Nach dem Studium arbeitete Nancy zunächst auf der Intensivstation für Herzpatienten des Good Samaritan Regional Medical Center in Phoenix, Arizona, kehrte aber nach vier Monaten in ihre Heimatstadt Los Angeles zurück und nahm die Teilzeitstelle an, die ihr ihre Schwester und Mitautorin, Patty Aubery, im Unternehmen von Jack Canfield und Mark Victor Hansen anbot. Nancy hatte zunächst nur vorgehabt, an der Fertigstellung des Buchs *Noch mehr Hühnersuppe für die Seele* mitzuwirken und sich dann wieder ihrem eigentlichen Beruf als Erzieherin zuzuwenden. Als ihr im Dezember desselben Jahres jedoch eine Ganztagsstelle bei der Canfield-Gruppe angeboten wurde, legte sie ihre ursprünglichen Pläne erst einmal auf Eis. Seither ist Nancy Leiterin der Verlagssparte und arbeitet eng mit Jack und Mark im Rahmen des Programms *Hühnersuppe für die Seele* zusammen.

Nach eigenen Aussagen ist Nancy vor allem froh darüber, nach Los Angeles zurückgekehrt zu sein. »Wäre ich nicht nach Kalifornien zurückgekommen, hätte ich mich nicht um meine Mutter kümmern können, als sie an Brustkrebs erkrankte. Für sie und meine Familie da zu sein, hat für mich höchste Priorität.« Ungeachtet der kritischen Umstände hat Nancy als Autorin an dem Band *Chicken Soup for the Survi-*

ving Soul: 101 Stories of Courage and Inspiration from Those Who Have Survived Cancer mitgewirkt. Vor kurzem ist sie nach Santa Barbara umgezogen und ist zu erreichen über:

The Canfield Group
P.O.Box 30880 – Santa Barbara, CA 93130, USA
Tel. 001-800-237-8336 – Fax 001-805-563-2945
E-Mail über *www.chickensoup.com*

Über die Autorinnen und Autoren

Viele der Texte in diesem Buch haben wir aus Büchern und Zeitschriften entnommen. In diesem Fall sind die Quellen im Abschnitt »Abdruckgenehmigungen« genannt. Manche der Geschichten und Gedichte wurden von Freunden beigetragen, die so wie wir als Vortragsredner tätig sind. Unter den nachfolgend genannten Adressen und Telefonnummern können Sie mit ihnen Kontakt aufnehmen, um sich über ihre Bücher, Kassetten und Seminare zu informieren.

Eine ganze Reihe von Beiträgen wurde uns auch von Lesern wie Ihnen zugeschickt, die bei der Lektüre der ersten beiden Bände von *Hühnersuppe für die Seele* auf die Idee kamen, eine Geschichte aus ihrem eigenen Leben zu erzählen. Auch über sie haben wir Informationen aufgenommen.

Rhonda Adams hat 1979 das Columbus College of Art and Design in Columbus, Ohio, absolviert und sich in ihrer künstlerischen Laufbahn auf humoristische Illustrationen spezialisiert. In den letzten zehn Jahren entwarf sie Hunderte von Grußkarten für die verschiedensten Hersteller. Ihre Karikaturen haben sie in den ganzen USA bekannt gemacht und sind auf T-Shirts, Postern, Postkarten und Uhren zu sehen. 1998 brachte sie einen Wandkalender mit dem Titel *Let us Laugh* heraus. Sie erreichen sie im Internet unter *http://www.infr.com/pcf/illustrators/rhonda adams.html* oder per E-Mail unter *rhonda@infr.com*

Teresa Anne Arries ist Meinungsforscherin, Vortragsrednerin und freie Autorin. Ihre Artikel werden in christlichen und weltlichen Zeitschriften veröffentlicht. Als ehemalige Mitherausgeberin des *Bible-Science-Newsletter* hat Terry umfangreiche Recherchen durchgeführt und Kontakte in den gesamten USA geknüpft. Darauf aufbauend hat sie für ABC in der Reihe *20/20* eine Sendung über den Umgang mit dem Tod in der Gesellschaft produziert. Sie ist unter folgender Anschrift zu erreichen: P.O. Box 4433, Pagosa Springs, CO 81157, USA, Tel. 001-970-731-2525.

Steve Baal ist freier Autor und hat für seine Artikel zu den verschiedensten Themen diverse nationale, regionale und lokale Auszeichnungen erhalten. Sie erreichen ihn unter folgender Anschrift: P.O. Box 162, Indian Rocks Beach, FL 33785, USA.

Aaron Bacall ist ein in New York lebender Zeichner, dessen Karikaturen in Zeitschriften, in Büchern und in der Werbung erscheinen. Bevor er sich ganz für die künstlerische Laufbahn entschied, war der gelernte Chemiker in der pharmazeutischen Forschung und als Universitätsdozent tätig. Sie erreichen ihn irgendwo im Cyberspace unter ABCARTOON@JUNO.COM oder per Fax unter 001-718-370-2629.

Sandy Beauchamp ist Krankenschwester und lebt seit 18 Jahren trotz Diagnose Krebs. In ihrem Berufsalltag hat sie erkannt, wie wichtig es ist, nicht nur den Körper, sondern auch die Seele zu päppeln, um den Menschen gesund zu erhalten oder wieder gesund zu machen. Sandy hat fünf Artikel veröffentlicht. Sie und ihre heilenden Hände sind unter folgender Adresse zu erreichen: 129 Timbers Drive, Slidell, LA 70458, USA.

Anne Bembry lebt mit ihrem Mann Dan in Live Oak, Florida. Sie haben sieben Kinder. Zurzeit ist Anne Schichtaufseherin im Strafvollzug bei Corrections Corp. of America. Ihr Sohn Andy ist Strafvollzugsbeamter und Mitglied der National Guard.

Bits & Pieces, das Magazin zur Inspiration der Welt, erscheint nunmehr seit fast 30 Jahren und hat Millionen von Menschen motiviert und erfreut. Es erscheint in Englisch, Spanisch und Japanisch; ein kostenloses Probeexemplar können Sie anfordern unter 001-800-526-2554.

Dr. James C. Brown ist Ehemann von Justine und Vater von Ryan und Sally. Er ist als Kinderarzt und Dozent an der Creighton University School of Medicine in Omaha, Nebraska, tätig. Er ist Autor, Bronze-Bildhauer und Coach. Gemeinsam mit seiner Frau Justine unterhält er ein Gestüt zur Zucht und Ausbildung von belgischen Kaltblutpferden. Sie erreichen ihn unter folgender Adresse: Creighton University Medical Center, Department of Radiology, 601 N. 30th St., Omaha, NE 68131-2197, Tel. 001-402-449-4753.

Jeanine Marie Brown ist freie Autorin und lebt in Placentia, Kalifornien. Sie ist Absolventin der Azusa Pacific University und unterrichtet seit sieben Jahren Englisch und freie Rede an einer Highschool. In ihrer schriftstellerischen Arbeit hat sie sich auf Erlebnisberichte und Kurzgeschichten spezialisiert. Sie erreichen sie unter folgender Adresse: 2300 W. Worth Ave., La Habra, CA 90631, USA.

Jeanne Williams Carey hatte alle Hände voll zu tun, um acht eigene und zahlreiche Pflegekinder großzuziehen. Anschließend entdeckte sie ihre Leidenschaft für den Lehrberuf und arbeitete sich innerhalb kürzester Zeit zur Direktorin ihrer Schule hoch. Ihre Geschichten handeln von Mut, Hoffnung, Freude und von Menschen, die erkannt haben, wie großartig das Leben ist.

Rebecca Christian ist in Dubuque, Iowa, aufgewachsen. Sie schreibt Theaterstücke, Reiseberichte und Kolumnen und ist als Vortragsrednerin tätig. Ihre Texte sind in über hundert Zeitschriften und Zeitungen erschienen. Sie erreichen sie unter folgender Adresse: 641 Alta Vista St., Dubuque, IA 52001, USA, Tel. 001-319-582-9193.

Charles W. Colson ist ehemaliger Sonderberater von Präsident Richard Nixon, hat sich 1974 im Verfahren um den Watergate-Skandal für schuldig bekannt und eine siebenmonatige Gefängnisstrafe verbüßt. Zurzeit ist er Vorsitzender der Gefangenenvereinigung Prison Fellowship in Reston, Virginia. Er hat zahlreiche Bücher geschrieben, darunter den Bestseller *Born Again.*

Reverend Nancy Dahlberg hat zurzeit eine Pfarrstelle bei der United Church of Christ inne. Daneben ist sie als Autorin, Vortragsrednerin und Seminarleiterin tätig und will dabei zu christlicher Nächstenliebe und Führung motivieren und inspirieren. Sie erreichen sie unter folgender Adresse: P.O. Box 3100, York, PA 17402, USA.

Jenna Day ist Dichterin, Schriftstellerin und Lehrerin und lebt mit ihrer Familie in Maine. Sie hat verschiedene Gedichte veröffentlicht und arbeitet zurzeit an einer Sammlung von Kurzgeschichten über ihre Kindheit im ländlichen Maine. Sie erreichen sie unter folgender Adresse: R.R. #1, Box 364, Brownfield, ME 04010, USA.

John Doll lebt heute mit seiner Frau Lanie inmitten von zehn Hektar Orangen- und Avocadohainen. Bevor er 1987 in den Ruhestand ging, war er im internationalen Marketing für ein Unternehmen der Times-Mirror-Gruppe tätig. Er ist freier Autor und hat mehrere Kurzgeschichten veröffentlicht. Seine Stärken sind Nostalgie-Themen und Memoiren. Begonnen hat John seine Karriere als Autor mit dem Schreiben von Texten für den bekannten US-Bandleader und Sänger Laurence Welk. Sie erreichen ihn unter folgender Adresse: 2377 Grand Ave., Fillmore, CA 93012, USA, Tel. 001-805-524-3821.

Colleen Edwards ist **Renée Lacouague Bondis** Ghostwriterin für die Geschichte »Genau so muss sich Musik anhören!«. Hauptberuflich ist sie im kalifornischen Orange County im Marketing tätig. Nächstes schriftstellerisches Ziel der Hobbyautorin ist, in einer eigenen Zeitungskolumne die Botschaft der Liebe und Mitmenschlichkeit zu verbreiten. Über entsprechende Anfragen von Herausgebern würde sie sich freuen. Sie erreichen sie unter folgender Adresse: 107 W. Avenida Valencia, San Clemente, CA 92627, USA, Tel. 001-714-498-0657.

Vera A. Fortune lebt in Madison, Wisconsin, wo sie im öffentlichen Dienst als Ganztagskraft beschäftigt ist. Sie hat vier Kinder und elf Enkelkinder; das zwölfte ist unterwegs. Am 14. Mai 1996 hatte Vera einen tragischen Autounfall und musste sich einer Notoperation zur Rekonstruktion ihres Fußgelenks unterziehen, bei der eine Metallplatte und acht Schrauben eingesetzt werden mussten. Die körperlichen und seelischen Folgen des Unfalls sind für sie noch heute zu spüren.

Barbara Frye ist Dozentin für internationales Gesundheitswesen und Leiterin eines Diplomprogramms für Mutter-und-Kind-Gesundheit an der Loma Linda University School of Public Health. Sie ist weltweit als Beraterin in Sachen Mutterschaft und Säuglingspflege unterwegs und ist in dieser Mission viele Male nach Afrika, Südostasien und Lateinamerika gereist.

Marilyn Dunham Ganch stammt aus Houston, Texas, und hat in Austin Englisch und Journalistik studiert. Zurzeit ist sie Büroleiterin eines Krankenhauses und Mutter einer Tochter im Teenager-Alter. Als Hobbyautorin hat sie diverse Kurzgeschichten, Essays und Gedichte verfasst. Sie erreichen sie unter folgender Adresse: 9703 Harrowgate, Houston, TX 77031, USA.

Randy Glasbergen hat weltweit über 20 000 Karikaturen und Illustrationen in Zeitschriften und Zeitungen veröffentlicht. Außerdem ist er Autor zahlreicher Bücher. Wenn Sie Zugang zum Internet haben, dann sollten Sie sich unbedingt seinen Cartoon des Tages anschauen: *Today's Cartoon by Randy Glasbergen* unter *http://www.norwich.net/~randyg/ toon.html*. Kontakt per E-Mail unter *randyg@norwich.net*.

Austin Goodrich hat im Zweiten Weltkrieg als Infanteriesoldat gedient, bevor er seine zweite Laufbahn als Journalist und Spion einschlug. Zurzeit ist er halber Privatier und schreibt aus reinem Vergnügen Geschichten, Reden und Forschungsberichte, für die er ein nicht verhandelbares Honorar von 25 Cents pro Wort verlangt. Sie erreichen ihn unter der Telefonnummer 001-414-427-1030.

Laverne W. Hall ist durch ihre großen Interviews im Radio, im Fernsehen und in Zeitschriften bekannt und hat daneben einen Gedichtband veröffentlicht. Sie erreichen sie unter folgender Adresse: 3994 Menlo Drive, Atlanta, GA 30340, USA, Tel. 001-770-491-8887.

Wilma Heffelfinger ist Kräuterkundige und bringt einen monatlich erscheinenden Rundbrief zu alternativen Lebenskonzepten heraus, in dem auch Tipps zum Ziehen von Heilkräutern enthalten sind. Außerdem wurde sie 1996 für ihre Gedichte mit dem Editor's Choice Award ausgezeichnet. Sie erreichen sie unter folgender Adresse: Sunny Meadows, P.O. Box 33, Greenwood, MO 64034, USA, Tel. 001-816-331-4934, Fax 001-816-322-5181, E-Mail: *Sunnymdw@sky.net.*

Beverly Hulsizer arbeitet in der Personalabteilung der Firma Procter & Gamble in Cincinnati, Ohio. Sie ist seit 34 Jahren mit George verheiratet. Sie haben zwei Töchter, Amy und Beth. Aufgewachsen ist Beverly in Bethlehem, Pennsylvania.

Reverend Dr. Bruce Humphrey ist Pastor der Trinity Presbyterian Church, deren Mitgliederzahl unter seiner zehnjährigen Leitung von 250 auf 650 gewachsen ist. Er ist Autor von fünf Büchern und der geborene Geschichtenerzähler. Der zweimal mit Ehrendoktorwürden ausgezeichnete Mann hält Vorträge auf Seminaren, in Camps, auf Retreats und bei anderen kirchlichen Veranstaltungen. Sie erreichen ihn unter folgender Adresse: 630 Park Ave., Prescott, AZ 86303, USA.

Virginia Jarvis (Ginny) lebt in Bay City, Michigan. Sie ist verheiratet und hat drei Kinder. Ihre Hobbys sind Bowling und Golf. Seit 15 Jahren arbeitet die diplomierte Archivarin im Veterans Administration Medical Center in Saginaw, Michigan. Dies ist ihre erste Veröffentlichung, und sie ist ausgesprochen stolz darauf, dass ihr Text in *Hühnersuppe für die Seele – Für Christen* erscheint.

Virginia Johnson weiß, dass viele Menschen schon die wundersamsten Dinge mit ihren verstorbenen Angehörigen erlebt haben. Wenn Sie ihr von Ihren eigenen Erfahrungen berichten möchten, dann erreichen Sie sie unter Tel. 001-816-587-6054. Allein über den Todesfall zu sprechen bedeutet einen großen Schritt hin zur Bewältigung der Trauer. Meg Lundstrom ist zu verdanken, dass Ron mit seiner Botschaft auch heute noch ebenso viele Menschen erreicht wie zu seinen Lebzeiten.

The Joyful Noiseletter heißt das monatlich erscheinende Verbandsblatt der Fellowship of Merry Christians mit sauberen Witzen, heiligem Humor und Karikaturen, das seit elf Jahren von Seelsorgern und Herausgebern von Gemeindeblättern abonniert werden kann. Die Zeitschrift hat Auszeichnungen von Associated Church Press, Catholic Press Association und Evangelical Press Association erhalten. Informationen zu »The Joyful Noiseletter« und anderen humoristischen Veröffentlichungen des Verbands erhalten Sie unter Tel. 001-800-877-2757 oder schriftlich bei FMC, P.O. Box 895, Portage, MI 49081, USA.

Ida Mae Kempel hat zahlreiche Artikel in christlichen Zeitschriften veröffentlicht und drei Bücher geschrieben. Das zuletzt erschienene Werk mit dem Titel *What Was in Jeremy's Egg? and Other Stories* enthält eine Sammlung ihrer Arbeiten. Für Buchbestellungen oder zur Vereinbarung von Interviewterminen erreichen Sie sie unter folgender Adresse:

Nascent Press, 2137 Otis Drive # 302, Alameda, CA 94501, USA, Tel. 001-510-523-8741.

Edward Koper ist zwar kein international renommierter Referent, aber er ist glücklich mit seiner Frau Diane verheiratet und hat zwei wunderbare Töchter, Emily und Rachel. Er freut sich, in den kleinen Dingen des Alltags die Gegenwart Gottes zu spüren, und hofft, dass alle Menschen die Zeichen göttlichen Wirkens auch in ihrem Leben zu erkennen lernen. Ed ist unter der Telefonnummer 001-908-566-3130 zu erreichen.

Priscilla Larson ist Autorin von *Stranger Danger* (erschienen bei Tyndale House, 1991) sowie zahlreicher Artikel in den verschiedensten Medien. Am liebsten führt sie Interviews, die zeigen, wie der Glaube uns über schwierige Zeiten hinweghelfen kann. Sie erreichen sie unter folgender Adresse: 117 Lincoln St., Lexington, MA 02173, USA, Tel. 001-617-862-8918.

Richard Lederer hat über 2000 Artikel und Bücher zum Thema Sprachen veröffentlicht, darunter seine Stilblüten-Serie *Anguished English, More Anguished English* und *Fractured English*. Er ist mit dem Titel »Internationaler Wortspieler des Jahres« ausgezeichnet worden, und sein Porträt erschien in den Magazinen *The New Yorker* und *People*. Seine Kolumne *Looking at Language* erscheint einmal pro Woche in diversen US-amerikanischen Zeitschriften und Zeitungen. Pro Jahr absolviert Richard Lederer 150 Auftritte als Vortragsredner, und im Radio ist er regelmäßig als Kommentator zu sprachlichen Fragen tätig. Sie erreichen ihn unter folgender Adresse: 9974 Scripps Ranch Blvd., Ste. 201, San Diego, CA 92131, USA, Tel. 001-619-549-6788, E-Mail *richard.lederer@pobox.com*, Internet *www.pobox.com/~verbi-vore*.

William J. Lederer ist Absolvent der U.S. Naval Academy in Annapolis, Maryland. Er hat 16 Bücher geschrieben, darunter *The Ugly American, A Nation of Sheep* und *All The Ships at Sea*. Er war Nieman Fellow in Harvard und *Reader's-Digest*-Korrespondent für den Fernen Osten. Zurzeit arbeitet er an einem Buch mit dem Titel *How to Become a Successful Author*, für das er Interviews mit 51 weltberühmten Schriftstellern geführt hat.

Meg Lundstom lebt in New York und ist Mitautorin des Buchs *The Power of Flow: Practical Ways to Transform Your Life with Meaningful Coincidence* (erschienen bei Harmony, 1997).

Ray L. Lundy ist Geistlicher, Dichter und Referent. Er schreibt Zeitschriftenartikel und eine wöchentliche Kolumne für eine Lokalzeitung. Außerdem hat er ein Inspirationsbuch mit dem Titel *Special Heroes* veröffentlicht. Sie erreichen ihn unter folgender Adresse: P.O. Box 217, Fair Bluff, NC 28439, USA, Tel. 001-910-649-7178.

Paula McDonald ist Bestsellerautorin. Ihre Bücher zum Thema Partnerschaft wurden in einer Auflage von über einer Million Exemplaren verkauft, und sie hat zahlreiche internationale Auszeichnungen für ihre Kolumnen, Fernsehfilme und Fotoreportagen erhalten. Sie ist eine anerkannte Expertin auf dem Gebiet von Partnerschaft und Kommunikation in der Familie und eine über die Grenzen der Vereinigten Staaten hinaus populäre Referentin zu inspirierenden Themen. Sie erreichen sie unter folgender Adresse: Creative Consultants, 417 W. San Ysidro Blvd., Suite

L724, San Ysidro, CA 92173, USA, Tel./Fax (Rosarito, Mexiko): 011-52-66-313173, E-Mail *102526.356@compuserve.com*

Andréa Nannette Mejia ist Autorin, Unternehmerin, Schauspielerin und Mutter dreier wunderbarer Kinder, die sie selbst zu Hause unterrichtet. Mit den Produkten ihrer Plätzchen- und Pralinen-Manufaktur (Andrea's Heavenly Baked Goods and Chocolates) hat sie auf der Los Angeles County Fair viele Preise gewonnen. Sie erreichen sie per E-Mail unter *TNT4GOD@juno.com*

Helene Montone ist seit 16 Jahren verheiratet und seit 21 Jahren als Krankenschwester in einer städtischen Klinik tätig. Sie hat vorher noch nie irgendetwas geschrieben. Sie dankt Jesus und den leiblichen Eltern ihres Sohnes für all die Freude, die sie ihrer Familie bereitet haben. Helene hofft, dass sie mit ihrer Geschichte dem einen oder anderen Menschen ein kleines Lächeln entlocken, eine Seele berühren oder ein verwundetes Herz heilen kann.

Jeanne Morris ist in Norfolk, Virginia, geboren und in Chesapeake Beach aufgewachsen. Nach der Highschool in Picton, Ontario, hat sie an der Universität von Houston, Texas, studiert, wo sie auch heute noch lebt. Gemeinsam mit ihrem Mann unterhält sie den Gebetsgarten der Aldine United Methodist Church, in dem spezielle Programme für die Hinterbliebenen von Mordopfern angeboten werden. Daneben ist sie aktives Mitglied der Vereinigung Parents of Murdered Children. Sie erreichen sie unter folgender Adresse: 1905 Bennington Rd., Houston, TX 77093, USA.

Edward B. Mullen arbeitet als Tierbiologe in Santa Barbara, Kalifornien. Zurzeit schreibt er an einer Serie von naturbezogenen, inspirierenden Geschichten. Sie erreichen ihn unter folgender Adresse: 816 State St., Santa Barbara, CA 93101, USA, Tel. 001-805-984-8899.

Judith E. Peitsch schreibt seit 25 Jahren Gedichte und komponiert Lieder. Sie spielt Klavier, ist verheiratet, hat einen Sohn, der zurzeit studiert, und arbeitet als Sekretärin in der Werbebranche. Sie erreichen sie unter folgender Adresse: 32456 Ridgefield, Warren, MI 48093, USA.

Daniel Rosandich ist professioneller Karikaturist und »auf Abruf« bereit, auch Ihre Veröffentlichungen zu illustrieren. Er zeichnet nach Ihren Vorgaben und sendet Ihnen per Fax Grobskizzen zur Genehmigung zu. Sie erreichen ihn unter der Telefonnummer 001-906-482-6234.

Gary Smalley ist ein international renommierter Referent und Schriftsteller für Themen rings um die Familie. Seine Bücher und Videos wurden in einer Gesamtauflage von neun Millionen Exemplaren verkauft. Er ist Vorsitzender von *Today's Family*, einer Organisation mit Sitz in Branson, Missouri. Garys Katalog und Seminarverzeichnis erhalten Sie unter der Telefonnummer 001-800-84-TODAY [Anm.d.Ü.: funktioniert nur in den USA] oder im Internet unter *http://www.Gary Smalley.com*

Dawn Stobbe ist dankbar dafür, am Leben zu sein, und freut sich über jeden Tag, den sie im Kreise ihrer Familie und Freunde genießen darf. Sie ist Krebs-Überlebende und glaubt an die Kraft von Gebeten und Wundern. Sie und ihr Mann Rich haben sieben Kinder; die beiden arbeiten gemeinsam in ihrer Firma Miracle Crafts, die sich auf die Herstellung von mystischen Steinfiguren und Schnitzereien spezialisiert hat. Sie erreichen sie unter folgender Adresse: P.O. Box 5412, Grand Island, NE 68802, USA.

Tom Suriano ist Sohn von Jim und Evelyn Suriano aus Martins Ferry, Ohio. Er lebt mit seiner Frau Kim und ihren beiden Töchtern Susan und Stephanie zusammen, ist Laufbahnberater an einer Highschool, Football-Trainer und froh, mit seinen 41 Jahren und seiner 20-jährigen Erfahrung als Berater und Erzieher zum Christentum gefunden und durch seinen unverbrüchlichen Glauben an Jesus Christus Stärkung erfahren zu haben.

Tom Veres wurde von Raoul Wallenberg beauftragt zu dokumentieren, wie zwei Schweden 1944 in einer außergewöhnlichen Rettungsaktion Tausende von ungarischen Juden vor Adolph Eichmanns Einsatzkommando retteten. Er wurde seiner Aufgabe gerecht, oftmals unter Einsatz seines eigenen Lebens. Zwei seiner Fotos waren 1997 auf einer US-amerikanischen Briefmarkenserie zu Ehren von Wallenberg zu sehen. Tom Veres arbeitet als Berufsfotograf in New York City. Mehr über seine Geschichte ist nachzulesen in der Biographie *Raoul Wallenberg: The Man Who Stopped Death*, zu bestellen bei JPS unter der Telefonnummer 001-800-234-3151. Zurzeit arbeitet Veres an seiner Autobiographie.

Catherine E. Verlenden ist Laienseelsorgerin, arbeitet zeitweise als Missionarin und schreibt als freie Autorin Artikel für diverse christliche Organe.

Linda Vlcek lebt in Sierra Madre, Kalifornien. Sie ist seit 30 Jahren verheiratet und hat drei Söhne großgezogen. Seit 30 Jahren arbeitet sie am Huntington Memorial Hospital in

Pasadena. Vor allem aber glaubt sie ganz fest an Jesus Christus und erlebt immer wieder, auf welch wundersame Weise er in ihrem eigenen und im Leben der ihr nahe stehenden Menschen wirkt.

Arnold Watts ist an erster Stelle Christ. Außerdem ist er Amerikaner, Veteran, Ehemann, Vater, Großvater, Maurer, Lion-Fan und nicht zuletzt Gelegenheitsdichter. All diese Aufgaben erfüllt er mit Liebe und Hingabe.

Kathleen Weber hat gemeinsam mit ihrem Mann in Boston, New York, fünf Kinder großgezogen. Sie ist Bibliothekarin an einer katholischen Schule und arbeitet außerdem bei den Weight Watchers. Kathy ist ehrenamtlich in diversen Kirchen- und Gemeindeorganisationen tätig und interessiert sich für Lyrik und Kunst.

Jeannie S. Williams ist begabte Autorin, Vortragsrednerin und Geschichtenerzählerin. Sie ist Mitglied des Zaubererverbands »Fellowship of Christian Magicians« und unterhält seit Jahren ihr Publikum mit ihren kreativen Darbietungen. Welche Magie in der Arbeit mit Kindern steckt, verrät Jeannie in ihrem neuesten Buch *What Time is Recess?*. Sie erreichen sie unter folgender Adresse: P.O. Box 1476, Sikeston, MO 63801.

Therese Williamson ist Lyrikerin und Fotografin. Das Gedicht »Goldenes Herz« ist ihrem Großvater William F. Dixon gewidmet. Nach seiner Veröffentlichung in dem Buch *A View from Afar* ist es vielfach auf Gebetsbildern und in Zeitungen überall im Land abgedruckt worden. Gemeinsam mit ihrem Mann Rich und ihrer Tochter Kasey lebt Therese in Washington, New Jersey. »Goldenes Herz« ist auf einer

Grußkarte erhältlich. Weitere Informationen und Abdruckgenehmigungen erhalten Sie unter der Telefonnummer
001-908-835-0126 oder unter Fax 001-908-835-9389. Oder
schicken Sie eine E-Mail an *Kasey@goes.com*

Abdruckgenehmigungen

GANZHEITLICH HEILEN
GOLDMANN

Wohlbefinden für Körper, Geist & Seele

Patrick Holford
Optimale Ernährung   14174

Gisela Finke,
Pflanzen für die Seele   14169

Ruediger Dahlke,
Bewusst fasten   13900

Margret Madejsky,
Alchemilla   14191

Goldmann • Der Taschenbuch-Verlag

ARKANA
GOLDMANN

Hühnersuppe für ganz besondere Seelen

Canfield/Hansen, Mehr Hühnersuppe für die Seele   21588

Canfield/Hansen, Hühnersuppe für
die Seele - Für Mütter   21564

Canfield/Hansen, Hühnersuppe für
die Seele – Für Kinder   21589

Canfield/Hansen, Hühnersuppe für
die Seele - Für Jugendliche   21590

Goldmann • Der Taschenbuch-Verlag

ARKANA
GOLDMANN

Engel-Kräfte

John Randolph Price,
Engel-Kräfte   21517

Terry L. Taylor / Mary B. Grain,
Engelweisheit   21584

Terry L. Taylor, Lichtvolle Wege zu
deinem Engel   12201

Terry L. Taylor, Warum Engel
fliegen können   12117

Goldmann • Der Taschenbuch-Verlag

ARKANA
GOLDMANN

Spirituelle Wege

Varda Hasselmann,
Die Seele der Papaya   21522

M. Scott Peck,
Der wunderbare Weg   13220

Thich Nhat Hanh, Das Glück,
einen Baum zu umarmen   13233

Kathleen Norris,
Als mich die Stille rief   21535

Goldmann • Der Taschenbuch-Verlag